Atlantis

Atlantis

Alle Mythen, Legenden und Dichtungen

Herausgegeben
von
Bertram Kircher

Albatros

Bibliografische Information der Deutschen Nationalbibliothek
Die Deutsche Nationalbibliothek verzeichnet diese Publikation in der Deutschen Nationalbibliografie; detaillierte bibliografische Daten sind im Internet über http://dnb.d-nb.de abrufbar.

Umschlaggestaltung: butenschoendesign.de
Printed in Czech Republic
ISBN 978-3-491-96185-2
www.patmos.de

Inhaltsverzeichnis

KAPITEL 2

Die Sucher: Vom Patriarchen Proklos bis zum »Schlafenden Propheten«

KAPITEL 3

Die Träumer: Vom Garten Eden und Utopia bis Avalun und Shangri La

KAPITEL 4

Die Dichter: Von Homer, Novalis und Donovan

KAPITEL 5
Die Anderen oder Atlantis ist überall
Märchen, Mythen und Erzählungen von versunkenen Städten und Kontinenten

DANKSAGUNG

Dies ist ein Buch aus dem KulturGut Alte Schmiede. Wir – der Verlag, das KulturGut und der Herausgeber – danken allen die an der Entstehung dieses Buches mitgewirkt haben. Vor allem allen Rechtsinhaber/inne/n für die freundliche Überlassung der Rechte. Leider war es nicht in allen Fällen möglich, diese festzustellen oder zu erreichen. Der Verlag verpflichtet sich rechtmäßige Ansprüche nach den üblichen Honorarsätzen zu vergüten. Unser besonderer Dank aber gilt der Niedersächsischen Staats- und Universitätsbibliothek in Göttingen für die uneingeschränkte Hilfe bei der Beschaffung und Überlassung wertvollen Quellenmaterials.

Bertram Kircher

Auf dem Weg nach Atlantis – es gibt keine Routen, nur Spuren.

Ein Vorwort

Das Ziel der Ausfahrt ist Atlantis, Mythos der Mythen.
Es liegt zwischen Utopie und Katastrophe, räumlich und
zeitlich in äußerster Ferne; aber vermutet wird,
dass es herangerückt ist in eine neue Verständnisnähe.
Atlantis ist eine Chiffre für anderes Lesen und Denken.
Atlantis ist eine Legende, eine Zeichenerklärung.

Eberhard Sens (1944)

Solange es Menschen gibt, beschäftigen sie sich mit der Frage nach dem Ursprung ihrer Art. Die wohl faszinierendste Antwort gibt darauf die Atlantis-Legende – man könnte sie als Menschheitssage schlechthin bezeichnen. Schätzungsweise rund 25 000 Bücher sind bisher über Atlantis erschienen – und der überwiegende Teil beschäftigt sich mit den Kernfragen: Existierte Atlantis wirklich oder hat Platon es nur erfunden? War es ein Reisebericht zu einem unbekannten Reich am Rande der damaligen Welt? – War es die Vision eines Goldenen Zeitalters oder die Utopie eine idealen Staates? – Oder war es das Menetekel von einem Strafgericht Gottes oder der Götter, aufgezeichnet am Beispiel einer großen alles verschlingenden Flut?

Wenn es existierte – wo lag es? Im Atlantik, in der Nordsee, in Tibet oder war es »nur« eine Mittelmeerinsel? Es gab und gibt viele Theorien, und viele Fach- und Hobby-Wissenschaftler oder -Archäologen haben an eben so vielen verschiedenen Orten danach Ausschau gehalten. Dennoch wäre die Suche nach Atlantis niemals begonnen worden, hätte nicht der griechische Philosoph Platon in seinen beiden Werken Kritias und Timaios darüber berichtet. Als Platon seine Berichte über Atlantis schrieb, ahnte er vermutlich nicht, was er damit auslösen würde. Mit seinen Texten haben sich im Laufe der letzten 2500 Jahre wohl mehr Menschen beschäftigt, als mit jedem anderen Text – außer vielleicht der Bibel.

Für Dichter und Denker stellte sich die Frage ganz anders: War Atlantis der ideale Staat oder war das Zeitalter von Atlantis das im Gedächtnis aller Völker verankerte »Goldene Zeitalter«? Und wenn ja – warum ging Atlantis dann unter? Warum kam es zur Katastrophe?

An diesem Punkt traten Esoteriker und andere spirituelle Menschen immer wieder auf den Plan. Stellvertretend für die untergegangene Kultur von Atlantis erinnerten sie stets aufs neue an die Katastrophensagen der Menschheit, wie zum Beispiel die biblische »Sündflut« und prophezeiten gleichzeitig das Wiederauftauchen des untergegangenen Kontinents.

Alle diese Überlegungen waren Grund genug, sich auf eine poetisch-literarische Spurensuche zu begeben und die Rezeption des großen Rätsel-Themas »Atlantis« durch die Jahrhunderte darzustellen. Natürlich werden nicht alle Theorien über die Lage und den Standort vorgestellt, sondern in erster Linie soll die Vielfalt dichterischer Stimmen und Meinungen zu Worte kommen. Denn eines ist sicher: Ob Atlantis tatsächlich existierte oder nicht – ein Mythos der so die Phantasie der Menschheit beflügelt, hat in jedem Fall seine Daseinsberechtigung. Folgen Sie uns also auf unserer Lesereise und stimmen Sie ein in die Aussagen zweier heutiger Autoren:

Reisen nach Atlantis sind Reisen im Kopf. Die Schiffe, mit denen man ablegt vom Festland der Gewissheit, sind Bücher. Schwarz die geraden Planken aus Buchstaben, weiß die Segel, die leeren Räume zwischen den Zeilen. Zur Ausfahrt ins offene Meer blähen sie sich nur dem, der den Wind der Neugier in sie hineinfahren lässt, geduldig auf schwankendem Boden steht und nicht schon weiß, wo das Ziel liegt: am Grunde der Universalbibliothek oder des Atlantischen Ozeans.

Es gibt keine Route, nur Spuren. Man suche sie nicht im Welt-

atlas, auch wenn der ein etymologischer Verwandter des ersten Königs von Atlantis ist. Verzeichnet sind sie in den Schriftzügen der klassischen Philosophie. Hier liegt das kartographische Rüstzeug des Aufbrechenden.

Lothar Müller (1954)

Prolog

Atlantis; das Wort ist in Verruf gekommen und bezeichnet doch eine Wirklichkeit. Deshalb möchte ich es rehabilitieren!
Oswald Spengler (1880–1936)

Wo stand dann aber diese Wiege der menschlichen Kultur? Wenn man diese Frage stellt, ertönt eine leise, aber dadurch nicht weniger suggestive Antwort, ein Name, der das Echo einer unbekannten Vergangenheit zu sein scheint, ein Name, der uns wie über einen nebelverhangenen Ozean erreicht – Atlantis …
Charles Berlitz (1913–1985)

Ignatius Donelly (1831–1901)
Es ist Plato, der uns die Geschichte von Atlantis aufbewahrt hat. Sind unsere Anschauungen in diesem Punkte richtig, dann ist auch Platos Erzählung eine der wertvollsten Nachrichten, die aus dem fernsten Altertum bis in unsere Zeiten gedrungen sind … Für ein Buch über Atlantis lässt sich denn auch kein würdigerer Anfang finden als der Bricht, den Plato aufbewahrt hat. Er lautet wie folgt:

Platon (427–347 v. Chr.)
Kritias-Dialog (Auszug)
Kritias: Vor allem wollen wir uns zunächst ins Gedächtnis zurückrufen, dass im ganzen neuntausend Jahre vergangen sind, seitdem, wie erzählt wurde, jener Krieg zwischen den Menschen außerhalb der Säulen des Herakles und allen denen, die innerhalb derselben wohnten, stattfand, von dem ich jetzt genau berichten werde. über die einen soll unser Staat geherrscht und den ganzen Krieg zu Ende geführt haben, über die anderen die Könige der Insel Atlantis. Diese Insel war, wie bemerkt, einst größer als Asien und Libyen zusammen, ist aber durch Erdbe-

ben untergegangen und hat dabei eine undurchdringliche schlammige Untiefe hinterlassen, die jeden, der die Fahrt in das jenseitige Meer unternehmen will, am weiteren Vordringen hindert. Von den vielen übrigen barbarischen Stämmen und allen den hellenischen Volksstämmen, die es damals gab, wird der Lauf unserer Erzählung, wie es gerade die Gelegenheit mit sich bringt, berichten. Zunächst jedoch müssen wir die Heeresmacht und die Staatsverfassung der damaligen Athener und ihrer Gegner, mit denen sie Krieg führten, besprechen. Unter ihnen gebührt der Schilderung der einheimischen Zustände der Vorrang …

Da nun in den neuntausend Jahren, die seit jener Zeit bis jetzt verstrichen sind, viele gewaltige Überschwemmungen stattgefunden haben, so hat sich die Erde, die in dieser Zeit und bei solchen Ereignissen von den Höhen herabgeschwemmt wurde, nicht, wie in anderen Gegenden, hoch aufgedämmt, sondern wurde jeweils ringsherum fortgeschwemmt und verschwand in der Tiefe. So sind nun, wie das bei kleinen Inseln vorkommt, verglichen mit dem damaligen Land, gleichsam nur noch die Knochen des erkrankten Körpers zurückgeblieben, da der fette und lockere Boden fortgeschwemmt wurde und nur das magere Gerippe des Landes zurückließ …

Diese Aufzeichnungen befanden sich denn auch bei meinem Großvater und befinden sich jetzt noch bei mir, und im habe sie schon als Knabe genau durchforscht …

Doch nun zu unserer langen Erzählung, deren Anfang etwa folgendermaßen lautete. Wir haben schon oben berichtet, dass die Götter die ganze Erde untereinander teils in größere, teils in kleinere Lose verteilten und sich selbst ihre Heiligtümer und Opferstätten gründeten: so fiel dem Poseidon die Insel Atlantis zu, und er siedelte seine Nachkommen, die er mit einem sterblichen Weib erzeugt hatte, auf einem Ort der Insel von folgender Beschaffenheit an.

An der Küste des Meeres gegen die Mitte der ganzen Insel lag eine Ebene, die von allen die schönste und fruchtbarste gewesen sein soll; am Rande dieser Ebene befand sich, etwa dreißigtausend Fuß vom Meere entfernt, ein nach allen Seiten niedriger Berg. Auf ihm wohnte Euenor, einer der zu Anfang aus der Erde entsprossenen Männer, mit seinem Weibe Leukippe; sie hatten eine einzige Tochter, Kleito. Als das Mädchen herangewachsen war, starben ihr Mutter und Vater, Poseidon aber entbrannte in Liebe für sie und verband sich mit ihr; er befestigte den Hügel, auf dem sie wohnte, ringsherum durch ein starkes Schutzwerk: er stellte nämlich mehrere kleinere und größere Ringe, zwei von Erde und drei von Wasser, rings um den Hügel herum her, jeden nach allen Richtungen hin gleichmäßig von den andern entfernt, sodass der Hügel für Menschen unzugänglich wurde, da es in jener Zeit Schiffe und Schifffahrt noch nicht gab. Diesen Hügel, der so zu einer Insel geworden war, stattete er aufs beste aus, was ihm als einem Gott keine Schwierigkeiten bereitete: er ließ zwei Quellen, die eine warm, die andere kalt, aus der Erde emporsteigen und reichliche Früchte aller Art ihr entsprießen. An männlicher Nachkommenschaft erzeugte er fünf Zwillingspaare, ließ sie erziehen, zerlegte sodann die ganze Insel Atlantis in zehn Teile und verlieh dem Erstgeborenen des ältesten Paares den Wohnsitz seiner Mutter und das umliegende Gebiet, als den größten und besten Teil, und setzte ihn zum König über die andern ein; diese aber machte er ebenfalls zu Herrschern, und jeder bekam die Herrschaft über viele Menschen und ein großes Gebiet. Auch gab er allen Namen, und zwar nannte er den Ältesten, den ersten König, der damals herrschte, Atlas, von dem die ganze Insel und das Meer ihren Namen erhielten; dessen nachgeborenem Zwillingsbruder, der den äußersten Teil der Insel, von den Säulen des Herakles bis in die Gegend des heutigen Gadeira, erhielt, gab er in der Landessprache den Namen Gadeiros, auf griechisch Eumelos, ein Name, der zu jener Benennung des Landes führen sollte. Von dem zweiten Paar nannte er den einen Ampheres, den andern Euaimon, von dem dritten den erstgeborenen Mnaseas, den jüngeren Autochthon, vom vierten den älteren Elasippos, den jüngeren Mestor, und vom fünften endlich erhielt der ältere den Namen Azaes, der jüngere Diaprepes. Diese alle sowie ihre Nachkommen wohnten viele Menschenalter hindurch auf der Insel Atlantis und beherrschten auch noch viele andere Inseln des Atlantischen Meeres; sie hatten aber ihre Herrschaft auch bis nach Ägypten und Tyrrhenien hin ausgedehnt. Von Atlas stammte ein zahlreiches Geschlecht ab, das nicht nur im allgemeinen sehr angesehen war, sondern auch viele Menschenalter hindurch die Königswürde behauptete, indem der Älteste sie jeweils auf seinen Erstgeborenen übertrug, wodurch dieses Geschlecht eine solche Fülle des Reichtums bewahrte, wie sie weder vorher in irgendeinem Königreich bestanden hat noch in Zukunft so leicht wieder bestehen wird; auch waren sie mit allem versehen, was man in einer Stadt und auf dem Lande braucht. Führten doch auswärtige Länder diesen Herrschern gar manches zu, das meiste jedoch lieferte die Insel selbst für die Bedürfnisse des Lebens. So zunächst alles, was der Bergbau an gediegenen oder schmelzbaren Erzen darbietet; darunter besonders eine Art Messing, jetzt nur noch dem Namen nach bekannt, damals aber mehr als dies, das man an vielen Stellen der Insel förderte und das die damaligen Menschen nächst dem Golde am höchsten schätzten. Die Insel erzeugte aber auch alles in reicher Fülle, was der Wald für die Werke der Bauleute bietet, und nährte wilde und zahme Tiere in großer Menge. So gab es dort zahlreiche Elefanten; denn es wuchs nicht nur für alles Getier in den Sümpfen, Teichen und Flüssen, auf den Bergen und in der Ebene reichlich Futter, sondern in gleicher Weise auch für diese von Natur größte und gefräßigste Tiergattung. Alle Wohlgerüche ferner, die die Erde jetzt nur irgend in Wurzeln, Gräsern, Holzarten, hervorquellenden Säften, Blumen oder Früchten erzeugt, trug und hegte auch die Insel in großer Menge; ebenso auch die liebliche Frucht und die Frucht des Feldes, die uns zur Nahrung dient, und alle, die wir sonst als Speise benutzen und mit dem gemeinsamen Namen Gemüse bezeichnen, ferner eine baumartig wachsende Pflanze, die Trank, Speise und Salböl zugleich liefert, und endlich die rasch verderbende Frucht des Obstbaums, uns zur Freude und Lust bestimmt, und alles, was wir als Nachtisch auftragen, erwünschte Reizmittel des überfüllten Magens für den Übersättigten; also dies alles brachte die Insel, damals noch den Sonnenstrahlen zugänglich, wunderbar und schön und in unbegrenzter Fülle hervor. Ihre Bewohner bauten, da ihnen die Erde dies alles bot, Tempel, Königspaläste, Häfen und Schiffswerft, richteten aber auch sonst das ganze Land ein und verfuhren dabei nach folgender Anordnung. Zunächst bauten sie Brücken über die Kanäle, die ihren alten Hauptsitz umgaben, und schufen so eine Verbindung mit der Königsburg. Diese Königsburg erbauten sie gleich von Anfang an auf eben jenem Wohnsitz des Gottes und ihrer Ahnen; der eine erbte sie vom andern, und jeder suchte nach Kräften ihre Ausstattung zu erweitern und seinen Vorgänger darin zu überbieten, bis dann endlich ihr Wohnsitz durch seine Größe und Schönheit einen staunenswerten Anblick bot. Zunächst führten sie vom Meere aus einen dreihundert Fuß breiten, hundert Fuß tiefen und dreißigtausend Fuß langen Kanal bis zu dem äußersten Ring und ermöglichten dadurch die Einfahrt in ihn von der See aus wie in einen Hafen und machten ihn genügend breit, sodass auch die größten Schiffe einlaufen konnten. Sie durchbrachen aber auch die Erdwälle zwischen den ringförmigen Kanälen unterhalb der Brücken und stellten so eine für eine einzelne Triere genügend breite Durchfahrt zwischen den verschiedenen Kanälen her; diesen Durchstich überbrückten sie dann wieder, sodass man mit den Schiffen darunter durchfahren konnte, denn die Ränder der Erdwälle waren hoch genug, um über das Meer hervorzuragen. Der breiteste von den ringförmigen Kanälen war achtzehnhundert Fuß breit; dieselbe Breite hatte der folgende Erdgürtel; der nächste ringförmige Kanal war zwölfhundert Fuß breit, und dieselbe Breite hatte der sich an ihn anschließende Erdgürtel; der innerste Kanal endlich, der die Insel selbst umgab, war sechshundert Fuß breit, und die Insel, auf der die Königsburg sich erhob, hatte dreitausend Fuß im Durchmesser. Diese Insel sowie die Erdgürtel und die hundert Fuß breite Brücke umschlossen sie ringsherum mit einer steinernen Mauer und errichteten auf den Brücken jeweils gegen die Durchfahrt vom Meere zu Türme und Tore; die Steine hierfür, weiße, schwarze und rote, wurden an den Abhängen der in der Mitte liegenden Insel und unten an den Erdwällen an deren Innen- und Außenseite gebrochen; dadurch bekamen sie zugleich auf beiden Seiten der Erdwälle Höhlungen für Schiffsarsenale, die vom Felsen selbst überdacht waren. Für ihre Bauten benutzten sie teils Steine derselben Farbe, teils setzten sie auch, zum Genuss für das Auge, verschieden gefärbte Steine zusammen, wodurch, sie ihnen ihren vollen natürlichen Reiz verliehen. Die um den äußersten Erdwall herumlaufende Mauer versahen sie mit einem Überzug von Erz, die innerste Mauer übergossen sie mit Zinn, die Burg selbst mit Messing, das wie Feuer leuchtete.

Der Königssitz innerhalb der Burg war folgendermaßen eingerichtet. Inmitten stand ein Tempel, der Kleito und dem Poseidon geweiht; er durfte nur von Priestern betreten werden und war von einer goldenen Mauer umschlossen; in ihm war einst das Geschlecht der zehn Fürsten erzeugt und geboren worden. Alljährlich sandte man dahin aus allen zehn Landgebieten die Erstlinge als Opfer für einen jeden von ihnen. Ferner erhob sich dort ein Tempel des Poseidon, sechshundert Fuß lang, dreihundert Fuß breit und entsprechend hoch, in einer etwas fremdländischen Bauart. Die ganze Außenseite des Tempels war mit Silber überzogen, die Zinnen mit Gold. Im Innern war die Decke von Elfenbein, verziert mit Gold und Messing, im übrigen die Mauern, Säulen und Fußböden mit Messing bekleidet. Goldene Bildsäulen stellten sie darin auf: den Gott selbst, auf seinem Wagen stehend und sechs Flügelrosse lenkend, so groß, dass er mit dem Haupte die Decke berührte, rings um ihn herum hundert Nereiden auf Delphinen; denn so viel, glaubte man damals, gäbe es. Außerdem befanden sich noch viele andere von Privatleuten geweihte Standbilder im Tempel. Außen standen rings um ihn herum die goldenen Bildsäulen der zehn Könige selbst, ihrer Frauen und aller derer, die von ihnen entstammten, sowie viele sonstige Weihgeschenke von den Königen und von Privatleuten aus der Stadt selbst und aus den von ihnen beherrschten auswärtigen Gebieten. Auch der Altar entsprach seiner Größe und seiner Ausführung nach dieser Pracht, und ebenso war der Königspalast der Größe des Reiches und dem Prunk der Heiligtümer angemessen. Sie benutzten auch die beiden Quellen, die warme und die kalte, die in reicher Fülle flossen und ein wohlschmeckendes und für jeden Gebrauch wunderbar geeignetes Wasser boten; sie legten rings um sie herum Gebäude und passende Baumpflanzungen an und richteten Baderäume ein, teils unter freiem Himmel, teils für den Winter zu warmen Bädern in gedeckten Räumen, die königlichen getrennt von denen des Volkes, sowie besondere für die Frauen und Schwemmen für die Pferde und andern Zugtiere, und statteten alle diese Räume angemessen aus. Das abfließende Wasser leiteten sie teils in den Hain des Poseidon, in welchem Bäume aller Art von besonderer Höhe und Schönheit infolge der Güte des Bodens wuchsen, teils ließen sie es durch Kanäle über die Brücken weg in die äußern Ringkanäle fließen. Dort waren Heiligtümer vieler Götter, viele Gärten und Übungsplätze angelegt, eigene für die Menschen und für die Wagengespanne auf den durch die Erdwälle gebildeten Inseln, eine besondere Rennbahn aber befand sich in der Mitte der größeren Insel, sechshundert Fuß breit und ihrem ganzen Umkreis nach für Wagenrennen eingerichtet. Um diese Rennbahn herum lagen die Wohnungen für die meisten Mitglieder der Leibwache. Die zuverlässigeren von ihnen waren auf dem kleineren, der Burg näher gelegenen Erdwall als Posten verteilt, wer sich aber ganz besonders durch Treue hervortat, der wohnte auf der Burg selbst in nächster Nähe des Palastes.

Die Schiffsarsenale waren voll von Trieren und allem zur Ausrüstung eines solchen Schiffes gehörigen Material, das in gutem Zustand bereitgehalten wurde. Derart war also die Einrichtung der königlichen Wohnung. Hatte man aber die drei außerhalb derselben befindlichen Häfen hinter sich, so traf man auf eine Mauer, die vom Meere begann und im Kreis herumlief, vom größten Ring und zugleich Hafen, überall dreißigtausend Fuß entfernt; sie endete an derselben Stelle bei der Mündung des Kanals in das Meer. Den ganzen Raum nahmen viele dichtgedrängte Wohnungen ein; die Ausfahrt und der größte Hafen waren reich belebt mit Schiffen und Kaufleuten aus allen möglichen Gegenden, und es herrschte bei Tag wie bei Nacht lautes Geschrei, Lärm und Getöse jeder Art.

Damit wäre nun so ziemlich alles mitgeteilt, was mir seinerzeit über die Stadt und jene einstige Wohnung der Könige erzählt wurde. Ich muss nun auch noch versuchen, über die natürliche Beschaffenheit und Verwaltung des übrigen Landes zu berichten. Zunächst stieg, wie es heißt, die ganze Insel sehr hoch und steil aus dem Meere auf, nur die Gegend bei der Stadt war durchweg eine Ebene, ringsherum von Bergen, die bis zum Meer hinabliefen, eingeschlossen; sie war ganz glatt und gleichmäßig, mehr lang als breit, nach der einen Seite hin dreitausend Stadien lang, Vom Meere aufwärts in der Mitte zweitausend breit. Dieser Teil der ganzen Insel lag auf der Südseite, im Norden gegen den Nordwind geschützt. Die rings aufsteigenden Berge sollen an Menge, Größe und Schönheit alle jetzt vorhandenen übertroffen haben; sie umfassten eine Menge reichbewohnter Ortschaften, Flüsse, Seen und Wiesen mit genügendem Futter für alle möglichen zahmen und wilden Tiere und endlich auch große Waldungen, die in der bunten Mannigfaltigkeit ihrer Bäume Holz für alle möglichen Arbeiten lieferten. Dies war also die natürliche Beschaffenheit der Ebene, an deren weiterem Ausbau viele Könige gearbeitet hatten. Sie bildete größtenteils ein vollständiges Rechteck; was aber noch daran fehlte, war durch einen ringsherum gezogenen Kanal ausgeglichen; was über dessen Tiefe, Breite und Länge berichtet wird, klingt fast unglaublich für ein von Menschen hergestelltes Werk, außer allen den andern Arbeiten; dieser Graben war nämlich hundert Fuß tief, überall sechshundert Fuß breit und hatte in seiner Gesamtheit eine Länge von zehntausend Stadien. Er nahm die von den Bergen herabströmenden Flüsse in sich auf, berührte die Stadt auf beiden Seiten und mündete in das Meer. Von seinem oberen Teile her wurden von ihm aus ungefähr hundert Fuß breite Kanäle in gerader Linie in die Ebene geleitet, die ihrerseits wieder in den vom Meer aus gezogenen Kanal einmündeten und voneinander hundert Stadien entfernt waren; auf diesem Wege brachte man das Holz von den Bergen in die

Stadt; ebenso aber auch alle andern Landeserzeugnisse durch Kanäle, die die Längskanäle der Quere nach miteinander und ebenso die Stadt wieder mit diesen verbanden.

Der Boden brachte ihnen jährlich zwei Ernten: im Winter infolge des befruchtenden Regens, im Sommer infolge der Bewässerung durch die Kanäle. Hinsichtlich der Zahl der Bewohner war bestimmt, dass in der Ebene selbst jedes Grundstück einen kriegstüchtigen Anführer zu stellen hatte; jedes Grundstück aber hatte eine Größe von hundert Quadratstadien, und die Zahl aller Grundstücke war sechzigtausend; auf den Gebirgen und in sonstigen Landstrichen wurde die Zahl der Bewohner als unermeßlich angegeben, alle jedoch waren nach ihren Ortschaften je einem dieser Grundstücke und Führer zugeteilt. Je sechs der Führer mussten einen Kriegswagen stellen, sodass man im ganzen zehntausend solcher Wagen für den Krieg hatte; ferner ein jeder zwei Pferde und Reiter sowie ein Zweigespann ohne Sitz, das einen mit kleinem Schild bewaffneten Krieger sowie den Wagenlenker trug, außerdem zwei Schwerbewaffnete, je zwei Bogenschützen und Schleuderer, je drei Stein- und Speerwerfer und endlich noch vier Matrosen zur Bemannung von zwölfhundert Schiffen. Das war die Ordnung des Kriegswesens in dem königlichen Staat, in den übrigen neun Staaten herrschten andere Bestimmungen, deren Erörterung uns zu weit führen würde.

Die Verhältnisse der Regierung und der Staatswürden waren von Anfang an in folgender Weise geordnet. Jeder einzelne der zehn Könige regierte in dem ihm zugefallenen Gebiet von seiner Stadt aus über die Bewohner und stand über den meisten Gesetzen, sodass er bestrafen und hinrichten lassen konnte, wen er wollte. Die Herrschaft über sie selbst und ihren wechselseitigen Verkehr bestimmte das Gebot Poseidons, wie es ein Gesetz ihnen überlieferte, von ihren Vorfahren auf einer Säule von Messing eingegraben, in der Mitte der Insel, im Tempel des Poseidon. Dort kamen sie abwechselnd bald alle fünf, bald alle sechs Jahre zusammen, um der geraden und der ungeraden Zahl gleiches Recht angedeihen zu lassen, und beratschlagten in diesen Versammlungen über gemeinsame Angelegenheiten, untersuchten aber auch, ob keiner von ihnen ein Gesetz übertreten habe, und fällten darüber ein Urteil. Wenn sie im Begriff waren, ein Urteil zu fällen, gaben sie einander zuvor folgendes Unterpfand der Treue. Sie veranstalteten unter den Stieren, die frei im Heiligtum des Poseidon weideten, eine Jagd ohne Waffen, nur mit Knütteln und Schlingen, und flehten zu dem Gotte, es möge ihnen gelingen, das ihm wohlgefällige Opfertier einzufangen; den gefangenen Stier brachten sie dann zu der Säule und opferten ihn dort auf dem Knauf derselben, unmittelbar über der Inschrift. Auf dieser Säule befand sich außer den Gesetzen eine Eidesformel, die gewaltige Verwünschungen über den aussprach, der ihnen nicht gehorchte. Wenn sie nun nach ihren Bräuchen beim Opfer dem Gott alle Glieder des Stieres geweiht hatten, dann füllten sie einen Mischkrug und gossen in ihn für jeden einen Tropfen Blut, alles übrige aber warfen sie ins Feuer und reinigten die Säule ringsherum. Darauf schöpften sie mit goldenen Trinkschalen aus dem Mischkrug, gossen ihre Spenden ins Feuer und schwuren dabei, getreu den Gesetzen auf der Säule ihre Urteile zu fällen und jeden, der einen Frevel begangen habe, zu bestrafen, in Zukunft keine jener Vorschriften absichtlich zu verletzen und weder anders zu herrschen noch einem andern Herrscher zu gehorchen als dem, der nach den Gesetzen des Vaters regierte. Wenn dann ein jeder von ihnen dies für sich selbst und für sein Geschlecht gelobt hatte, trank er und weihte darauf die Schale als Geschenk für den Tempel des Gottes; dann sorgte er für sein Mahl und für die Bedürfnisse seines Körpers. Sobald es dunkel wurde und das Opferfeuer verglommen war, kleideten sich alle sofort in ein dunkelblaues Gewand von höchster Schönheit, ließen sich bei der Glut der Eidesopfer nieder, löschten dann alles Feuer im Heiligtum aus und empfingen und sprachen Recht in der Nacht, sooft einer von ihnen den andern einer Gesetzesübertretung beschuldigte. Die gefällten Urteile schrieben sie, sobald der Tag anbrach, auf eine goldene Tafel und weihten diese samt jenen Gewändern zum Andenken. Es gab noch eine Menge anderer Gesetze über die Rechte der Könige im besonderen, das wichtigste lautete, keiner solle jemals gegen den andern die Waffen führen, vielmehr sollten alle einander helfen in dem Falle, dass etwa einer von ihnen den Versuch machen sollte, in irgendeiner Stadt das königliche Geschlecht zu stürzen; nach gemeinsamer Beratung, wie ihre Vorfahren, sollten sie über den Krieg und alle andern Dinge beschließen, den Vorsitz und Oberbefehl dabei aber dem Geschlechte des Atlas übertragen. Das Recht, einen seiner Verwandten hinrichten zu lassen, solle einem einzelnen König nur dann zustehen, wenn es der größere Teil der Zehn genehmigt hätte.

Diese Macht, die damals in jenen Landen in solcher Art und solchem Umfang bestand, führte der Gott gegen unser Land, durch folgende Umstände der Sage nach dazu veranlasst. Viele Generationen hindurch hatten sie, solange noch die göttliche Abkunft in ihnen wirksam war, den Gesetzen gehorcht und waren freundlich gesinnt gegen das Göttliche, mit dem sie verwandt; ihre Gesinnung war aufrichtig und durchaus großherzig; allen Wechselfällen des Schicksals gegenüber sowie im Verkehr miteinander zeigten sie Sanftmut und Weisheit; jedes Gut außer der Tüchtigkeit hielten sie für wertlos und betrachteten gleichgültig und mehr wie eine Last die Fülle ihres Goldes und sonstigen Besitzes; ihr Reichtum berauschte sie nicht und vermochte ihnen die Selbstbeherrschung nicht zu nehmen, noch sie zu Falle zu bringen; mit nüchternem Scharfblick erkannten sie vielmehr, dass alle diese Güter nur durch gegenseitige Liebe, vereint mit Tüchtigkeit, gedeihen, durch das eifrige Streben nach ihnen aber zu Grunde gehen und mit ihnen auch die Tüchtigkeit. Bei solchen Grundsätzen und der fortdauernden Wirksamkeit der göttlichen Natur in ihnen gedieh alles, was ich früher geschildert habe, aufs beste. Als aber der von dem Gott stammende Anteil ihres Wesens durch die vielfache und häufige Vermischung mit dem Sterblichen zu verkümmern begann und das menschliche Gepräge vorherrschte, da waren sie nicht mehr im Stande, ihr Glück zu ertragen, sondern entarteten; jeder, der fähig war, dies zu durchschauen, erkannte, wie schmählich sie sich verändert hatten, indem sie das Schönste unter allem Wertvollen zu Grunde richteten; wer aber nicht im Stande war, zu durchschauen, was für ein Leben wahrhaft zur Glückseligkeit führt, der hielt sie gerade damals für besonders edel und glückselig, da sie im Vollbesitz ungerechten Gewinnes und ungerecht erworbener Macht waren. Aber Zeus, der nach ewigen Gesetzen waltende Gott der Götter, wohl im Stande, solches zu durchschauen, fasste den Beschluss, da er ein tüchtiges Geschlecht so traurig entarten sah, sie dafür büßen zu lassen, damit sie, zur Besinnung gebracht, zu ihrer alten Lebensweise zurückkehrten; er versammelte daher alle Götter in ihrem ehrwürdigsten Wohnsitz, der in der Mitte des Weltalls liegt und einen Überblick über alles gewährt, was je des Entstehens teilhaftig wurde, und sprach …

Platon (**427–347 v. Chr.**)
Timaios-Dialog
Sokrates: Gut so. Aber was für eine Tat ist denn das, die dir dein Großvater, obschon sie nicht überliefert ist, dennoch als eine wirklich von dieser Stadt vor alten Zeiten vollbrachte nach dem Bericht des Solon mitteilte?

Kritias: Ich will diese alte Geschichte erzählen, die ich von einem alten Mann gehört habe. Kritias war damals nach seiner eigenen Angabe beinahe neunzig Jahre alt, ich ungefähr zehn; es war gerade der Knabentag des Apaturienfestes und wurde auf die übliche Weise begangen, indem die Väter uns Knaben Preise für den besten Vortrag von Gedichten aussetzten. Außer manch anderm Gedicht trugen viele von uns Knaben Gedichte des Solon vor, die ja damals noch etwas Neues waren. Dabei bemerkte einer aus unserer Phratrie – ob er nun wirklich so dachte, oder ob er dem Kritias etwas Schönes sagen wollte – Solon scheine ihm die größte Weisheit, aber auch den höchsten Adel unter allen Dichtern zu besitzen. Der Greis – ich seh' ihn noch vor mir – freute sich sehr und erwiderte lächelnd: Ja, mein lieber Amynandros, gewiss wäre er mindestens so berühmt geworden wie Homer, Hesiod oder sonst ein Dichter, hätte er nur die Dichtkunst nicht bloß so nebenher betrieben, sondern, wie andere, ihr seinen ganzen Fleiß widmen können! Und wenn er erst die Erzählung, die er aus Ägypten mit hierhergebracht hat, vollendet hätte! Aber die musste er liegenlassen wegen der inneren Unruhen und aller andern Schäden, die er bei seiner Rückkehr vorfand. Was war denn das für eine Geschichte? fragte jener. Die Geschichte der größten und mit vollem Recht berühmtesten Tat unter allen, die unsere Stadt vollbracht hat; aber wegen der langen Zeit und des Todes ihrer Vollbringer hat sich ihre Überlieferung nicht bis auf uns erhalten. Erzähle mir von Anfang an, erwiderte der andere, was und wie und von wem Solon hierüber Beglaubigtes gehört und berichtet hat. Es gibt in Ägypten, begann Kritias, in dem Delta, um dessen Spitze herum der Nil sich spaltet, einen Gau; man nennt ihn den saitischen, und die größte Stadt dieses Gaues ist Sais, der Geburtsort des Königs Amasis. Die Einwohner der Stadt halten eine Gottheit für ihre Gründerin, die im Ägyptischen Neith, im Griechischen, wie sie angeben, Athene heißt; sie seien daher große Freunde der Athener und gewissermaßen stammverwandt mit ihnen. Solon wurde deshalb, als er zu ihnen kam, mit Ehren überhäuft, und als er Erkundigungen über die Vorzeit bei den hierin besonders erfahrenen Priestern einzog, fand er, dass niemand in Hellas auch nur eine Ahnung von diesen Dingen hatte. Einmal wollte er sie nun zu einer Mitteilung über die Urzeit veranlassen und begann ihnen die ältesten Geschichten aus Hellas zu erzählen, von Phoroneus, dem angeblich ersten Menschen, von Niobe und wie nach der Sintflut Deukalion und Pyrrha übrigblieben; er zählte das Geschlechtsregister ihrer Abkömmlinge auf und machte den Versuch, mittels der Jahre, die auf jedes einzelne, das er erwähnte, kamen, die Zeiten zu berechnen. Da rief einer der Priester, ein sehr betagter Mann: »Solon, Solon, ihr Hellenen seid und bleibt Kinder, und einen alten Hellenen gibt es nicht!« »Wieso, wie verstehst du das?« fragte Solon.

»Jung seid ihr alle an Geist«, erwiderte der Priester, »denn in euren Köpfen ist keine Anschauung aus alter Überlieferung, und kein mit der Zeit ergrautes Wissen. Daran ist folgendes schuld. Oft und auf vielerlei Arten sind die Menschen zu Grunde gegangen und werden sie zu Grunde gehen, am häufigsten durch »Feuer und Wasser, doch auch durch tausenderlei andere Ursachen. Denn was man auch bei euch erzählt von Phaeton, dem Sohn des Helios, wie er einst seines Vaters Wagen bestieg und, da er es nicht verstand, seines Vaters Weg einzuhalten, alles auf Erden verbrannte und selbst vom Blitz getötet wurde – das klingt ja wohl wie eine Fabel, aber der wahre Kern daran ist die. veränderte Bewegung, der die Erde umkreisenden Himmelskörper und die periodische Vernichtung alles lrdischen durch ein großes Feuer. Unter ihr haben dann die Bewohner der Gebirge und hochgelegenen, wasserarmen Gegenden stärker zu leiden als die Anwohner der Flüsse und des Meeres; uns aber rettet der Nil, unser Retter in jeder Not, auch aus dieser Verlegenheit. überschwemmen aber die Götter die Erde mit Wasser, um sie zu reinigen, dann bleiben die Bergbewohner, die Rinder- und Schafhirten am Leben, wer aber bei euch in den Städten wohnt, wird von den Flüssen ins Meer geschwemmt, in unserm Lande dagegen strömt weder dann noch sonstwann das Wasser vom Himmel auf die Flut herab; es ist vielmehr So eingerichtet, dass alles von unten herauf über sie emporsteigt. Aus diesen Ursachen bleibt bei uns alles erhalten und gilt für das Älteste. In Wahrheit gibt es in allen Gegenden, wo nicht übermäßige Kälte oder Hitze es hindert, immer ein bald mehr, bald minder zahlreiches Menschengeschlecht. Was bei euch oder bei uns oder sonstwo, soweit wir davon Kunde haben, geschieht, liegt, sofern es trefflich, groß oder irgendwie bedeutend ist, insgesamt von der ältesten Zeit an in unsern Tempeln aufgezeichnet und bleibt so erhalten. Bei euch aber und den übrigen Staaten ist die Schrift und das ganze staatliche Leben immer gerade erst zu einiger Entwicklung gediehen, wenn schon wieder nach dem Ablauf der gewöhnlichen Frist wie eine neue Krankheit die Regenflut des Himmels über euch hereinbricht und nur die der Schrift Unkundigen und Ungebildeten am Leben lässt; dann werdet ihr immer gleichsam von neuern wieder jung und wisst nichts von unserer oder eurer alten Geschichte. Wenigstens eure Geschlechterverzeichnisse, lieber Solon, wie du sie eben vortrugst, unterscheiden sich kaum von Kindermärchen. Ihr wisst nur von einer Überschwemmung, während doch so viele vorhergegangen sind; und ihr wisst nicht, dass das herrlichste und beste Geschlecht der Menschen in eurem Lande gelebt hat, von denen du und alle Bürger eures jetzigen Staates abstammen, indem ein kleiner Stamm von ihnen übrigblieb; dies alles blieb euch fremd, denn eure Vorfahren lebten viele Geschlechter hindurch ohne die Sprache der Schrift. Einst, vor der größten Zerstörung durch Wasser, war der Staat, der jetzt der athenische heißt, der kriegstüchtigste und besaß eine in jeder Hinsicht vorzügliche Verfassung; ihm werden die herrlichsten Taten und besten Staatseinrichtungen von allen uns bekannten unter der Sonne zugeschrieben.« Solon äußerte hierüber sein Erstaunen und bat die Priester dringend, ihm die ganze Urgeschichte seines Staates in genauer Reihenfolge zu erzählen. Der Priester begann: »Nichts sei dir vorenthalten, Solon, und ich will dir alles berichten, dir zuliebe, deinem Staate zuliebe, vor allem aber der Göttin zuliebe, die euren und unsern Staat zum Eigentum erhielt, erzog und bildete, euern eintausend Jahre früher aus dem Samen, den sie dazu von der Erdgöttin Ge und dem Feuergott Hephaistos empfangen hatte, und später ebenso unsern Staat. Nam unsern heiligen Büchern besteht die Einrichtung unsers Staates seit amttausend Jahren. Eure Mitbürger entstanden also vor neuntausend Jahren, und im will dir nun kurz von ihrer Staatsverfassung und der herrlichsten ihrer Taten berichten. Genauer wollen wir dies alles ein andermal mit Muße an der Hand der Schriften miteinander besprechen. Von ihrer Verfassung kannst du dir eine Vorstellung nach der hiesigen machen. Denn du kannst viele Proben eurer damaligen Einrichtungen in unsern jetzigen wiederfinden: eine von allen andern gesonderte Priesterkaste, dann die Kaste der Handwerker, deren einzelne Klassen aber für sich und nicht mit den andern arbeiten, und die Hirten, Jäger und Bauern; endlich wird dir nicht entgangen sein, dass die Kriegerkaste hierzulande von allen andern getrennt ist und dass nach dem Gesetze ihre einzige Tätigkeit in der Sorge für das Kriegswesen besteht. Ihre Waffen waren der Speer und der Schild, die wir zuerst von den Völkern Asiens so einführten, was die Göttin uns, wie in euerm Lande zuerst euch, gelehrt hatte. Du siehst wohl ferner, welche Sorgfalt unsere Gesetzgebung schon in ihren Grundlagen auf die Geistesbildung verwandt hat: aus allen Wissenschaften, die es mit dem Kosmos zu tun haben, bis zur Mantik und Gesundheitslehre, den göttlichen Künsten, hat sie, was sich zum Gebrauch der Menschen eignet, herausgesucht und sich diese Wissenschaften sowie alle mit ihnen zusammenhängenden angeeignet. Nach dieser ganzen Anordnung und Einrichtung gründete die Göttin zuerst euern Staat, indem sie den Ort eurer Geburt mit Rücksicht darauf erwählte, dass die dort herrschende glückliche Mischung der Jahreszeiten am besten dazu geeignet sei, verständige Männer zu erzeugen; da die Göttin den Krieg und die Weisheit zugleich liebt, wählte sie den Ort aus, der wohl die ihr ähnlichsten Männer erzeugen würde, und besiedelte ihn zuerst. So habt ihr denn dort gewohnt unter einer derartigen Staatsverfassung und manch andern guten Einrichtungen, allen übrigen Menschen voraus in jeder Tüchtigkeit, wie das von Nachkommen und Schülern der Götter nicht anders zu erwarten ist. Unter allen Großtaten eures Staates, die wir bewundernd in unsern Schriften lesen, ragt aber eine durch Größe und Heldenmut hervor: unsere Schriften berichten von der gewaltigen Kriegsmacht, die einst durch euern Staat ein Ende fand, als sie voll Übermut gegen ganz Europa und Asien vom Atlantischen Meere her zu Felde zog. Denn damals konnte man das Meer dort noch befahren, es lag nämlich vor der Mündung, die bei euch ›Säulen des Herakles‹ heißt, eine Insel, größer als Asien und Libyen zusammen, und von ihr konnte man damals noch nach den andern Inseln hinüberfahren und von den Inseln auf das ganze gegenüberliegende Festland, das jenes in Wahrheit so heißende Meer umschließt. Erscheint doch alles, was innerhalb der genannten Mündung liegt, nur wie eine Bucht mit engem Eingang; jener Ozean aber heißt durchaus mit Recht also und das Land an seinen Ufern mit dem gleichen Recht ein Festland. Auf dieser Insel Atlantis bestand eine große und bewundernswerte Königsgewalt, die der ganzen Insel, aber auch vielen anderen Inseln und Teilen des Festlandes gebot; außerdem reichte ihre Macht über Libyen bis nach Ägypten und in Europa bis nach Tyrrhenien. Dieses Reich machte einmal den Versuch, mit geeinter Heeresmacht unser und euer Land, überhaupt das ganze Gebiet innerhalb der Mündung mit einem Schlag zu unterwerfen. Da zeigte sich nun die Macht eures Staates in ihrer ganzen Herrlichkeit und Stärke vor allen Menschen: allen andern an Heldenmut und Kriegslist voraus, führte er zuerst die Hellenen, sah sich aber später durch den Abfall der andern genötigt, auf die eigene Kraft zu bauen, und trotz der äußersten Gefahr überwand er schließlich den herandrängenden Feind und errichtete Siegeszeichen; so verhinderte er die Unterwerfung der noch nicht Geknechteten und ward zum edlen Befreier an uns innerhalb der Tore des Herakles. Später entstanden gewaltige Erdbeben und Überschwemmungen, und im Verlauf eines schlimmen Tags und einer schlimmen Nacht versank euer ganzes streitbares Geschlecht scharenweise unter die Erde, und ebenso verschwand die Insel Atlantis im Meer. Darum kann man auch das Meer dort jetzt nicht mehr befahren und durchforschen, weil hochaufgehäufte Massen von Schlamm, die durch den Untergang der Insel entstanden sind, es unmöglich machen.

Karl zu Eulenburg (1843–1919)

Atlantis! Was war Atlantis?

Niemand konnte Auskunft geben und die Nachschlagewerke enthielten nur unwesentliche Angaben. Zwar kannten die meisten die Sage von dem versunkenen Land und wussten von Platos Bericht, aber damit waren die Kenntnisse erschöpft …

»Meine Damen und Herren,« begann er. »Ehe ich ihnen von diesem wunderbaren Atlantis erzähle, muss ich zunächst einige erklärende Vorbemerkungen machen, die zum Verständnis der Geschichte von

Atlantis unbedingt notwenig sind.

Wilhelm Fischer (1846–1932)

Über meine Atlantis-Dichtung

Ich hatte einmal als ganz junger Mensch in Goethe-Schillers Briefwechsel die Ansicht Schillers gelesen, dass die Geschichte selbst in ihrer Entwicklung einen gewaltigen Stoff für eine Dichtung geben könnte, wenn man nur einen archimedischen Standpunkt außerhalb ihr einnehmen könnte. Da wir jedoch selber innerhalb der Geschichte und nirgends anderswo stehen, so sei es unmöglich. Andererseits hatte ich gleichfalls vor längerer Zeit im Timäus des Plato die Mythe von der versunkenen Insel Atlantis gelesen, die sich von den Säulen des Herakles bis zu den Hyperboräern erstreckte, einen höchsten Grad von Kultur erreicht und dann durch Überblüte und daraus entstehende Fäulnis den Zorn der Götter erregt und durch eine gewaltige Flut ihren Untergang gefunden hatte. Als ich nun einst in einer Zeit der tiefsten Trostlosigkeit abends auf dem Grazer Schlossberg wandelte und in die herrliche Landschaft hinausblickte ... und mir wieder die Frage meines Lebens vorlegte, ob ich ein Dichter sei, und wenn ich es sei, dass ich es durch ein großes Werk bewahrheiten müßte, durch eines, das sich von allen andern unterscheide: da flossen jene zwei Motive, die im Untergrunde meines Gedächtnisses sich gegenseitig ferne lagerten; da flossen jene Schillersche Ansicht über die Geschichte als dichterischer Stoff und die Atlantissage plötzlich zusammen. Es gab einen elektrischen Funken, und mich durchhellte die Idee, dass ich in der Insel Atlantis den Standpunkt außerhalb der Geschichte finden könnte, um sie in ihrer Entwicklung poetisch darstellen zu können. Als ich die »Atlantis«, deren Handlung gänzlich meine eigene Erfindung sein musste und war, vollendet hatte, da war mir die Überzeugung gewonnen, dass ich ein Dichter sei.

Ulrich Sonnemann (1912–1993)

Atlantis Trauma

In einem Text, den Sie zusammen mit Dietmar Kamper verfasst haben, verkündeten Sie, dass Atlantis die Obsession der achtziger

Jahre werden könnte, weil gegenwärtig die Faszination am Katastrophischen gedeihe. Da wir uns heute vorstellen können, was möglich wäre, werden die bislang nur fiktiven Katastrophenszenarios wahrscheinlich. Worin besteht die Faszination an der Katastrophe von Atlantis? Warum taucht gerade für Sie als kritischer Gesellschaftstheoretiker Atlantis auf?

Meine Faszination, was Katastrophisches betrifft, ist ziemlich begrenzt. Atlantis habe ich immer faszinierend gefunden, schon als ich in meiner Jugend die einschlägigen Dialoge Platons las, den »Timaios« und den »Kritias«. Es ist nicht einzusehen, warum man Atlantis unbedingt einer Mythologie zurechnen muss, denn Platon gehört ja einer Periode an, die wir heute als die griechische Aufklärung kennen und in deren sehr deutlich antimythologischer Tendenz er steht. Es ist alles so minutiös beschrieben, dass eigentlich kein Zweifel sein kann, dass – jedenfalls in Platons Bewusstsein – es sich um Historisches gehandelt hat. Es ist sehr wahrscheinlich, was die Zeitangabe betrifft, dass diese Beschreibungen in gewissem Maße revisionsbedürftig sind; aber dass dem nachgeforscht werden sollte, scheint mir aus dem einfachen Grund evident, weil es in der Tat in den achtziger Jahren eine Faszination, nicht etwa meine, an der Apokalypse, an der Endzeit gibt. Die Zukunft scheint verrammelt zu sein. Wenn man gegen eine Mauer stößt, ist es ganz natürlich, dass der Blick zurückschweift, weil man sich orientieren will, was eigentlich die ganze Wegspanne gewesen sein könnte, die an dieser Mauer endet. Es gibt Indizien genug dafür, dass an unserem ganzen bisherigen Geschichtsbild etwas Fundamentales nicht stimmen kann.

Man könnte auch meinen, dass Atlantis als Chiffre einer großen Naturkatastrophe, die in die Geschichte eingreift, nur eine Umkehrung des bislang utopisch orientierten Geschichtsverständnisses ist. Postmodern wird doch jenes Zeitbewusstsein genannt, das glaubt, mit der Emanzipationsgeschichte, mit dem Fortschritt zu immer größerer Perfektibilität und Naturbeherrschung sei es zu

Ende. Und das gegenwärtige Interesse an Atlantis wäre dann die Folge jenes Umkippens der Geschichtsperspektive, die sich immer nach vorwärts richtete.

Auf den ersten Blick liegt das sehr nahe; aber auf den zweiten scheint es mir nicht haltbar zu sein. Natürlich gibt es dieses Umkippen. Das von den religiösen Überlieferungen in den Ursprung der Menschheit verlegte Paradies ist ja die rückwärts gewandte Utopie. Nur passen die nüchternen Momente in den Erzählungen Platons, der in seinem Spätwerk durchaus auch utopische Tendenzen hatte, bloß ganz andere, dazu gar nicht. Es ist jedenfalls so, dass etwas Düsteres, Inhumanes, Abstoßendes zumindest in die Spätzeit von Atlantis gekennzeichnet haben muss, das in diesen Berichten auch gar nicht verheimlicht wird. Man kann also nicht sagen, dass hier bloß in rosa Farbe gemalt wird.

Atlantis gilt gemeinhin als Thema von Phantasten, von wissenschaftlichen Irrläufern, die immer etwas suchen, was außerhalb des Vorstellbaren liegt und ein Rätsel ist. Sind Sie ein Phantast? Und wo liegt Ihr philosophischer Zugang zu diesem Thema?

Phantasten, die welche sind, werden schwerlich von sich selber sagen, dass sie welche sind. Wenn ich jetzt von mir sage, dass ich keiner bin, hat das keine besondere Beweiskraft. Ich kann das getrost anderen überlassen. Im ganzen – soviel kann ich, glaube ich, schon feststellen – werde ich nicht als Phantast gesehen. Übrigens habe ich keine bestimmten Thesen für Atlantis, jedenfalls keine, die über den ungefähren Rahmen von Otto Muck hinausgehen. Auch das ist alles nur als erforschungswürdig gedacht. Was mir an vielem auffällt, ist, was man im Englischen »jumping to conclusion« nennt: dass man schon bei der Formulierung des Themas auf phantastische Tendenzen schließt; dass man, wo man bestimmte Thesen wenig glaubhaft findet oder etwas an ihnen auszusetzen hat, sich nicht etwa kritisch auf sie einlässt, sondern ganze Themata tabuiert; dass man, mit anderen Worten, das den Wissenschaften entgegengesetzte Verhalten an den Tag legt. Dagegen bin ich allerdings. – Man findet ja in der Wissenschaftsgeschichte häufig, dass neue Thesen von Außenseitern vertreten werden. Ich erinnere an Velikovsky, den man, als »Welten im Zusammenstoß« erschien, auch wenn das zum Bestseller wurde, als Phantast belächelt hat. Nur einer nahm ihn damals ernst; das war Einstein. Inzwischen werden über Velikovskys Thesen an der Harvard University Dissertationen geschrieben. So ändert sich das!

Sie haben zusammen mit Dietmar Kamper vorgeschlagen, ein Forschungsschiff auszurüsten und es zu finanzieren. Ihr Projekt Atlantis ist aber vor allem darauf gerichtet, eine Veränderung des traditionellen heilsgeschichtlichen Geschichtsbildes einzuleiten, und dies mit Atlantis zu belegen, mit der Katastrophe vor der Geschichte. Warum gerade Atlantis? Und worin würde sich eine Veränderung ergeben?

Es gibt, was die frühe Antike betrifft, riesige weiße Flecken in der Zeit. Wie das in der Geographie noch im späten 19. Jahrhundert für die Karte Afrikas galt, so gilt dies heute für Zeitgegenden, die hinter das erste Jahrtausend vor unserer Zeitrechnung zurückreichen. Hier weiß man – jedenfalls wissen das die Ägyptologen –, dass vor allem die Wissenstraditionen der ägyptischen Priesterkaste, die ihre Geheimnisse sehr eifersüchtig hütete, weit hinter das erste Reich, von dem unsere bisherige Geschichtsrechnung weiß, zurückreichen. Nach den Berichten bei Platon ist es in der Tat ein ägyptischer Priester gewesen, der Solon die ganze Atlantiserzählung vermacht hat. In der späteren Geschichtsschreibung Ägyptens gibt es die immer wieder mit dem Titel »Seevölker« bezeichneten Einbrüche von irgendwo jenseits der See. Wer das gewesen ist, dem ist man bisher noch nicht auf die Spur gekommen; aber man hat sich auch nicht besonders angestrengt. Es gibt viel Rätselhaftes an rezenten archäologischen Funden in Mesopotamien hinsichtlich der technischen Geheimnisse, die wiederum dessen Priester besessen haben. Ich will dazu gar keine These aufstellen. Mir fällt nur auf, wie wenig geforscht wird, wie wenig zunächst an Hypothesen, die ja dann Material von Explorationen werden könnten, überhaupt aufgestellt wird. Es besteht auf Seiten des positiven Wissenschaftsbetriebs, der manchmal den Pionieren um astronomische Entfernungen hinterherhinkt, eine Beklommenheit mit einem Schielen auf den nächsten: was der dazu sagt und ob man noch ernst genommen wird, wenn man so etwas wie Atlantis thematisch aufnimmt. Diese ganze Haltung hat etwas Durchsichtiges und ein bisschen Lächerliches.

Wenn sich bei Atlantis etwas Ähnliches herausstellen würde wie bei Schliemanns Troja, wenn also Atlantis die Spur einer vergangenen Naturkatastrophe ist, was würde dieses Ereignis in unserem Geschichtsbild ändern? Es wäre doch wohl ein historisches Faktum, das neben vielen anderen untergehen würde.

Zunächst ist es sehr auffällig, dass diese recht lächerlich kurze Geschichte im Verhältnis zu der biologischen Geschichte der Menschheit, die die Forschung bereitgestellt hat, dass das Verhältnis dieser beiden Zeitgrößen immer disproportionierter und absurder wird. Wir haben durchaus keine Sicherheit, dass das, was wir Geschichte nennen, sich nicht mehrmals, wenn nicht sogar ziemlich häufig, in der Vergangenheit abgespielt haben könnte. Wenn wir wiederum Schlüssel dazu finden, wie vergangene Kulturen untergegangen sind, und wenn wir begreifen, warum jetzt diese Verdrängung des Atlantiskomplexes und seine Verwandlung in eine vermeintliche oder auch wirkliche Legende stattgefunden hat, dann wäre das durchaus bestimmten Vorgängen in der Psychoanalyse vergleichbar. Deswegen bin ich dafür, dass diese Forschungsarbeit aufgenommen wird; denn solange etwas im dünnen Sinne Theorie bleibt, eine Einsicht, die sich in der psychoanalytischen Situation herstellen kann, hat es auf das Befinden und auf die Praxis eines Analysanden wenig Einfluss. Es muss mit der ganzen Person eine Wiederholung des ursprünglichen Traumas erfahren worden sein, damit plötzlich ein existentieller Durchbruch erfolgt. Es gibt also auf Seiten von Dietmar Kamper und mir eine menschheitsexistentielle Spekulation, dass sich so etwas einstellen könnte, wenn man endlich dieser Sache nachforscht; wobei durchaus damit gerechnet wird, dass auch die Muckschen Thesen modifiziert werden müssen. Wir erwarten keine bestimmten, sozusagen vorgeschriebenen Ergebnisse, sondern mit einiger Sicherheit nur, dass wir auf dem Wege dieser Forschungen schließlich eine neue Situation für das theoretische Bewusstsein finden und in dessen Konsequenz früher oder später auch für das praktische.

Der Analysand wäre die ganze Menschheit. Sie haben versucht, die Menschheitsgeschichte in die Perspektive der atlantischen Katastrophe einzutragen, wenn Sie die These aufstellen, die technologische Entwicklung sei im Grunde eine Verdrängungsleistung des atlantischen Traumas gewesen, die darauf zusteuert – im Sinne einer Wiederkehr des Verdrängten – das Verdrängte, also die Katastrophe, wirklich zu machen, weil man nicht ertragen könne, was einmal geschah.

Es hat natürlich, vor allem in der Entwicklung des europäischen und christlichen Abendlandes, eine einseitige Bevorzugung bestimmter menschlicher Fähigkeiten und Funktionen gegeben. Demgegenüber muss nach allem, was sich an Vermutungen bisher angedeutet hat, in der Atlantiskultur, mindestens in ihren Frühzeiten, eine viel größere Betonung der uns etwas verloren gegangenen innigeren Verbindung von Vernunft und Gefühl die Menschen und ihr Verhalten bestimmt haben. Es ist uns da vieles verloren gegangen. Wie es verloren gegangen ist, eventuell auch bereits in der Entwicklung von Atlantis selber, das würde alles zu dem gehören, was zu erforschen wäre.

Wir haben den Eindruck, dass gerade durch die Scheu vor diesem Thema unterstrichen wird, dass eine Vergleichbarkeit zwischen ihr und der Selbstflucht eines Neurotikers besteht, die eine Flucht vor dem ist, was ihn in einer sehr frühen Zeit, die für sein Gedächtnis verdeckt ist, verletzt haben muss. Es gibt bislang keinen uns mitgeteilten vernünftigen Grund, warum Analoges nicht für die Geschichte der Menschheit im Ganzen gelten soll oder gelten kann. Das ist andererseits durchaus hypothetisch; daraus wurde auch gar kein Hehl gemacht. Aber es sind immer hypothetische Erwägungen, das Aufdämmern von Möglichkeiten, die die Richtung bestimmt haben, in der in der Geschichte der Wissenschaften überhaupt geforscht wurde.

Ist es nicht doch, um es einmal böse zu sagen, ein gewisses Ablenkungsmanöver? Wir stehen doch heute deswegen vor einer verrammelten Zukunft, weil wir die Katastrophe selber machen können, sei es durch langsame ökologische Vernichtung oder durch schnellen nuklearen Suizid. Hingegen war Atlantis eine Katastrophe, die – zufällig – durch die Natur bewirkt wurde, also nicht beeinflussbar war. Ist die Beschäftigung mit Atlantis als einer Naturkatastrophe nicht schon ein Abfinden mit oder ein Sicheinstellen auf die kommende Katastrophe?

Das glaube ich überhaupt nicht, dass ausgerechnet ich von unmittelbar Aktuellem ablenken sollte. Das wird sehr leicht und sehr schlüssig durch meine Publikationsgeschichte widerlegt, die in erster Linie die Kritikwürdigkeit der bundesdeutschen Nachkriegsentwicklung betroffen hat und in zweiter Linie andere philosophische Themen, die aber mit diesem ersten Themenkreis sehr viel inniger zusammenhängen als man vermutet. Das gleiche gilt auch für beider Zusammenhang mit dem Atlantisthema. Von Ablenkung kann meinerseits keine Rede sein; ich verwickle mich noch ständig in unmittelbar tagespolitische Kontroversen, manchmal auch forensischer Art. Ich sehe auch nicht, wieso gerade die Beschäftigung mit etwas, das die allgemeine Bewusstseinskalamität unserer gegenwärtigen Zivilisation erklären könnte – und das ist nach dem vorher Gesagten zumindest einer der Schlüssel unseres Vorhabens –, wieso ausgerechnet das unpolitisch sein sollte, auch nur sein könnte. Die Aufarbeitung etwa der deutschen Vergangenheit ist inzwischen an einen Punkt gelangt – ich habe das in anderen Veröffentlichungen nachgewiesen –, wo man ohne eine Art psychoanalytischer Fragestellung gar nicht mehr auskommt, weil das, worauf man trifft, eine Art Wiederholungszwang ist, derengleichen in der psychoanalytischen Arbeit bekannt ist. Infolgedessen sehe ich nicht nur keine Ablenkung in Atlantis, sondern gerade in einer solchen Forschung einen direkten Vorstoß in diesen gesellschaftspsychoanalytischen Weg. Nur dass dies nicht nur für eine Gesellschaft gilt in ihrem Verhältnis zu sich selbst und ihrer Geschichte, die wie unsere etwas anormal ist, sondern für die Menschheit. Aber das ist der einzige Unterschied. Sie bemerken, dass dieser Unterschied im Grundsätzlichen keiner ist.

Das Gespräch mit Ulrich Sonnemann führte Florian Rötzer.

Kapitel 1

Die Mythen: Bibel, Platon, und Tsunami

Geschichten, Sagen und Legenden vom Untergang

Und plötzlich bricht das Rasen
Der Elemente los,
Der Winde scharfes Blasen
Zerschlitzt der Wolken Schooß,
Da kann ihn Nichts mehr stopfen,
Den neuen Sündflut-Born
Friedrich Hebbel (1813–1863)

Letztere war eine grauenhafte Öde: etwas, das der Erde ähnlich, als die Sündflut vorüber war.
Charlotte Brontë (1816–1855)

Einst, aus unsterblichem Chaos geboren, erhob sich eine Insel aus den Fluten der Weltenmeere mit Türmen aus Topas und schimmernden Perlmutt-Bäumen,
Traumbild der Frauen, Schrecken der Krieger.

Vor Urzeiten versank sie im Meer, um nun, in unermeßlichen Tiefen, von Seeschlangen umspielt, mit ihren verwaschenen Mosaiken den Meerestieren als Heimstatt zu dienen.
Conrad Aiken (1889–1973)

Troano-Codex (etwa 2000 vor Chr.)

Der Untergang von Atlantis?

Als der Stern BaI fiel auf den Platz, wo jetzt nur See und Himmel sind, da bebten die Sieben Städte mit den Goldenen Toren, und ihr Transparenter Tempel bebte und schüttelte sich wie die Blätter eines Baumes im Sturm. Und siehe da, eine Flut aus Rauch und Feuer stieg von den Palästen auf. Angst und Schreie der Menge füllten die Luft. Sie suchten Zuflucht in ihren Tempeln und Städten. Und der weise Mu, der Priester von Ra-Mu, stand auf und sprach zu ihnen: ›Sagte ich das nicht alles voraus?‹ Und die Frauen und die Männer mit ihren kostbaren Edelsteinen und glänzenden Gewändern lamentierten: ›Mu, rette uns!‹ Und Mu erwiderte: ›Ihr werdet sterben zusammen mit euren Sklaven und euren Reichtümern, und aus eurer Asche werden neue Nationen erstehen. Wenn sie vergessen, dass sie überlegen sind, nicht wegen dem, was sie an sich hängen, sondern wegen dem, was sie von sich geben, so wird das gleiche Los sie befallen.‹ Flammen und Rauch erstickten die Worte des Mu. Das Land und die Bewohner wurden in Stücke gerissen und in wenigen Monaten von den Tiefen verschluckt.

Paul Schliemann erklärte, er habe »klare Hinweise auf die Lage der Stadt der Goldenen Tore und zwei eindeutige Berichte über den Tempel der Transparenten Mauem«. Er überlegte, ob das Wort ›transparent‹ nur symbolisch gemeint war oder ob wirklich ein Bau mit transparenten Mauem existiert hatte. Die Antwort auf diese Frage wusste er nicht, doch er gab an, er könne beweisen, dass die Phönizier die Kunst des Glasmachens von den Leuten gelernt hatten, die »jenseits der Säulen des Herkules« lebten. Der betreffende Artikel in der britischen Sonntagszeitung Weekly Budget (17. November 1912) schloss mit den, wie Sykes sagte, »meistdisputierten Texten der ganzen Geschichte atlantischer Forschung«, dem sogenannten »Troano Codex«, der sich auf Zerstörungen durch Erdbeben des Landes Mu bezog und auf eine Inschrift, die angeblich an einer Tempelwand in Lhasa, Tibet, etwa im Jahr 2000 v. Chr. in chaldäischer Sprache angebracht worden sein soll.

Gilgamesch-Epos (ca.1900 v. Chr.)
Die Wasser stiegen die Berge hinan

Citnapistim sprach darauf zu Gilgamesch also:
Ich will dir, Gilgamesch, eröffnen geheime Rede,
die Entscheidung der Götter will ich dir verkünden.
Surripak, eine Stadt, dir wohlbekannt,
die am Ufer des Euphrat gelegen,
diese Stadt war schon alt; die Götter in ihr
eine Sintflut zu senden trieb ihr Herz die großen Götter.
Es war ihr Vater Anu, ihr Berater der Kriegsheld Bel,
ihr Bote Nunib, ihr Führer Ennugi.
Der Herr der Weisheit, Ea, hatte mit ihnen beraten,
ihre Rede erzählte er einem Rohrhaus:
Rohrhaus, Rohrhaus, Wand, Wand!
Rohrhaus, höre! Wand, vernimm!
Du Mann aus Suripak, Sohn des Ubarututu!
Zimmre ein Haus, baue ein Schiff,
verlaß deinen Besitz, denk an dein Leben!
Bringe Lebenssamen aller Art auf das Schiff.
Das Schiff, daß du jetzt bauen sollst,
wohl berechnet seien seine Maße!
Es mögen sich entsprechen seine Breite und Länge,
in den Ozean laß es hinab.
Ich verstand es wohl, sprach zu Ea, meinem Herrn:
Den Befehl, mein Herr, den du eben gegeben,
will ich befolgen und ausführen.
Aber was sage ich der Stadt, dem Volk und den Ältesten?
Er öffnete seinen Mund und sprach,
sagte darauf zu mir, seinem Knechte:
Als Antwort also sprich mit ihnen:
Es verwarf mich Bel, und haßt mich,
drum will ich nicht mehr wohnen in eurer Stadt,
auf die Erde Bels nicht mehr legen mein Haupt.
Will hinabfahren zum Ozean, bei Ea, meinem Herrn,
wohnen,

euch wird er dann überschütten mit reichem Segen,
einer Menge Vögel, einer Menge Fische;
doch eine Zeit hat Samas bestimmt, da die Herren der Finsternis
am Abend euch überschütten werden mit verderblichem Regen.
Sobald das erste Morgenrot erschien,
brachte ich den Bedarf herbei;
am fünften Tage entwarf ich seine Gestalt.
Ringsum waren 120 Ellen hoch seine Wände,
120 Ellen war entsprechend die Breite seines Deckes.
Ich entwarf und zeichnete es selbst,
ich erbaute es in sechs Stockwerken, teilte es siebenmal,
sein Inneres teilte ich neunmal,
Wasser goß ich drinnen aus.
Ich sah mich nach einem Ruder aus, tat das Nötige hinzu.
Sechs Saren Erdpech goß ich auf die Innenseite,
drei Saren Öl brachten herbei Leute, die Träger.
Ich behielt zurück ein Sar Öl, daß die Opfer verbrauchten;
zwei Saren Öl barg der Schiffer.
Für die Tempel der Götter schlachtete ich Ochsen,
tötete Widder jeden Tag.
Krüge mit Sesamwein, Öl und Traubenwein.
Ein Fest veranstaltete ich wie am Neujahrstage,
am siebenten Tage war das Schiff fertig.
Mit allem, was ich hatte, belud ich es;
mit allem, was ich hatte an Silber, belud ich es;
mit allem, was ich hatte an Gold, belud ich es;
mit allem, was ich hatte an jeglichem Lebenssamen, belud ich es.
Ich brachte auf das Schiff meine ganze Familie und mein Gesinde,
Tiere des Waldes, Wild des Feldes,
Werkmeister aller Art brachte ich hinauf.
Eine Zeit hatte Samas festgesetzt.
Werden die Herren der Finsternis

am Abend einen verderblichen Regen senden,
so tritt in das Schiff und verschließe das Tor.
Jene Zeit trat ein,
die Herren der Finsternis sandten
am Abend einen verderblichen Regen.
Des Tages Aufleuchten fürchtete ich,
den Tag zu schauen hatte ich Angst.
Ich trat ein in das Schiff, verriegelte das Tor.
Dem Lenker des Schiffes, Puzur Bel, dem Schiffer,
übergab ich die Arche mitsamt ihrem Inhalt.
Sobald das erste Morgenrot erschien,
stieg auf vom Horizont eine schwarze Wolke.
Ramman donnert mitten darinnen,
Nebo und Marduk schreiten voran.
Es ziehen die Boten über Berg und Tal.
Den Anker reißt der Urugal los;
es geht dahin Ninib, läßt Sturm hinterdrein folgen.
Die Annunaki erheben ihre Fackeln,
durch deren Glanz sie das Land erleuchten.
Rammans Staubwirbel dringt bis zum Himmel,
alles Helle wird in Finsternis verwandelt.
Einen ganzen Tag der Sturm wütete;
eilends blies er daher, die Wasser stiegen die Berge hinan,
drangen wie ein Schlachtsturm auf die Menschen ein.
Nicht sieht mehr einer den andern,
nicht mehr werden erkannt die Menschen vom Himmel aus.
Die Götter fürchteten sich vor der Sintflut,
wichen zurück, stiegen auf zum Himmel Anus.
Die Götter, wie Kettenhunde kauerten sie.
Es schreit Istar wie eine Gebärende:
es wehklagt die Herrin der Götter mit lauter Stimme:
Die frühere Menschheit ist wieder zur Erde geworden,
weil ich im Götterrat für Schlimmes stimmte,
und ich im Götterrat für Schlimmes stimmend,
zur Vernichtung meiner Menschen für eine Sintflut stimmte.
Werde ich je wieder Menschen zur Welt bringen wollen,

wenn sie jetzt wie Fischbrut das Meer erfüllen?
Die Götter der Annunaki weinten mit ihr,
die Götter saßen gebeugt, weinend;
ihre Lippen zusammengepreßt. Sechs Tage und Nächte
wütet der Sturm, peitscht der Regen das Land.
Als der siebente Tag herankam,
ließ nach das Wetter, die Flut, der Sturm,
die gekämpft hatten wie ein Heer.
Es ruhte das aufgewühlte Meer,
der Orkan, die Sintflut hörte auf.
Ich blickte auf das Meer, ließ die Stimme erschallen,
aber alle Menschen waren wieder zur Erde geworden.
An Stelle der Wohnstätten war alles ein Sumpf.
Ich öffnete das Luftloch, das Licht fiel auf meine Wange;
ich beugte mich nieder, saß weinend da,
über meine Wangen flossen meine Tränen.
Ich schaute auf die Welt, lauter Meer;
nach der zwölften Richtung hin tauchte Land auf,
nach dem Lande Nisir trieb das Schiff.
Der Berg des Landes Nisir hielt das Schiff fest und ließ es nicht los.
Sechs Tage hielt es der Berg und ließ es nicht los.
Als der siebente Tag herankam,
da ließ ich eine Taube hinaus und ließ sie los,
da aber kein Ruheplatz da war, kehrte sie zurück.
Da ieß ich einen Raben hinaus und ließ ihn los.
Es flog der Rabe, sah das Wasser abnehmen,
kam näher krächzend kehrte aber nicht zurück.
Da ließ ich alles hinaus nach den vier Winden,
brachte ein Opfer dar,
machte eine Spende auf dem Gipfel des Berges.
Je sieben Gefäße stellte ich auf,
darein schüttete ich Kalmus, Zedernholz und Räucherwerk.
Die Götter rochen den Duft,
die Götter scharten sich wie Fliegen um den Opferer.
Als darauf die Hehre herangekommen war,

da erhob sie das köstliche Geschmeide,
das Anu gefertigt, ihr zu Wunsche:
Ihr Götter, hier! Bei meinem Halsschmuck, nicht werde ich vergessen
diese Tage, sie ewig nicht vergessen.
Die Götter mögen herantreten an die Spende,
aber Bel trete nicht an die Spende,
weil er unbesonnen die Sintflut angerichtet,
und meine Menschen dem Verderben preisgegeben.
Als dann Bel herangetreten,
wie er erblickte das Schiff, da ergrimmte Bel,
ward vom Zorn erfüllt über die Götter der Igigi:
Wer ist davongekommen mit dem Leben?
Nicht sollte entrinnen ein Mensch dem Verderben!
Da öffnete Ninib seinen Mund und sprach,
sagte darauf zu dem Kriegsheld Bel:
Wer, außer Ea, kann solches tun,
kennt doch Ea jegliches Vornehmen!
Da öffnete Ea seinen Mund und sprach,
sagte darauf zu dem Kriegsheld Bel:
Ei, du Kluger unter den Göttern, Kriegsheld!
Wie unbesonnen warst du, eine Sintflut anzurichten!
Dem Sünder leg auf seine Sünde,
dem Frevler leg auf seine Frevel,
aber sei nachsichtig, daß nicht alles vertilgt,
sei geduldig, daß nicht alles vernichtet werde!
Anstatt daß du anrichtest eine Sintflut,
mögen Löwen kommen und unter den Menschen aufräumen!
Anstatt daß du anrichtest eine Sintflut,
mag der Pestgott kommen und die Menschen schlachten!
Nicht ich habe eröffnet den Rat der großen Götter,
den Atrachasis sandte ich Träume,
so hörte er von dem Rate der Götter.
Darauf faßte er einen Entschluß,
es stieg Bel auf das Schiff,

er ergriff meine Hand und führte mich hinauf,
führte hinauf und ließ sich lehnen das Weib an meiner Seite,
wandte uns einander zu, trat zwischen uns, segnete uns:
»Vordem war Citnapistim nur ein Mensch,
jetzt sei Citnapistim und sein Weib uns Göttern gleich,
wohnen soll Citnapistim in der Ferne, an der Mündung der
Ströme.«
Da entrückten sie mich, und in der Ferne,
an der Mündung der Ströme ließen sie mich wohnen.

Thukydides (460 – um 400 v. Chr.)

Was einst Land war, ist jetzt Meer

Das Meer zog sich bei Orobiai auf Euboia von der damaligen Küstenlinie zurück, stieg in einer gewaltigen Welle empor und begrub einen Teil der Stadt unter sich; und wich dann an einigen Stellen wieder zurück doch andere blieben für immer überflutet, und was einst Land war, ist jetzt Meer. Die Menschen, die nicht auf Anhöhen flüchten konnten, kamen um. Eine ähnliche Überschwemmung ereignete sich in der Nachbarschaft von Atalante, einer Insel vor der Küste von Opuntian Locri.

Popol Vuh – Buch des Rates (aufgezeichnet zwischen 1554 und 1558)

Die Sintflutlegende der Mayas

Da wurden die Wasser von dem Willen des Herzens des Himmels [Hurakán] aufgewühlt, und eine große Überschwemmung kam auf die Häupter dieser Kreaturen … Sie wurden verschlungen, und eine harzige Masse senkte sich vom Himmel herab; das Antlitz der Erde verdunkelte sich, und ein schwerer [alles] verfinsternder Regen begann – Regen bei Tag und Regen bei Nacht – … über ihren Köpfen hörten sie ein schreckliches Getöse, wie von Feuer. Da sah man die Menschen voller Verzweiflung herumlaufen und sich gegenseitig umstoßen; sie wollten auf ihre Häuser klettern, und die Häuser stürzten ein, brachen zu Boden; sie wollten auf die Bäume klettern, und die Bäume schüttelten sie ab; sie wollten sich in die Grotten flüchten, und die

Grotten schlossen sich vor ihnen … Wasser und Feuer trugen zu der vollständigen Vernichtung zur Zeit der letzten großen Flutkatastrophe bei, die der vierten Schöpfung voranging.

Johann Röling (1634–1679)
Wie sich die Sündflut weggemacht.

Der Oelzweig ist des Friedens Beut,
Der ward dem Noah zugebracht,
Wie sich die Sündflut weggemacht.

An solchem Ort fängt an dein Leid,
Dies, Jesu, ist, was uns andeut,
Daß uns dein Leiden, deine Pein
Ein Bot' zum Frieden solle seyn
Und daß, da du dich wirfst zur Erd,
Des Vaters Zorn gehoben werd.

Was Adam Böses that und thut,
Das machstu, ander Adam, gut;
Sein Ungehorsam krieget Frist,
Da du zum Kelche willig bist,
Und deine schwere Garten-Pein
Räumt Edens Lust uns wieder ein.

Gotthold Ephraim Lessing (1729–1781)
Auf das Gedicht »Die Sündflut«

Durch den ersten Regenbogen
Sprach der Mund, der nie gelogen:
Keine Sündflut komme mehr,
Über Welt und Menschen her.
Die ihr dies Versprechen höret,
Menschen sündigt ungestöret!
Kommt die zweite Sündflut schon,
Sie trifft nur den Helicon.

Johann Peter Hebel (1760–1826)

Die Sintflut

Henoch führte ein göttliches Leben. Eines Tages ging er von den Seinen hinweg und kam nicht mehr zurück. Weil er ein göttliches Leben führte, nahm ihn Gott zu sich. Noah lebte schon in einer bösen Zeit. Die Menschen hatten des Herrn, ihres Gottes, vergessen, obgleich sie täglich Wohltaten aus seiner Hand empfingen. Sie lebten nicht nach seinem heiligen Willen und Gebot, sondern nach den unheiligen Gelüsten ihres Herzens. Nur Noah und sein Weib waren noch fromm, wie Seth einst gewesen war, und bewahrten ihre Kinder, als rechtschaffenen Eltern zusteht, vor den bösen Beispielen und dem Verderbnis der Zeiten, so sehr ihnen möglich war. Gott beschloss, das menschliche Geschlecht in einer großen Wasserflut umkommen zu lassen. Aber den frommen Noah und seine Angehörigen wollte er nicht umkommen lassen. Er befahl ihm, was er zu seiner Rettung tun sollte, und Noah tat also. Er baute aus Tannenholz eine Arche, das heißt ein großes Haus, welches auf dem Wasser schwimmen kann. Drei Stockwerke hatte die Arche und in jedem zahlreiche Kammern. Oben gegen den Himmel hatte sie ein Fenster. Die Türe aber war auf der einen Seite. In die Arche brachte er allerlei Tiere von allerlei Art, Männlein und Weiblein, dass sie lebendig blieben, und allerlei Nahrungsmittel, dass sie ihm und ihnen zur Nahrung dienten. Also hatte ihm Gott geboten. Der Herr sprach zu Noah: »Gehe jetzt in die Arche, du und deine Angehörigen, denn ich habe dich gerecht erfunden vor mir in dieser Zeit.« Noah ging in die Arche, er, sein Weib, seine drei Söhne und seiner Söhne Weiber, acht Seelen, und Gott schloss hinter ihnen zu. Da überzog sich auf einmal der Himmel mit schweren schwarzen Wolken; die schütteten sich aus in furchtbaren Regenströmen vierzig Tage lang, und die unterirdischen Gewässer brachen aus. Die Arche fing an, sich von der Erde zu erheben. Die Felder, die Bäume, die Wohnungen der Menschen standen schon unter Wasser.Die Arche fing an, auf den Gewässern zu schwimmen. Menschen und Tiere, die noch nicht in der Ebene umgekommen waren, flüchteten auf die Hügel, von den

Hügeln auf die Berge. Die Köpfe der Berge wurden immer kleiner und gingen ebenfalls unter mit allem, was darauf seine Zuflucht genommen hatte. Fünfzehn Ellen hoch schwamm zuletzt die Arche über den Köpfen der Berge. Da war nichts mehr als Wasser unten und Wasser oben und ein schwimmendes. Haus mit acht Seelen unter Gottes Schutz und Schirm.

Wer unter dem Schirm des Höchsten sl1zet und. unter dem Schatten des Allmächtigen weilet, der spricht zu dem Herrn: »Meine Zuversicht und meine Burg, mein Gott, auf den ich hoffe.«

Hundertundfünfzig Tage lang stand so hoch die Flut, da fing an der Wind zu wehen, der Regen hörte auf, und das Wasser nahm nach und nach wieder ab. Zuerst blieb die Arche unter dem Wasser. sitzen auf dem Gebirge Ararat. Das Gewässer nahm immer mehr ab und die Köpfe der Berge wurden wieder sichtbar. Noah ließ einen Raben ausfliegen, der kam nicht wieder, sondern flog über dem Gewässer hin und her bis das Gewässer vertrocknet war. Das ist der Raben freie Art. Noah ließ eine Taube ausfliegen; die fand, wohin sie flog, keinen trockenen Aufenthalt und kam wieder in die Arche zurück. Das. ist die Art der frommen Taube. Nach sieben Tagen ließ Noah eine andere Taube fliegen, die blieb aus, bis um die Vesperzeit. Um die Vesperzeit kam sie zurück und brachte bereits wieder ein grünes Blatt von einem Ölbaum mit. Das war wohl eine große Freude in der Arche.

François René Chateaubriand (1768–1848)

Er gleicht dem Wasserschwall einer Sündflut.

Bald kamen wir hin an den berühmten Wasserfall, der sich schon von fern durch ein fürchterliches Getöse ankündigte. Er wird durch den Niagarastrom gebildet, welcher aus dem Eriesee hervorbricht und sich dann in den Ontariosee stürzt; seine senkrechte Höhe beträgt nicht weniger als 144 Fuß. Vom Eriesee bis zum Fall wälzt sich der Niagara grausenhaft jähen Laufs dahin; und im Augenblick des Falles ist er weniger ein Fluss, als ein Meer, dessen Wogen sich mit Macht in den offenen Rachen des Abgrunds drängen. Der Fall theilt sich in zwei Arme und erhält dadurch die Gestalt eines Hufeisens. Zwischen beiden Armen tritt eine untenher durch die Flut hohl gewühlte Insel hervor, die mit all ihrer üppigen Vegetation hoch überm Chaos der Wogen hängt. Jener Schwall des Stromes, der gegen Süden läuft, wölbt sich empor zu einem ungeheueren Cylinder, entwickelt sich dann gleich einem Teppiche von Schnee und glänzt im Sonnenschein mit allen Farben. Jener hingegen, welcher ostwärts hinabrauscht, stürzt sich in einen grauenhaft schwarzen und nächtlichen Schlund hinab; er gleicht dem Wasserschwall einer Sündflut. Zahllose prächtige Regenbogen wölben und durchkreuzen sich über dem Abgrunde. Wenn die Wogen an den Fels anschlagen, so prallen sie wieder zurück in Wirbeln von Schaum, die über den Wäldern emporsteigen, wie die Rauchwolken einer ungeheuern Feuersbrunst. Fichten, wilde Nussbäume, gigantische Felsen verherrlichen das einzige Schauspiel. Adler, vom Luftzuge dahingetragen, kreisen über der Tiefe, und Carcajus hängen sich mit ihren hin und her schwankenden Schweifen an einen niedrigen Zweig, um so die den Strom heruntertreibenden Leichen der Elchen und der Bären zu erhaschen.

John Keats (1795–1821)
Erschütterte sein goldnes Reich

Einzog er, aber er zog ein voll Zorn,
Sein flammend Kleid floß über seine Fersen
Und gab ein Sausen wie von irdischem Feuer,
Daß die ätherisch feinen Horen flohen
Auf Taubenflügeln. Weiter flammte er
Von Schiff zu Schiff, Gewölbe zu Gewölbe,
Durch Lauben Wohlgeruchs und eignen Lichts,
Durch lange demantfliesene Arkaden
Bis hin zur ungeheuren Mittelkuppel.
Hier stand er heftig still und stampfte auf,
Und von dem Grund bis zu den hohen Türmen:
Erschütterte sein goldnes Reich, und ehe

Der Donner, welcher folgte, noch verrollt war,
Brach seine Stimme, Götterstolz mißachtend,
So aus: »O Träume ihr von Tag und Nacht!
O Mißgebilde! Quälerische Schemen!
Gespenster rege in kühl kühlem Düster!
Langohrige Phantome schwarzer Lamen!
Was kenn euch? Was sah euch? Warum?
Ist mein unsterblich Sein so außer sich
Und nimmt all diese neuen Schrecken wahr?
Gefallen ist Saturn, fall ich nun auch?
Den Hafen meiner Rast hier soll ich lassen,
Die Wiege meines Ruhms, den linden Luftkreis,
Die ruhige Überflut freudvollen Lichts,
Kristallne Lauben, diese hellen Tempel,
Mein ganzes überglänztes Reich? – es bleibt
Verödet, leer, mir keine Zuflucht mehr.
Den Glanz, die Herrlichkeit, das Ebenmaß
Soll ich nicht sehn – nur Dunkel, Tod und Dunkel!

Victor Hugo (1802–1885)
Möge eine Sündflut kommen
Wir wiederholen es: wer sieht nicht, dass der Gedanke in dieser Gestalt noch viel unauslöschlicher ist? Von der Festigkeit, die er besaß, gelangte er zur Schnelligkeit. Von der Dauerhaftigkeit geht er zur Unsterblichkeit über. Man kann eine feste Substanz vernichten, wie aber will man die Allgegenwart vertilgen? Möge eine Sündflut kommen – die Berge werden schon längst unter den Fluten verschwunden sein, wenn die Vögel noch dahinfliegen; und wenn eine einzige Arche auf dem Spiegel der Wasserflut segelt, werden sie sich auf ihr niederlassen, werden mit ihr obenauf schwimmen, mit ihr das Fallen der Fluten erleben, und die neue Welt, die aus diesem Chaos hervorgeht, wird aufwachend über sich, beflügelt und luftig den Gedanken der versunkenen Welt dahinschweben sehen.

Dranmor (1823–1888)
Hineinversetzt sein in der Sündflut Grausen

Wie, das der Niagara? – Mit Verdruß
Rief ich's hinunter von der Eisenbrücke. –
Dort in der Ferne der gespaltne Fluß,
Die Thalschlucht hier, die kleinen Felsenstücke?

Mein Traum, das war ein ew'ger Wolkenbruch,
Das waren Ströme, die vom Himmel brausen.
Ich wollte wie durch einen Zauberspruch
Hineinversetzt sein in der Sündflut Grausen.

O Thorheit, was die Phantasie erschuf!
Das bange Herz betäubt von tausend Wettern,
So wollt' ich, fliehend vor der Hölle Ruf,
Mit Indianern über Felsen klettern

Karl zu Eulenburg (1843–1919)
Der heilige Berg von Atlantis
Wild schoben sich die Nebel durcheinander, zuckten, flimmerten und wichen …
Der heilige Berg von Atlantis. – Das Gold der Zinnen, Pilaster und Säulen seiner Königsburg, seines Tempels funkelt, blitzt in der strahlenden Sonne. Weiß leuchten die hochsprühenden Brunnen der heiligen Quelle. Hoch ragt der Berg über der bunten Stadt. Drei breite Wassergürtel durchziehen sie. Viele Schiffe mit gelben Segeln sind vom Meere eingefahren nach dem innersten Gürtel, dem Hafen. Bunte Tücher wehen im Winde, den heimgekehrten Siegern zum Gruß. Die Hauptleute mit Schwertern und kupfernen Helmen schreiten feierlich den Berg hinan. Mädchen mit wallenden Schleiern, mit Blumengewinden folgen dem Zuge. Allen voran gehen zwei Krieger: Der eine ehrwürdig alt, der andere jung, doch in seinen Augen blitzt ein starker Wille, und sein Gesicht ist von Narben durchzogen. Sie kommen an das Tor, wo die Tempelmädchen wartend stehen, ihnen

Waffen und Helme abzunehmen. Denn nur barhaupt und waffenlos dürfen sie den Tempel betreten. Der junge Hauptmann reicht sein Schwert hin, aber wie er das Mädchen anschaut, lässt er das Schwert fallen. Er umschlingt sie mit seinen starken Armen und küßt sie heiß auf den Mund. Ängstlich entflieht das reizende Kind, die anderen jubeln und lachen. – In dem Tempel sind Priester und Priesterinnen versammelt.
Die Hüterin der heiligen Fische ergreift ein goldenes Netz, taucht es in das Wasser, das die Füße des Gottes umspült. Ein glitzernder Fisch von goldgelber Farbe zappelt im Netzt. Sie reicht es dem Oberpriester, aber ihre Augen haben den jungen Hauptmann gesehen, dessen wilde Blicke an ihr hängen und sie nicht loslassen. Mit ihren zarten Händen streicht sie sich über die Augen, wie um einen Schleier zu entfernen, der zwischen ihr und einer unklaren Erinnerung liegt. Nicht achtet sie mehr auf das Opfer, nicht auf den Tanz der Tempelmädchen. Der junge Hauptmann blickt sie unverwandt an mit seinen brennenden Augen ...

Ein kurzes Aufwallen des Nebels, die Gestalten zerflossen.
Und wieder ein neues Bild ...
Der Hauptmann sitzt in einem Turmzimmer des Tempels. Er blickt hinaus auf das ferne Meer, auf die große bunte Stadt. Die Wache des Tempels hat er übernommen. Er kann sich nicht von ihm trennen. Die Hüterin der heiligen Fische, die unberührbare, das ist es, was ihn hält. Leidenschaften lodern in ihm; vor nichts würde er zurückschrecken, aber Rrhomala, die Hüterin ist ihm heilig. Heiliger als der große Azlanthuan, dessen Tempel er beschützt. – Leise öffnet sich die Tür ... Das Tempelmädchen, das ihn empfing, kommt hereingeschlüpft. Oft tat sie es schon. Zornig will er sie hinausweisen, aber dann packt er sie und in einer wilden Umarmung drückt er sie zu Boden ...

Und wieder ein anderes Bild ...
Der Hauptmann steht vor dem großen Gott. Priester und Priesterinnen umgeben ihn. Der Oberpriester tritt auf ihn zu; nimmt die Kriegerjacke von seinen Schultern und hüllt ihn in das

blaue Gewand der Vovizen. Rrhomala blickt den Novizen an, und ihre Augen strahlen vor innerer Glückseligkeit. Er aber ist befangen. Mit einer Lüge tritt er sein neues Amt an. Er denkt an das Tempelmädchen, das seinetwegen verhöhnt und gezüchtigt, ohne ihn zu verraten vom heiligen Berge ins Meer stürzte …

Was bedeutet das? – Ein dunkles Ahnen stieg in Christian auf. Er wollte tiefer blicken, aber schon hatten die wirbelnden Nebel wieder Zeitalten überbrückt …

Der Tempel von Atlantis – mächtiger und schöner als je zuvor.

Sieben Priester, jeder in andersfarbenem Gewand, schreiten durch den großen Tempelsaal, in dem der Gott auf seinem Flügelwagen thront. Sie steigen eine Treppe hinab und stehen vor einem kreisrunden Raum. Zwölf Türen führen in diesen Raum, und jeder der sieben Priester schreitet durch eine andere Tür. Die fünf Könige von Atlantis erheben sich von ihren Sitzen, sie beugen das Haupt, als die Priester eintreten. In der Mitte des Raumes steht ein schwarzer Tisch. Priester und Könige setzen sich langsam und feierlich auf die zwölf goldenen Sessel nieder, die ihn kreisförmig umgeben. Halbeingelassen in der matten, schwarzen Steinplatte ist eine große Kristallkugel. Sie wirft das Bild der zwölf Gestalten zurück. Wartend sitzen sie da in tiefem Schweigen … Dann erhebt sich der älteste der Priester, der in dem weißen Gewande, und spricht:

»Untergang droht vom Lande. Mächtiger denn je ist der schwarze Herrscher geworden. – Wehe über uns! – Wir sind dem Verderben geweiht! Das ganze Land ist durchseucht. Es gibt keine Rettung mehr, es gibt nur eines: Weichen!«

Die Könige erheben Widerspruch.

Da steht langsam der Priester im goldenen Gewande auf; er berührt mit seinem weißen Stabe die Kristallkugel. Matt leuchtet sie auf. Aller Augen sind auf sie gerichtet. Wie in einem Spiegel sehen sie einen schwarzen Thron, auf dem eine düstere Gestalt sitzt. Machtvolle dunkle Strahlen brechen ihr aus Haupt und Herz …

Ein großes Fest im Thronsaal der Königsburg. Johlen, Schreinen und Rasen. Goldene Krüge mit berauschenden Getränken werden hereingeschleppt. Schlachtopfer brüllen. In dem Blute wälzen sich zwischen zerstampften Blumengewinden rasende Menschen.

In einem blutroten Mantel gehüllt sitzt der goldene Priester auf dem Königsthron. Die Krone von Atlantis auf dem Haupt. Düster stiert er vor sich hin. Plötzlich reißt er die Kleider vom Leib, schleudert die Krone fort und hinein stürzt er sich in Taumel und Raserei …

Der goldene Priester steht allein auf dem Söller der Königsburg. Alle Sphären sind in Aufruhr. Berge speien Feuer und Flammen. Die Brunnen der großen Tiefe öffnen sich. Aus Rissen, aus Spalten dringt Wasser und brodelnder Schlamm. Das Meer wird aufgewühlt. Vom Himmel stürzt ein glühender Regen. Atlantis in furchtbaren Zuckungen wird erschüttert bis auf den tiefsten Grund – zerbricht, und wird vom Meer verschlungen.

Tausend Dämonen werfen sich in wütendem Hass auf den Priester. Er kämpft seinen letzten Verzweiflungskampf. Aber seine Kraft ist erlahmt. Da schwingt er sich über die Brüstung des Söllers, stürzt sich hinab in die Tiefe, gefolgt von den tausend Dämonen.

Der Tempel aber, unter dem Schutz der reinen Göttin, versinkt langsam und ruhig im Meer …

Jacinto Verdaguer (1845–1902)
Der Untergang von Atlantis

Schon war der Feld, der Calpes Namen trug,
Des Sturmes und der Blitze Spiel geworden.
Zerschmettert bersten schwere Centnerblöcke;
Sie hatten still in dunkler Gruft geruht,
Sie hatten nie des Tages Licht geschaut –
Jetzt sehn sie Licht, jetzt zittern sie und beben!
Entsetzt ob der Zerstörung stürzen sie
Hinab, vorbei an andern, die noch gestern

Als starke Stützen ihnen kraftvoll dienten.
Sie rollen hin, zersplittern sich im Fall,
und rasend fährt der Sturm den Trümmern nach,
Jetzt hat er sie erreicht, er wirft sie hin,
Zerstückelt sie; doch kaum erfreut er sich
Des neuen Spielballs seiner tollen Lust,
Da braust das Meer heran, entreißt voll Neid,
Was Blitz und Sturm nur ungern überlassen,
Bald ist der riesenstolze, starre Fels
Vom Meer zerfressen, aufgelöst, zerrieben
An Stein und Klippen; seine einst'ge Größe
Verkündet nur des Strandes bleicher Sand.
Denn was mit treuer Hut in langen Jahren
Die weise Bildnerin Natur vereinte,
Das reißt sie jetzt, sich zornig selbst bekämpfend,
Gewaltsam ein. –
Verschwunden sind die Gipfel,
Sie stiegen nieder zu den grünen Thälern;
Verschwunden ist der Hesperidengarten:
Atlantis windet sich im Schmerzgeheul,
Ein Weib, das klagend sich den Tod gebiert.
Seht, wie die Erde selbst mit dumpfen Tosen
Die dunklen Schlünde öffnet, Riesenbergen
Ein tiefes, schwarzes Riesengrab bereitet!
Hier bleibt kein Stein mehr von der stolzen Stadt,
Kein Baum mehr von den grünen Palmenhainen;
Hier liegt im Todeskampfe eine Welt
Und haucht den letzten Lebensseufzer aus. –
Tief unten in dem Schoß der dunklen Erde,
Da haust der riesenhafte Minhocao*:
Jetzt dringt aus breiten Spalten Tageslicht
Hinab in seine graus'gen finstern Höhlen,
Jetzt wird er aufgeschreckt aus dem Versteck;

---

* Minhocao = Untier der brasilianischen, also südamerikanischen Sagenüberlieferung.

Er schnellt empor in grenzenloser Wuth,
Durchrast die Trümmer der zerstörten Städte,
Durchwühlt der eingestürzten Berge Klüfte
Zu neuem Schrecken den entfernten Thieren,
Die noch die letzte Scholle Land um klammern.
Sie lassen los, von blinder Angst getrieben,
Und fallen in das offne Wogengrab.
Doch Minhocao stürzt sich ihnen nach
Und schreckt auch hier des Meeres wilde Brut.

Und neue Schrecken speit der Abgrund aus:
Noch andre Ungeheuer weilten dort,
Ihr Sitz war in des Lebensbaumes Mark.
Wie sich der Fluß im Laufe krümmt und windet,
So wälzen Riesenschlangen sich daher,
Und Drachen, Skorpione, gift'ge Nattern,
Der Basilisken Schar, verderbenbringend,
Entsteigen jetzt der Erde schwarzem Schlund.
Und was noch nicht die tolle Fluth geraubt,
Was noch sich lebend barg vor ihrer Gier,
Das würgt der neuen Ungeheuer Rasen.

Auch hoch am Firmamente künden sich
Des Unheils, der Zerstörung Zeichen an:
Im Dunkeln flammen Feuerkugeln auf
Und gleiten leuchtend durch die Aetherbahn;
Und überall durchfurchen Blitzesschlangen
Mit grellem Schein das schwarze Wolkenmeer.
Wie vor der Wucht der angestauten Massen
Der starke Damm entweicht und endlich bricht,
Wenn sich die Wasser ungestüm ergießen:
So b ersten jetzt die Wolken, überströmen
Atlantis donnernd noch mit neuen Fluthen.
Und Wog' auf Woge häuft erbarmungslos
Sich auf der Schuldbeladnen stolzes Haupt:
Da fühlt sie ihre letzte Kraft erlahmen,

Und ihre Glieder sinken schlaff herab,
Wie Rosenbüschel in der Sonnengluth,
In seiner Rache unaufhaltsam senkt sich
Zum Fluch auf ihre Stirne Gottes Zorn,
Trifft die verworfne Welt bis in das Herz.
Seht! Sie versinkt, – an ihre Felsenfersen,
Da krallen sich, wie Fledermäuse, fest
Des dunklen Hades ruhelose Geister
Und reißen sie hinab zur Unterwelt.
Nichts hält die ungestüme Fluth zurück;
Des Mittelmeeres Wellen stürzen sich
Mit wildem Brausen gierig auf Atlantis,
Zersprengen ihre Mauern, graben, wühlen
Mit ungezähmter Wuth am Fundament.
Hoch werfen sie den Felsblock in die Luft,
Und wenn er donnernd sinkt, reißt ihn der Strudel
Mit fort – und weiter jagt der Wogenschwall
Gleich Stieren, die in zügelloser Lust
Von dannen rasen, wenn die Schranke fiel.
Und tosend prallt im weißen Wellenwirbel
Ein Felsen auf den andern, sprengt ihn los,
Und beide reißen wieder neue mit sich.
Von Nord und Süd erheben sich die Meere,
Auf Sturmesflügeln jagen sie heran
Und kämpfen gegen Städte, Inseln, Gletscher.
Die Trümmerfetzen fallen hier und dort,
In toller Eile brausen sie vorüber,
Und hinter ihnen reißt der Wogenschwall
Zerborstne Schiffe, Herden wilder Tiere
Zum wirren Knäu'l geballt gewaltsam fort.

Doch nicht genug! Vom Westen her erbebt
Ein andres Meer die wilden Wasser, stürmt
Mit Donnertosen auf Atlantis ein
Und sucht den Felsengürtel zu zertrümmern.
Es unterwühlt ihn Zoll um Zoll, es bohrt

Und reißt. Schon wankt die harte Mauer, zittert
Der stolzen Buche gleich, die hoch und trotzig,
Des Waldes Königin, von scharfem Stahl
Zersägt, dem welken Tod entgegensieht.
Schon spritzt die weiße Gischt den Fels hinauf,
Fliegt zischend durch den Sturm und netzt die Düne,
Die längst vom Brand der Sonne ausgedörrt
Das Meer vergaß, dem sie einst angehörte.
Und neu erwacht des Sturmes Wuth, und neu
Erbraust das Meer. – Noch steht die Felsenmauer,
Noch hofft Atlantis hier die letzte Rettung!
Da horch! ein Schrei! – Wie? Können Felsen klagen?
Ein Brüllen war's, das gräßlich durch die Lüfte
Vom Felsen klang! – Atlantis ahnt den Tod! –
Es schweigt nur kurz der Sturm, er schaut von weitem
Die letzte Woge nahn, die grauenvoll
Mit dumpfen Tosen sich zum Lande wälzt.
Und tückisch eilt der Sturm vom Land zurück.
Er fliegt zum schwarzen Wogenberg und preßt
Und wälzt und peitscht die wildempörten Wasser.
Und immer schneller naht das Ungetüm,
Und immer höher wachsen seine Massen.
Jetzt steht es vor dem Fels, die andern Wogen
Entweichen scheu, der Wogenberg erhebt sich,
Es brüllt der Sturm, – und donnernd brausend stürzt
Die schwarze Fluth hinab, zerschlägt den Stein,
Zerreißt die Felsenwand und schwemmt die Trümmer
Auf Furienflügeln in das Land nach Osten.
Und wo die Wüthende sich naht, entblößt sich
Das Land vom letzten Schmuck noch im Versinken.
Die Räuberin zerknickt die mächt'gen Wälder,
Erfüllt mit trübem Schlamm das grüne Thal.
Sie stürmt die letzten Bergeshöhen, reißt
Wie einen Baumstamm fort die stolzen Gipfel. –
Und öde lagert sich und schauerlich
Die kahle, grenzenlose Wasserwüste.

Schon mengen sich die Wasser beider Meer,
Von West und Osten jagen sie herbei,
In wilder Kampfeslust sich überbietend.
Sie überschwemmen sich mit Bergeslasten
Und rollen ganze Wälder hin und her.
Und Inseln irren einsam durch die Brandung,
Sie wissen nicht mehr, welcher Woge Sang
Sie gestern noch gelauscht am grünen Strande.
Hier tobt der Kampf – das Donners Schlachtruf hallt,
Die Blitzesfackel lodert grell empor,
Die Hölle rast im wilden Siegestaumel;
Doch alles übertönt der Todesschrei
Der stolzen Welt, die voll Verzweiflung noch
Mit ihren Henkern ringt. Die Meere prallen
In wilder Wuth noch immer aufeinander:
Die Wogen stürmen vorwärts, weichen wieder
Und thürmen sich zum steilen Wall aufs neue,
Bis endlich sich die streitenden vereinen,
Sich über Trümmern schwesterlich umarmen
Und einen ew'gen Bund zum Frieden schließen.

Wenn Gott die Erde einst am jüngsten Tage
Vernichten wird, dann werden ihre Trümmer
Durchs Weltall irren, wie Atlantis jetzt
In dieser grauenvollen Wasserwüste;
Und weite, leere, öde Einsamkeit
Und Grausen werden ihre Führer sein.
Die Sonne, die vom hohen Himmel sinkt
Hinab in starre Finsterniß, sie sucht
Vergebens ihrer Locken helles Gold.
Und an die Bahre seines Opfers klopft
Erbarmungslos des Todes Knochenhand.

Noch heult der Sturm, noch tobt das wilde Meer;
Doch siegreich über all dem wüsten Toben
Ertönt des Racheengels Donnerstimme:

»Steigt auf von Norden, steigt herab von Süden,
Zerreißt sie, wilde Bestien, mit den Zähnen!«
Und neue Furien nahn dem Riesenopfer,
Und neue Blitze zückt erzürnt der Himmel.
Mit seiner Flammengeißel spornt der Engel
Die Rasenden noch an, und jeder Funke
Wird der verfluchten Welt zum grellen Blitz.
Wenn er die halbversunkne Stadt entzündet,
Dann hallt der Flamme lautes Prasseln wieder
Im Sturmgeheul und in der Wolken Donner.
Der Todesschrei der stolzen Königreiche,
Gellt furchtbar durch der Meereswogen Brausen,
Wenn die empörten Wasser sie verschlingen.

Allein von allen, ungebeugten Muthes,
Inmitten Grausen, Untergang und Tod
Zertheilt die Fluthen Herkules mit Kraft.
Und sieh! als es sich jetzt zum höchsten Kamm
Der Welle schwingt, da schaut sein frohes Auge
Im grauen Nebeldunst Cyklopenmauern.
Er merkt es nicht, daß wieder Tod und Tücke
Von falscher Freundeshand dort auf ihn lauert;
Ihm dünkt der schwarze Fels ein Blumenbeet,
Er hört Sirenen seinen Namen rufen!

Du warst es, Cadiz, deine Felsenstirn,
Sie bot zuerst sich dar dem Blick des Helden.
Du bist der Wogen Tochter, gleichst der Möwe,
Die in der Wasserlilie Krone nistet;
Du thronst im hellen Maiensonnenstrahl
Wie ein Palast von Elfenbein und Perlen.
Und hoffend blickt der Held auf deine Mauern:
Ihm winkt in dir der Liebe goldner Himmel.

Von frischem Muth entflammt zertheilt er jetzt
Die ungestümen Wogen, die aufs neue

Ihn rückwärts schleudern; doch der Liebe Lohn
Beseelt noch einmal ihn mit Muth und Kraft;
Und endlich naht sich ihm der glatte Fels,
Den er so froh begrüßt – doch steil und starr
Und ohne Mitleid ragt er aus der Brandung.
Kaum hält der Held sich noch im tollen Wirbel
Der weißen Wogen, die den Stein umtoben,
Und seine Blicke schweifen bang umher:
Wird keine Freundeshand im Hilfe leihn?
Wird denn kein güt'ger Gott ihm Rettung senden? –
Noch immer kämpft er mit der Fluth und späht –
Da naht sich Geryon schnell dem steilen Rande.
Er sah schon lange, wie der kühne Held
Um Tod und Leben kämpfte, doch voll Bosheit
Verwünscht er jetzt des Griechen glücklich Landen.
Ist ihm nicht selber dann der Tod gewiß?
Wie gern hätt' er den Riesen todt geglaubt!
Da schaut sein lüstern' Aug' das schöne Weib
In ihres Retters Arm, und schwarzer Neid
Erfüllt mit Tücke ihm die böse Seele,
Und blinde Eifersucht umkrallt sein herz.
Den Feind verderben will er, doch das Weib
Für sich gewinnen! Voller Falschheit bietet
Er Herkules den Stab in seiner Hand;
In seinen Blicken lauert Teufelslist –
Schlecht paßt der schlanke Stamm der grünen Palme,
Des Friedensbaumes, zu der Seele Bosheit.
Er beugt sich nieder; schon erfaßt den Stab
Der kühne Kämpfer in der wilden Brandung;
Nicht ahnt er, daß ihm hier Gefahr noch droht,
Wo ihm die Rettung glückverheißend winkt.
Und Geryon, heuchlerisch, ergreift das Weib,
Hebt hilfreich von der Schulter ihm die Last,
Damit er leichter lande; doch zugleich
Läßt er die Keule los, und Herkules
Sinkt jäh zurück – der Strudel reißt ihn fort,

Begrüßt ihn in der Tiefe. Geryon aber
Legt Hesperis auf weichem Rasen nieder;
Entsetzen hüllte ihren Geist in Nacht.
Dann wendet er sich nach dem Feinde um:
Er ist versunken! Höhnisch grinsend wälzt
Das Scheusal einen Fels noch in die Fluthen.
Und zischend spritzt der Schaum zum Strand empor.
Jetzt will er seines Raubes sich erfreun;
Er eilt zu Hesperis zurück und schaut
Bewundernd wieder ihrer Schönheit Reize.
Sie gleicht der zarten weißen Heiderose
In ihrer Ohnmacht, ihre Marmorstirn
Umrahmen dicht die seidenweichen Locken.
Schon beugt sich Geryon nieder, sie zu küssen –
Da rauscht die Brandung, aus dem Wellenschaum
Taucht siegreich auf der kühnste aller Helden.
Er sieht den Feind und neben ihm sein Weib,
Für dessen Rettung er so heiß gerungen
Mit Wind und Wellen, dessen Liebe nun
Für all die Mühen einz'ger Lohn ihm ist!
Im Zorn erglühend wirft er aus den Wellen
Die Todeswaffe, seine Riesenkeule:
Und wie der Blitzstrahl durch die Lüfte flammt,
So saust, von seiner Eisenhand geworfen,
Sie tödtlich nieder auf des Feindes Haupt. –
Nur du hast ihn beweint, o schönes Cadiz;
Aus seiner Asche wuchs am Meeresstrande
ein Drachenbaum, der blut'ge Thränen weinte;
Und seine Blätter, schlank und scharf wie Schwerter,
Sie wölbten über Geryons Grabe sich
Zum grünen Dom, und seiner treu gedenkend,
Benetzt' im Laufe der Jahrhunderte
Der Thränenbaum, o Cadiz, deinen Boden. –
Und während Herkules aufs neue kämpft,
Um zur Geliebten an das Land zu steigen,
Erwacht sie aus der tiefen Ohnmacht, klimmt

Empor des Vorgebirges sanften Abhang
Und schaut von seinem Gipfel auf das Meer.
Sie sucht mit bangem Blick der Väter Land –
Umsonst! In diesem Wirrsal wilder Wogen
Ist schon sein offnes Grab bereitet! Ach,
Bald schließt sich's über seinem letzten Stein!
Dann ist der Ocean ihr Vaterland. –
O hätten ihre Augen Thränenbäche,
Um ihrer Seele brennend heißen Schmerz
Zu kühlen! Doch der heil'ge Quell versiegte,
Das tiefste Weh hat keine Thränen mehr.
Sie sieht gebannt – das thränenlose Auge
Erschaut die brennende Titanenstadt,
Ihr Sodom, wie es flammt im Schwefelbrande.
Sie gleicht dem Weibe Lots, zu Stein erstarrt.
Doch sieh! Die regungslose Säule öffnet
Die marmorbleichen Lippen, um zu klagen:
»O Wonneparadies der trauten Kindheit,
kann dich mein sehnsuchtsvoller Blick nicht finden?
Selbst nicht beim blut'gen Scheine dieses Brandes,
Der rächend jetzt die sünd'ge Stadt verzehrt?
Wo bist du, blühnder Hesperidengarten,
Wo wir noch gestern Ros' und Lilien pflückten?
Wo seid ihr, Hesperiden, zarte Blüthen?
O meine Töchter, die ich sorgend barg
In eifersüchtger Liebe vor den Göttern,
Wo wird mein Mutterstolz euch wiederfinden?
Ach, kraftlos sinken meine Arme nieder,
Wenn sie im Fieberwahn sich ausgebreitet,
Um euch ans Herz zu ziehn. Umsonst ich klage!
Mein Ruf verhallt – und eure süße Stimme
Ertönt nicht mehr als Echo meiner Seufzer.
Vergebens ruf' ich weinend eure Namen,
Umsonst ist alles! Meeresungeheuer
Und wilder Wogen Brüllen geben Antwort.
Warum hat er das Leben mir gelassen,

Der euch so früh entrissen meiner Liebe?
Für ihn hab' ich in Schmerzen euch geboren
Und euch gesäugt an meiner Mutterbrust!
Wo ist ein Weib, das größres Weh getragen?
Ach, gibt es ein Geschick, das meinem gleicht?
Wo einst die Winzer die Winzer pflanzten, erntet jetzt
Die Robbe und der Seehund. Ach, für sie
Ward nur der Störche weiches Nest gebaut –
Jetzt schäumt die weiße Woge drüber her!
Für sie nur trug der leuchtende Granatbaum
Die Purpurblüthen – ach, in seinem Wipfel
Da nistet jetzt die wilde Meeresbrut!
Für sie gebar ich Kinder, ihr zum Fraße!
O theurer Gatte, Abgott meines Herzens,
Wo sind die stolzen Siegeswagen hin,
Die deinen Ruhm unsterblich künden sollten?
Wo ist die Leier? Deine Hand entlockte
Den goldnen Saiten süße Zauberklänge,
Daß selbst die Götter mit Entzücken lauschten.
Ach, alles ist dahin! und Ruhm und Ehre,
Sie sind vergangen, wie der Schnee zerrinnt!
Und wenn dir noch ein einsam Grab geblieben,
So wissen nur die Wogen, wo es liegt.
Welch stolzes Schiff der unterjochten Reiche,
Die deine Siegerhand erobert hat.
Wird mit des mächt'gen Ankers scharfem Zahn
Einst deinen Grabstein heben und den Schutz,
Den letzten, der dem Leichnam blieb, entreißen?
Im Geiste seh' ich schon das Fahrzeug nahen!
Dein Leichnam ist den Wellen preisgegeben,
Und Meeresungeheuer sätt'gen sich
Am Honig deines liebeswarmen Herzens!
Skorpione, die an Felsenriffen hausen,
Sie werden mit den Blumenkränzen spielen,
Die uns geschmückt an unserm Hochzeitsfeste,
Und die ich treu bewahrte! O Entsetzen!

In unserm Hochzeitsbett, das duft'ge Blüthen
Umschlangen sonst, da nistet ihre Brut
Und wühlt in unsrer Töchter blonden Locken!
Und unsre Söhne? Einst so heiß geliebt
In ihrer Unschuld Liebenswürdigkeit,
Auch sie verschlingt das nimmersatte Meer!
Und wenn es die versteinten Leichen ausspeit,
So fliehn entsetzt die wilden Thiere selbst. –
O Gott der Rache! Hättest du ein Leben
Genommen, eh' ich noch geboren ward,
Dann hätt' ich diese Peinen nicht gekannt!
Die Bäume schufest du zum Blüthenfächer,
Ihr grünes Laub zur kühlen Schattenspende;
Zum Kelche formtest du die zarten Blumen,
Daß würz'ger Duft berauschend daraus quelle;
Dem Vogel liehest du die süße Kehle,
Um Tag und Nacht als Schöpfer dich zu loben;
Mit sanftem Odem schaukelnd ihn zu wiegen
In blauer Luft, befahlest du dem Zephyr –
Doch meine Seele überfluthest du
Mit einem Meer von bitterm Weh und Leid! –
Doch schon beginnt der Schmerz sein düstres Werk,
Und der Verzweiflung Nacht sinkt auf mein Haupt!
Es trübt sich schon mein Blick, mir bricht das Herz,
Und bittrer Todesgram verzehrt mein Leben.
Ach könnt' ich sterben nur, um zu vergessen!
Der Sturmwind rast, und über Meeresfluthen
Trägt er die Sterbeseufzer her zu mir;
Mein weites, blütenreiches Vaterland,
Das Welten mit dem mächt'gen Arm umspannte,
Versinkt im Ocean, in Schmach und Schande!
Ich aber wache hier bei den Gebeinen,
Bis ich in weiter Ferne einsam sterbe,
Wie der Cypressenbaum, der losgerissen
Vom heimatlichen Boden bald verdorrt!«

So sprach sie und im übergroßen Schmerz,
Um ihrer theuern Heimat Untergang
Nicht mehr zu schauen, wendet sie sich ab.
Sie sinkt erschöpft und todesmatt zu Boden;
Ihr Geist, von Qual umnachtet, irrt umher
Im wachen Traum … und wieder hebt sie an:

«Vom Himmel seh' ich meine Blüthen fallen
Tief in den offnen Feuerschlund der Hölle;
Des ew'gen Fluches Blitz ward sie vom Himmel.
Und wie das Korn versinkt im Mühlentrichter,
So sinken sie in diesen Flammenkrater.
O theure Töchter, meine Mutterliebe
Versprach euch Thron und Reich, in eurer Hand
Sah ich das Scepter schon der Königin …
Weh mir! Und jetzt? was gab ich euch dafür?
Nur sieben Spannen Wasser! … Laßt uns fliehen!
Die Ungeheuer nahn … Die Gattin ist es,
Mein Atlas, deine Hesperis! Sie pocht
An deines Grabes Thor … läßt du sie ein?«

Die goldne Leier, die mit ihr getheilt
Die süßen Freuden ihres ganzen Glückes,
Die all das Weh, die Angst mit ihr getragen,
Nahm Hesperis allein als letztes Kleinod
Aus ihrer Heimat mit ins fremde Land
Und hängt' sie am Orangenbaume auf.
Und mit der Herrin haucht sie leise Seufzer
In wehmutsvollen Tönen aus, wenn klagend
Die Windsbraut in die goldnen Saiten greift.
Die Woge aber singt ein Sterbelied
Am fremden Strande; draußen tobt die Fluth
Noch auf dem Riesengrabe der Atlantis,
Und drüber tost der Sturm, des Donners Zorn.

Die Königin des unglücksel'gen Reiches,

Das Gottes Fluch vertilgt von dieser Erde,
Sie liegt am Boden wie die welke Rose.
Wird nicht barmherzig sie des Todes Hand
Erlösen und den edlen Geist befreien
Von der Erinn'rung unheilvollem Bann?
Doch nein! Der Todesengel hält zurück
Der scharfen Sense Schneide; seine Schwingen,
Sie streifen leise im Vorüberfliegen
Des schönen Weibes bleiche Stirne nur,
Und todesmüde schließen sich die Augen
Zu langem Schlaf: sie sollen nicht mehr sehen
Der eignen Söhne furchtbares Gericht,
Das in den Meeresfluthen sich vollzieht.
Und mit denselben Wellen kämpft noch immer
Der kühne Grieche: auf und nieder steigt er,
Wenn ihn die ruhelose Wasserwoge
Bald hebt, bald senkt. Er nähert sich dem Ufer –
Doch manche Klippe, manche Felseninsel
Hat seine müden Glieder noch verwundet,
Bis endlich eine Woge mitleidsvoll
Den kühnen Schwimmer an das Ufer spült.
Doch kaum erhebt er sich vom weißen Sande,
Um sehnend die Geliebte aufzusuchen,
Durch seinen Kuß zum Leben sie zu wecken,
Da nahen sich in ungezählten Scharen
Der Wüste Horden: wilde Amazonen,
Numiden und Harpyien, sie entflohen
Dem heißen Afrika, und Spaniens Garten
Wird bald durch Kampf und Blut zur Wüste werden.
Der Grieche brach die Fesseln zweier Meere,
Er trennte Fels von Fels mit einem Schlag;
Er brachte Spanien Freiheit vom Tyrannen
Und schenkte ihm die schönste Königin,
Er ist der König aller kühnen Helden:
Will sich die rohe Schar vor ihrem Herrscher
Verneigen, um im Staube ihm zu huld'gen?

O nein! Die Ungeheuer kennen nicht
Des edeln Geistes Herrschaft; kaum erhebt
Sich Herkules vom Sande, um voll Glück
Sich Hesperis zu nahn, so stürzen sie
In wirren Scharen auf den Helden los,
Umkreisen ihn in dichtgedrängten Schwärmen,
Heuschrecken gleich, und wälzen sich ihm nach,
Wie dunkle Nebelwolken. Allen stürmt
Ihr mächt'ger Herr, Antäus, wild voran;
Er gleicht dem Felsblock, den der heiße Samum
Mit seinen Flammenflügeln vorwärts treibt.
Doch Herkules erschreckt vor keiner Macht,
Vor keiner Waffe kennt er feige Furcht.
Mit hochgehobner Keule schreitet er
Dem stolzen Sohn der Wüste kühn entgegen.
Und der ihn vor der Bosheit der Titanen,
Vor ihrer rohen Stärke hilfreich schützte,
Der wunderbar ihn durch die Meereswogen,
Durch Sturm und Wetter liebevoll ihn führte,
Und der ein neues Vaterland ihm gab:
Er macht auch jetzt ihn stärker als die Feinde.
Kaum schwingt der Held mit Götterkraft die Waffe,
Erbebt ganz Afrika vor seiner Keule.
Und wie des Waldes Bäume bang erschauern,
Wenn grell der Blitz vom Himmel niederfährt,
So zittern diese Horden vor den Griechen.
Er treibt wie eine mächt'ge Gottesgeißel
Mit seinem Kampfgeschrei die letzte Spur
Der Ungeheuer fort von dieser Welt,
Befreit die Erde von der Höllenbosheit.
Ein kurzes Ringen nur, ein Todesbrüllen,
Und kraftlos sinkt Antäus in den Staub.
Erschrocken wankt sein Troß; doch dreimal neu
Mit frischem Muth erhebt der Führer sich.
Mag auch des Griechen Eisenfaust ihn treffen,
Stets schnellt Antäus auf, von seiner Mutter,

Der Erde, neu gestärkt, und seine Scharen,
Sie jubeln laut! Und wieder stürmt er vor:
Da greift ihn Herkules mit fester Hand,
Umschlingt ihn mit den starken Riesenarmen,
Daß laut die mächtigen Gebeine krachen.
Dann würgt er ihn und wirft ihn todt zu Boden;
Erhebt mit Riesenkraft des Feindes Leichnam
Und schwingt ihn wie die Keule – heulend fliehen
Die Horden voll Entsetzen. Doch der Held
Verfolgt sie wie des Blitzes Feuerstrahl,
Der zischend niedersaust und Mensch und Thier
Und Baum und Strauch mit einem Schlag vernichtet,
Vergebens zielen auf des Kriegers Brust
Die Amazonen ihre gift'gen Pfeile:
Sie prallen ab, der Unbesiegte siegt.
Vergebens schirmen sie sich mit den Schilden,
Die sie aus harter Krötenschale formten:
Des Riesen Faust zertrümmert sie wie Glas.
Ob Arm und Zähne auch zu blut'gen Waffen
Die furchtbaren Gorgonen kreischend brauchen,
Der unbezwungne Held bezwingt auch sie
Wenn auch kein lebend Wesen ihrem Blick
Der alles, was er traf, zu Stein erstarrte,
Bis diesen Tag getrotzt – an Herkules
Ist ihrer Bosheit Zauberkraft verloren.
Die ekeln Stymphaliden stürzen sich,
Zu Tod verwundet, heulend ihm zu Füßen:
Ein Keulenschlag – sie sind verstummt. Und siegreich
Verfolgt der Held die fliehenden Harpyien;
Sie stürzen sich ins Meer: so flieht die Schar
Der Kraniche vor harter Wintersnoth
Und scheut des Oceanes Brausen nicht.
Doch auch die Wogen bäumen hoch sich auf
Und spein die Ungeheuer wieder aus;
Sie aber fahren mit gebrochnen Flügeln
Laut schreiend in den Höllenpfuhl hinab.

Wilhelm Fischer (1846–1932)
Überm Atlantisgrab

Dumpf grollt der unterirdische Donner,
Und schwingend sich entsetzlichen Gewogs
Erhebt, die fest gegründet einst, die Erde.
So wie im Mädchenreigen spielend wirft
Die Hand den Purpurball, so wirbelt dunkler
Gewalten unsichtbare Hand – hinsausend –
Den Menschenleib. Klaffend begann in Rissen
Zu spalten sich der Grund, aufstiegen Dämpfe,
Gleich wie von Feuerströmen, die erstickten
Des Lebens Atem. Donnernd stand gehüllt
In Wolken Rauchs der Berg Kaddaleon,
Und dunkler als des Rauches Wolken lagert'
Des Wetters schwarz Gewölk, zerklüftet halb
Vom Sturme: daß von Zeit zu Zeit dem Auge
Aufstieg die Flammensäule sichtbar – hoch
Ihr Haupt verhüllend mit Gewölk – doch strahlend,
Stets noch gleich des Verderbens kaltem Geist,
Im Sturme unbeweglich himmelan.
Einzog der Sturm und beugt' der Bäume Wipfel
Zur Wurzel erst, entwurzelt schleudernd sie
In Lüften prasselnd dann, und Menschenhäupter
Mit ihrem Schalle schmetternd in den Grund.
Einzig des Grimmes Feuerschlangenheer –
Der rotgezackte Blitz, mit Zischen fällend
Der Menschen Häupter, – eignen Atem wieder
Durchhauchend, daß die Dämpfe glühten Tod.
Weit scholl des Untergangs vom Donnergrimm
durchhallt Getöse – meeraufwühlend bis zur Wurzel,
Die schlug die tausend Glutenarme in
Der Erde Tiefen. Zischend auf im Dampf
Glutroten Wolken stieg der Wasserberg,

Und sprengend dehnt' der Wurzel Kraft die Festen.
Aufbrüllend bebt' der Felsengrund, der Berge
Eisstarre Gipfel stöhnten schwingend sich
Im Chaoswirbel, tiefer rollt's herauf,
Und Antwort donnert' aus dem dunkelrot
Durchgluteten Gewölke. Nahend stießen
Die Weltdämonenheere aufeinander.
Aufklafft, den siedendheißen Rachen sperrend,
Der Abgrund, Feuerschlammes Wolkendämpfe
Ausspeiend, – niederstürzten in die Tiefe
Der Berge eisbedeckte Gipfel donnernd.
Es bebt der glutenschwarzumwölkte Himmel,
In Feuerströmen barst Kaddaleons Gipfel.
Weit prallt zurückgetrieben, brüllend, hoch
Des Meers Glut zum Himmel aufgetürmt
Und ebbt zu einem Riesenwasserberg.
Zerrissen zuckt der Erde Leib noch einmal,
Und angerauscht in Lüften brüllend kam
Die Flut und deckt mit einer Welle – alles.
Noch stiegen zischend rote Glutenblasen
Im weißen Gischt empor, noch dunkel flammten
Im Grimmgewölke Meer und Luft geballt, –
Dann immer dumpfer losch's veratmend hin.
Und düster rauschten noch die öden Wogen
Überm Atlantisgrab den Trauersang.
Mit Finsternissen kämpfte noch der Tag, –
Dann strahlt' aus dem Gewölke neues Licht!

Arthur Conan Doyle (1859–1930)
Die Katastrophe von Atlantis
Die Tiefen des Ozeans halten eine Besonderheit bereit, die den Beobachter beeindruckt und sich im Gedächtnis festsetzt. Wie ich bereits erwähnte, herrscht hier ein immerwährendes, kaltes Licht, das von dem phosphoreszierenden Verfall großer Mengen an organischer Materie erzeugt wird. Doch darüber ist alles schwarz wie die Nacht. Dadurch wird ein Effekt erzeugt, der an

einen trüben Wintertag mit dunklen, schweren Gewitterwolken erinnert, die tief über der Erde hängen. Aus dieser schwarzen Decke fällt langsam aber unaufhörlich eine Art Schneesturm aus kleinen weißen Flocken, die vor dem düsteren Hintergrund leicht glimmern. Es handelt sich dabei um die Schalen von Seeschnecken und anderen Kleinlebewesen, die in den achttausend Metern Wasser leben und sterben, die uns von der Oberfläche trennen. Während viele von ihnen sich bei diesem Herabsinken mehr oder weniger auflösen und Teil des kalkhaltigen Salzes im Ozean werden, nimmt der Rest am Alterungsprozeß der Jahrtausende teil und formt den Bodenabsatz, der die große Stadt unter sich begraben hatte, in deren oberem Teil wir nun wohnten.

Wir ließen das letzte Verbindungsstück zur Erde hinter uns und arbeiteten uns durch das Dunkel dieser unterseeischen Welt vor. Wenig später schon gerieten wir in eine völlig neue Umgebung. Vor uns erschien ein sich bewegender Fleck, der sich beim Näherkommen als eine Gruppe von Männern entpuppte. Sie trugen alle die glasartigen Schutzanzüge und zogen breite Schlitten hinter sich her, die bis oben hin mit Kohle beladen waren. Es war eine schwere Arbeit, und die armen Teufel zogen, die Füße in den Boden stemmend, hart an den als Leinen angebrachten Haifischhautseilen. Bei jeder Zuggruppe ließ sich einer als Anführer ausmachen. Für uns war es sehr interessant zu sehen, dass Anführer und Arbeiter ganz offensichtlich verschiedenen Rassen angehörten. Es handelte sich bei letzteren um große, hellhäutige Menschen mit blauen Augen und kräftigen Körpern. Die Schlittenführer waren dagegen, wie zuvor schon einmal beschrieben, von dunkler, fast negroider Hautfarbe und besaßen stämmige, breite Körper. In jenem Augenblick konnten wir dieses Rätsel noch nicht lösen. Aber in meinem Bewusstsein blieb der Eindruck zurück, dass die eine Rasse die althergebrachten Sklaven der anderen waren. Und Maracot war der Ansicht, dass es sich dabei um die Nachfahren der griechischen Gefangenen handeln dürfte, deren Göttin wir in dem Tempel gesehen hatten.

Wir trafen auf etliche Gruppen, deren jede ihre Kohleladung zog, bevor wir zu der eigentlichen Mine kamen. An dieser Stelle hatte man die Tiefseeablagerungen und die darunter befindlichen, sandartigen Schichten beseitigt, sodass ein großes Loch entstanden war. Deren Wände setzten sich aus einander abwechselnden Lehm- und Kohleschichten zusammen und zeigten so die verschiedenen geologischen Lagen im Boden der alten, untergegangenen Welt aus längst vergangenen Tagen, die heute auf dem Grund des Atlantiks lag. An den verschiedenen Schichten dieses Riesenloches sahen wir etliche Mannschaften Kohle herausbrechen, während andere die Bruchstücke aufsammelten und in die Körbe steckten, mit denen sie in höhere Regionen befördert wurden. Die Mine war von solch gewaltigen Ausmaßen, dass wir das jenseitige Ende des Loches nicht sehen konnten, das so viele Generationen von Arbeitern in den Grund des Ozeans gegraben hatten. Die Kohle wurde in elektrische Energie umgewandelt und bildete so die Quelle der Antriebskraft für die gesamte Maschinerie von Atlantis. Es ist übrigens ganz interessant zu berichten, dass der Name dieser alten Stadt korrekt von der Legende wiedergegeben worden ist. Als wir ihn zum ersten Mal Manda und anderen gegenüber erwähnten, waren sie zunächst sehr von unserer Kenntnis desselben überrascht. Und dann hatten sie heftig die Köpfe zum Zeichen geschüttelt, dass sie verstanden hätten.

Nachdem wir das große Kohleloch verlassen hatten – oder besser, nachdem wir rechterhand davongezogen waren –, gelangten wir an eine Reihe vielfältiger Basaltklippen. Ihre Oberfläche war noch genauso klar und leuchtend wie an dem Tag, als sie aus dem Innern der Erde hinaufgeschossen worden waren. Der Gipfel dieser Formation, der sich einige hundert Meter über uns befand, ragte undeutlich vor dem dunklen Hintergrund auf. Die Basis dieser vulkanischen Klippen war von einem dichten Algendschungel überwuchert. Sie wuchsen aus der verschlungenen Ansammlung krinoider Kristalle, die noch aus der Zeit stammten, da Atlantis über dem Meeresspiegel gelegen hatte. Wir wanderten einige Zeit an diesem dichten Meeresunterholz entlang. Unsere Begleiter hieben mit ihren Stäben dagegen und trieben so zu unserem Amüsement eine außergewöhnliche Versammlung an merkwürdigen Fischen und Schalentieren heraus. Hin und wieder fingen sie auch den einen oder anderen für ihre Tafel. Auf diese kurzweilige Weise legten wir ungefähr zwei Kilometer zurück, als ich sah, wie Manda plötzlich innehielt und sich mit beängstigter und überraschter Miene und irritierten Gebärden umsah. Diese unterseeischen Zeichen bildeten eine eigene Sprache, denn schon einen Augenblick später hatten seine Gefolgsleute die Ursache für seine Erregung erkannt. Dann begriffen auch wir mit Bestürzung, was geschehen war: Dr. Maracot war verschwunden.

Er war ganz sicher noch an dem Kohlenloch bei uns gewesen, und auch zu den Basaltklippen hatte er uns begleitet. Es war kaum vorstellbar, dass er sich vor uns befinden sollte, daher lag es auf der Hand, dass er irgendwo hinter uns in der Unterholzallee stecken musste. Obwohl unsere Freunde sich große Sorgen machten, waren Scanlan und ich, die wir über die Exzentrik und Gedankenverlorenheit des Geistes von Maracot recht gut Bescheid wussten, davon überzeugt, dass kein Grund zur Panik bestand und dass wir ihn bald schon wieder aufspüren mussten, wie er bummelnd Seepflanzen betrachtete, die ihm besonders interessant erschienen. Wir drehten uns um und folgten unseren Fußspuren zurück. Und kaum hatten wir hundert Meter zurückgelegt, als wir seiner auch schon ansichtig wurden.

Aber er bummelte nicht, er rannte … rannte mit einer Behendigkeit, die ich einem Mann von seinen Lebensgewohnheiten niemals zugetraut hätte. Aber selbst der Unsportlichste kann schnell rennen, wenn die Angst ihm im Nacken sitzt. Er hatte hilfesuchend die Arme ausgestreckt und arbeitete sich stolpernd und strauchelnd auf seine unbeholfene Weise voran. Maracot hatte guten Grund, sich so anzustrengen, denn drei schreckliche Wesen waren ihm dicht auf den Fersen. Es waren Tigerkrebse, schwarz und weiß gestreift, jeder von der Größe eines Neufundländers. Glücklicherweise waren sie nicht die geschwindesten Jäger. In ihrer merkwürdigen, seitlichen Bewegungsart krabbelten sie mit einer Geschwindigkeit über den weichen Meeresboden, die nur wenig größer war als die des verschreckten Flüchtigen.

Aber sie bewegten sich geschickter voran, und wahrscheinlich hätten sie Maracot schon in den nächsten Minuten zwischen ihren schrecklichen Scheren gehabt, wenn unsere Freunde nicht eingegriffen hätten. Sie stürzten mit ihren spitzen Stöcken vor, und Manda blendete die abscheulichen Ungeheuer mit einer starken Taschenlampe, die er im Gürtel getragen hatte, sodass die Krebse in den Algendschungel zurückkrabbelten und bald schon nicht mehr zu sehen waren. Unser Doktor ließ sich auf einem Korallenvorsprung nieder. Sein Gesicht zeigte deutlich, wie sehr das Abenteuer ihn erschöpft hatte. Er erzählte uns später, dass er mit der Hoffnung in den Dschungel eingedrungen war, dort einer seiner Ansicht nach seltene Spezies der Tiefsee-Chimoera zu finden. Statt dessen aber war er in das Nest dieser bösartigen Tigerkrebse gestolpert, die ihn sofort angegriffen hatten. Erst nach einer langen Ruhepause konnte er die Reise wieder aufnehmen.

Die nächste Etappe nach der Wanderung an den Basaltklippen entlang brachte uns zu unserem Ziel. Die graue Ebene vor uns war hier unregelmäßig mit Erhebungen und hohen Gebilden bedeckt, die uns verkündeten, dass hier unter uns die alte Stadt lag. Sie wäre sicher bereits zur Gänze vom Schlick begraben, so wie Herculaneum von der Lava und Pompeij von der Asche, hätten die Überlebenden des Baal-Tempels nicht einen Eingang ausgegraben. Dieser Eingang war im Grunde ein langer, abwärts führender Gang, der in eine zu beiden Seiten mit Gebäuden besetzten Straße mündete. Die Häuserwände waren immer wieder geborsten und verwittert, denn sie waren nicht aus so solidem Material gebaut wie der Tempel, dessen Konstruktion ihn vor dem Verfall bewahrt hatte. Die Inneneinrichtungen waren in den meisten Fällen noch genauso vorhanden, wie sie es zum Zeitpunkt der Katastrophe gewesen waren. Nur hie und da hatte das Meer einige Veränderungen vorgenommen, hübsch und veredelnd an einigen Stellen, schrecklich und zerstörerisch an anderen. Unsere Führer ermutigten uns nicht, gleich die ersten Gebäude zu untersuchen, an die wir gelangten, sondern eilten mit uns weiter, bis wir das erreichten, was sicher einmal die große Zentral-Zitadelle oder ein Palast gewesen sein muss, um die sich die ganze Stadt gruppiert hatte. Die Säulen und Pfeiler, die reichbebilderten Simse und Friese und die Freitreppen überragten alles, was ich in dieser Beziehung je auf der Erde gesehen habe.

Am nähesten kam das Gebäude in seinem Aussehen noch den Überresten des Tempels von Karnak bei Luxor in Ägypten. Mag es auch merkwürdig klingen, aber die Dekorationen und halb ausgelöschten Eingravierungen ähnelten bis ins Detail denen an den großen Ruinen nahe dem Nil. Genauso war es mit den lotosförmigen Kapitellen auf den Säulen. Es war ein ganz einmaliges Erlebnis, auf dem tesselierten Marmorfußboden in diesen gewaltigen Hallen zu stehen, wo zu beiden Seiten riesige Statuen hoch über dem Betrachter aufragten, und gleichzeitig zu sehen, wie wir es an diesem Tag taten, wie große, silbrige Aale über unseren Köpfen dahinglitten und erschrockene Fische in jede Richtung vor dem Licht davoneilten, das wir ausstrahlten. Wir wanderten von Raum zu Raum und bemerkten überall Anzeichen von Luxus und manchmal auch von der lasziven Tollheit, die nach der überlieferten Legende den Fluch Gottes auf diese Leute gezogen hatte. Ein kleiner Raum war auf ganz wunderbare Weise mit Perlmutt emailliert, sodass er auch heute noch in hellen, buntschimmernden Tönen aufleuchtete, wo unser Lichtstrahl auftraf. Eine reichverzierte Plattform aus einem gelben Metall und eine ähnlich bearbeitete Couch befanden sich in einer Ecke, und man gewann unwillkürlich den Eindruck, dass es sich dabei um das Schlafgemach einer Königin gehandelt haben musste. Doch neben der Couch lag jetzt ein furchtbar aussehender Tintenfisch, dessen schwarzer Körper sich in einem gemächlichen, verstohlenen Rhythmus hob und senkte. Er wirkte wie das Herz des Teufels, das im Zentrum dieses gottlosen Ortes immer noch schlug. Ich war doch sehr froh, als unsere Führer uns wieder hinausführten, und meinen Gefährten erging es ebenso, wie ich später erfuhr. Einmal warfen wir kurz einen Blick auf die Ruinen eines Amphitheaters und dann auf eine Pier, an deren Ende ein Leuchtturm stand, was darauf hinwies, dass es sich bei diesem Ort um eine Hafenstadt gehandelt hatte. Bald hatten wir diese unheilvolle Stätte verlassen und befanden uns wieder auf der vertraut gewordenen Tiefsee-Ebene.

Damit waren unsere Abenteuer aber noch nicht zu Ende, denn es kam zu einem Ereignis, das gleichermaßen erschreckend für uns wie für unsere Freunde war. Wir hatten den Heimweg fast beendet, als einer unserer Führer furchterregend nach oben deutete. Als wir in diese Richtung sahen, bot sich uns ein außergewöhnlicher Anblick. Aus dem schwarzen Dunkel des Wassers stieg eine gewaltige, düstere Gestalt herab. Rasch kam sie immer näher. Zuerst schien sie eine formlose Masse zu sein, aber als sie immer tiefer in das Tiefseelicht eindrang, sahen wir, dass es sich um den Leichnam eines Riesenfisches handelte, der geplatzt war, sodass seine Eingeweide beim Fall herausstanden. Ohne Zweifel hatte das atmosphärische Innenleben des Körpers das Tier in die oberen Regionen des Ozeans empor getragen, bis es dann auf Grund der Verwesung oder des Hungers der Haie des Überdrucks entledigt und nur noch das Gewicht des toten Körpers übriggeblieben war, wodurch er zum Grund des Meeres hinabtrudelte. Auf unserem Marsch waren wir mehr als einmal auf solche Riesenskelette gestoßen, die von anderen Fischen sauber abgenagt worden waren. Aber dieses Wesen sah, einmal abgesehen von der Zerstörung der Bauchhöhle, noch immer so aus wie zu Lebzeiten. Unsere Führer zogen an uns in der Absicht, uns aus der Gefahrenzone von der fallenden Masse zu bringen. Aber schließlich fühlten sie sich wieder sicher und blieben stehen, denn es war klar geworden, dass sie an uns vorbei aufprallen würde. Die glasartigen Helme hinderten uns daran, den Aufschlag zu hören. Aber es muss schon gewaltig gewesen sein, als dieser enorme Leib auf den Meeresgrund traf. Wir sahen, wie der Globigerinenschlamm wie das Wasser einer Pfütze aufspritzte, in die ein Stein geworfen wurde. Es handelte sich um einen Pottwal, der über zwanzig Meter lang war. Aus den erregten und freudigen Gesten des unterseeischen Volkes schloss ich, dass sie den Walrat und den Tran sehr gut gebrauchen konnten. Im Moment aber ließen wir den toten Körper zurück und fanden uns bald schon mit Freude im Herzen vor dem im Dach eingelassenen Eingang wieder, denn wir ungeübten Wanderer waren müde, und die Füße taten uns weh. Endlich standen wir dann wohlbehalten und munter und befreit von unseren Schutzanzügen auf dem feuchten Boden der Eintrittskammer.

Ein paar Tage, unserer Zeiteinteilung gemäß, nachdem wir der Menge eine bildliche Darstellung unserer Erlebnisse gegeben hatten, wurden wir mit einer noch viel würdevolleren und erhabeneren Einrichtung vertraut gemacht, die uns auf wunderbare Weise die vergangene Geschichte dieses bemerkenswerten Volks nahebrachte. Ich möchte mich hier nicht der schmeichlerischen Vorstellung hingeben, dass man sie nur unseretwegen vorführte, denn ich glaube vielmehr, dass die Ereignisse der Vergangenheit in regelmäßigen Abständen vorgezeigt werden, um so die Geschichte nicht in Vergessenheit geraten zu lassen. Daher war wohl der Teil, zu dem wir zugelassen wurden, nur eine Art Zwischenspiel in einer langen religiösen Zeremonie. Wie nun auch die Hintergründe ausgesehen haben mögen, ich will alles exakt so beschreiben, wie es sich abgespielt hat.

Man führte uns in dieselbe große Halle, ihr Versammlungsraum oder Theater, in der Dr. Maracot unsere Abenteuer auf dem Schirm projiziert hatte. Die ganze Gemeinschaft war bereits versammelt, und man wies uns, wie zuvor, die Ehrenplätze direkt vor dem großen, selbstleuchtenden Schirm zu. Nach einem langen Lied, das wohl ihre Nationalhymne gewesen sein mag, betrat ein sehr alter, weißhaariger Mann, der Historiker oder Chronist des Volkes, unter stürmischem Applaus die Bühne. Er sandte eine Reihe Bilder vom Aufstieg und Untergang seines Volkes auf den hellen Schirm vor ihm. Ich wünschte, ich besäße Worte genug, um von der Lebendigkeit und dem Ergreifenden dieser Abbildungen zu künden. Meine beiden Gefährten und ich verloren jeglichen Sinn für Raum und Zeit, so sehr nahm uns die Vorstellung gefangen. Auch das Publikum wurde zutiefst gerührt und stöhnte oder schluchzte, als das ganze Ausmaß der Tragödie dargestellt wurde, in der ihr Vaterland untergegangen und ihre Rasse so gut wie ausgelöscht worden war. Auf den ersten Bildern sahen wir den alten Kontinent in all seiner Pracht und Größe, so wie die

Erinnerung daran mittels historischer Berichte vom Vater auf den Sohn weitergegeben worden war. Aus der Vogelperspektive sahen wir auf ein wunderbares, sanft dahinrollendes Land, das gigantisch in seiner Weite, gut mit Wasserläufen versehen und hervorragend bewässert war, auf endlose Kornfelder, Obstplantagen mit im Wind wehenden Baumkronen, bewaldete Hügel, ruhig daliegende Seen und mehrere malerische Berge. Das Land war mit Dörfern besetzt und mit Höfen und wunderbaren Landvillen überzogen. Dann wurde unsere Aufmerksamkeit auf die Hauptstadt gelenkt: eine einmalig schöne und prächtige Stadt am Ufer des Meeres. Im Hafen drängten sich die Galeeren, auf den Piers stapelten sich die Handelsgüter, und hohe Mauern mit hochaufragenden Zinnen und ein rundumlaufender Festungsgraben sorgten für die Sicherheit der Stadt. Alle Anlagen und Bauwerke waren von gigantischen Ausmaßen. Die Häuserreihen erstreckten sich viele Kilometer weit ins Inland. Das Zentrum der Hauptstadt bildete eine Burg oder Zitadelle, deren Mauern mit Schießscharten versehen waren. Sie war so großzügig angelegt und wirkte so dominierend, dass sie wie ein Traumgebilde aussah. Endlich zeigte man uns die Gesichter derjenigen, die in dieser goldenen Zeit gelebt haben: weise und altehrwürdige Senioren, starke und mutige Krieger, fromme Priester, wunderschöne und erhabene Frauen und liebenswerte Kinder – die Apotheose der menschlichen Rasse.

Doch dann kamen andere Bilder. Man zeigte uns Kriege, unaufhörliche Auseinandersetzungen zu Land und zu Wasser. Wir sahen nackte und wehrlose Völker, die von gewaltigen Kriegswagen und der Attacke gepanzerter Reiter niedergeritten und überrannt wurden. Unseren Augen zeigten sich die Schätze, mit denen die Sieger beladen wurden. Aber je größer die Schätze wurden, desto grausamer und begieriger wurden die Gesichter auf dem Schirm. Hinab und tiefer sank dieses Volk mit jeder neuen Generation. Man zeigte uns die Anzeichen verderbter Verschwendungssucht und moralischen Verfalls, materiellen Strebens und geistigen.Niedergangs. Brutale Spiele, in denen nur noch das Gemetzel im Vordergrund stand, hatten die Körperertüchtigungsübungen der Alten ersetzt. Nicht länger existierte das einfache und ruhige Familienleben, wurde geistige Bildung betrieben. Statt dessen blickten wir auf unzufriedene und hohle Menschen, die von einer Jagd nach Befriedigung in die nächste stolperten. Ständig suchten sie nach neuen Vergnügungen, konnten Erfüllung darin nie erreichen und gaben sich dem Glauben hin, in einer komplizierten und unnatürlichen Weise sei sie zu finden. Auf der einen Seite war eine überreiche Klasse entstanden, die nur nach sinnlichen Freuden strebte, während sich auf der anderen Seite der in elender Armut lebende Rest der Bevölkerung befand, deren einziger Lebenszweck darin bestand, den Herren bei der Erfüllung ihrer Wünsche hilfreich zu sein, wie übel diese auch immer sein mochten.

Wieder wurde der Vorführung eine neue Note hinzugefügt: Reformer waren am Werk, die versuchten, das Volk vom schlechten Weg abzubringen und auf den richtigen Pfad zurückzuführen, den es aufgegeben hatte. Wir sahen sie genau, ernste und entschlossene Männer, die mit dem Volk diskutierten und es inständig beschworen. Aber wir sahen auch, wie sie von denen verspottet und verhöhnt wurden, die sie eigentlich retten wollten. Besonders die Baals-Priester fielen uns dabei ins Auge, die Götzendiener, die es zugelassen hatten, dass Pomp und Gebärden und äußerliche Riten die uneigennützige geistige Entwicklung und Reife ersetzten. Sie führten die Opposition gegen die Reformer an. Aber diese ließen sich weder einschüchtern noch entmutigen. Sie arbeiteten weiter an dem Versuch, das Volk zu retten. Auf ihren Gesichtern erschien ein noch ernsterer Zug, ja eine Bedrohung schien von ihnen auszugehen, wie bei Männern, die auf Grund einer schrecklichen Vision, die ihnen erschienen war, eine furchtbare Warnung zu verkünden hatten. Einige ihrer Zuhörer, allerdings nicht viele, schienen die Worte zu beachten, wirkten aufgeschreckt. Aber die anderen wandten sich nur lachend ab und stürzten sich noch tiefer in ihren Sündenpfuhl. Und schließlich kam die Zeit, da die Reformer nicht mehr weiterkonnten. Sie gaben auf und überließen ihr degeneriertes Volk seinem Schicksal.

Dann erblickten wir ein merkwürdiges Bild. Da gab es einen

Reformer, einen Mann von einzigartiger physischer wie geistiger Kraft, der allen anderen mit gutem Beispiel voranging. Er besaß Reichtum, Einfluss und Fähigkeiten, die nicht nur von dieser Welt zu sein schienen. Wir sahen, wie er in einen Zustand der Trance trat und mithöheren Wesen zu kommunizieren schien. Er war es, der alle Kenntnisse seines Volkes – wissenschaftliche Kenntnisse, die alle Weisheit unserer modernen Gesellschaft überragten – zu einer großen Aufgabe zusammenfasste: dem Bau einer Arche zum Schutz vor kommenden Katastrophen. Wir sahen unzählige Arbeiter am Werk. Stetig wuchsen die Mauern der Arche, während ganze Trauben sorgloser Bürger zusahen und ihre Witze über solch emsige Beschäftigung und überflüssige Vorsorge machten. Aber man zeigte uns auch andere, die mit diesem Reformer diskutierten und ihm erklärten, wenn er solche Zukunftsängste hätte, solle er in ein sicheres Land fliehen, das wäre doch einfacher. Soweit wir das mitbekommen konnten, lautete seine Antwort, dass er um ihretwillen in dem neuen Hort der Sicherheit bleiben müsse, dass es nämlich einige gebe, die es wert seien, vom Untergang verschont zu werden. Währenddessen scharte er die um sich, die ihm folgen wollten. Und er ließ sie nicht mehr von sich gehen, da auch er selbst weder Tag noch Stunde kannte. Nur Mächte, die über dem Tod standen, hatten ihm das anstehende Ereignis verkündet. Als dann die Arche gebaut und die wasserdichten Tore fertiggestellt und erprobt waren, wartete er mit seiner Familie, seinen Freunden, seinen Jüngern und seinen Dienern auf den Untergang.

Und die Katastrophe kam. Es war ein furchtbares Schauspiel, das selbst als Gedankenprojektion nichts von seinem Schrecken verloren hatte. Nur Gott weiß, von welchen Ausmaßen es in der Realität gewesen sein muss. Zuerst sahen wir einen titanischen, ungebrochenen Wasserberg aus dem ruhigen Ozean zu unglaublicher Höhe ansteigen. Dann begann sein Vormarsch. Weiter und weiter rollte er, Kilometer um Kilometer, ein riesiger glitzernder Berg mit Schaumkrone, der mit immer größer werden der Geschwindigkeit heranrollte. Zwei kleine Schiffe, die auf dem schneeweißen Gipfel schwankten, wurden zu Trümmern, als die Welle weiterstürmte. Dann sahen wir, wie sie die Küste erreichte. Sie überspül te die Hauptstadt, und die Häuser neigten sich und brachen in ihr wie ein Kornfeld in einem Tornado. Wir sahen die Menschen auf den Dächern ihrer Häuser, wie sie dem heranrollenden Tod entgegenstarrten. Ihre Gesichter waren vor Schrecken verzerrt, ihre Augen blickten wie wahnsinnig drein, ihre Münder waren weit aufgerissen oder bissen in die Handknöchel. Sie zitterten vor Furcht wie solche, die vor Angst den Verstand verloren haben. Man sah Männer und Frauen, die zuvor noch die Warnung des Reformers verlacht hatten, jetzt heulend den Himmel um Gnade bitten. Sie vergruben die Gesichter in der Erde oder baten kniend und mit ausgestreckten Armen verzweifelt um Milde. Es war zu spät für sie, die Arche noch zu erreichen, denn sie befand sich außerhalb der Stadt. So strömten Tausende von ihnen zur Zitadelle, die an einer höheren Stelle stand. Die zinnenbewehrten Mauern waren schwarz vor Menschen. Dann begann die Zitadelle plötzlich zu sinken. Alles trieb nach unten. Das Wasser war in den tiefen Schoß der Erde gestürzt und vom Feuer im Erdkern zu Dampf verwandelt worden. Der Kontinent wurde an seiner Basis auseinandergerissen. Hinab sank die Stadt, und ihr Sturz wollte kein Ende nehmen. Dieser Anblick ließ uns und das Publikum erschrocken aufschreien. Die Pier brach entzwei und verschwand. Der hohe Leuchtturm brach unter den Wellen zusammen. Die Dächer wirkten eine Zeitlang wie eine felsige Rifflinie, an der sich die Wellen brachen, bis auch sie untergingen. Nur die Zitadelle blieb an der Oberfläche, ganz allein wie ein titanisches Schiff. Doch dann rutschte auch sie in den Abgrund hinab. Ein Saum hilflos ausgestreckter Hände umkränzte ihre höchste Stelle. Das entsetzliche Drama war vorüber, und eine leere Wasserfläche war dort, wo vorher der Kontinent gelegen hatte. Ein Meer, auf dem kein neues Leben gedeihen konnte. Aber in seinen gewaltigen, schäumenden Strudeln und Wirbeln zeigten sich die Trümmer der Katastrophe, wie sie hin und her, auf und ab geschleudert wurden: tote Menschen und Tiere, Stühle, Tische, Kleidungsstücke, Hüte und Warenballen. Alles stürzte ruckartig aufeinander zu und hob und senkte sich in einer gewaltigen flüssigen Gärung. Wir sahen, wie die Masse allmählich verschwand. Eine endlos weite Wasserfläche, so glatt und glänzend wie Quecksilber, an deren Horizont trübe und tief die Sonne stand, zeigte uns das Grab des Kontinents, von dem Gott sich abgewandt hatte.

Damit war die Geschichte abgeschlossen. Wir hatten keinen Anlass, nach mehr zu fragen, denn unser Verstand und unsere Phantasie konnten sich den Rest durchaus vorstellen. Vor unserem geistigen Auge zeigte sich der unbarmherzige Abstieg des einstmals mächtigen Landes tiefer und tiefer in den Abgrund des Ozeans hinab … inmitten vulkanischer Eruptionen, die rund um den Kontinent unterseeische Berge hochschleuderten. Wir malten uns weiter aus, wie kilometerweit über der Fläche verstreut, die jetzt den Grund des Atlantiks bildet, die vernichtete Stadt lag. Und mitten in ihr die Schutzarche, in der sich eine Handvoll entnervter Überlebender versammelt hatte. Und schließlich begriffen wir, wie diese wenigen ihr Leben fortgesetzt hatten, wie sie sich der verschiedenen Geräte bedienten, mit denen die Voraussicht und Weisheit ihres großen Führers sie ausgestattet hatte. Wie er ihnen alle seine Kenntnisse vermittelt hatte, bevor auch er das Zeitliche segnete. Wie aus etwa fünfzig oder sechzig Überlebenden diese große, heutige Ge meinschaft erwachsen war, die sich ihren Raum in die Eingeweide der Erde hatte graben müssen, um Platz genug für die wachsende Gemeinde zu haben. Keine ganze Bibliothek an Nachschlagewerken hätte die Ereignisse so gut wie dieser visuelle Bericht darstellen können, und auch die Folgen und Schlüsse nahelegen, die wir daraus ableiten konnten. Dies war also das Schicksal, und dies waren die Folgen der Katastrophe, die das große Reich Atlantis überwältigt hatte. Eines Tages in ferner Zukunft, wenn aus diesem Tiefseeschlick Kreide geworden ist, wird die große Stadt durch einen neuen Stoß der Natur wieder hochgeworfen werden. Und die Geologen der Zukunft, die sich auf diese wissenschaftliche Beute stürzen, werden weder Feuerstein noch Muschelschalen zu Tage fördern, sondern die Überreste einer untergegangenen Zivilisation und die Spuren einer Katastrophe aus der Welt der Antike.

Nur ein Punkt war nicht geklärt worden: Wieviel Zeit war seit der Tragödie vergangen? Dr. Maracot stieß auf eine grobe Methode, mit der er eine Schätzung anstellte. Unter den vielen Zubauten an dem Riesengebäude gab es auch ein größeres Gewölbe, in dem die Anführer des Volkes aufgebahrt wurden. Wie in Ägypten und Yukatan wurden sie auch hier mumifiziert. In den Nischen der Wände fanden sich endlose Reihen dieser finsteren Relikte aus der Vergangenheit. Manda wies stolz auf die nächste freiliegende Nische und gab uns zu verstehen, dass sie für ihn in den Fels gehauen worden war.

»Wenn man einmal die durchschnittliche Regierungsdauer europäischer Könige bedenkt«, sagte Maracot in bester Professorenmanier »so kommt man auf einen durchschnittlichen Wert von fünf Monarchen pro Jahrhundert. Wir dürfen wohl hier auf eine ähnliche Zahl schließen. Wissenschaftliche Akkuratesse ist dabei natürlich ausgeschlossen, aber zumindest verfügen wir so über einen Schätzwert. Ich habe die Mumien gezählt und komme auf eine Zahl von vierhundert.«

»Das bedeutet dann achttausend Jahre?«

»Genau. Und das deckt sich mit Platos Schätzung. Zu der Katastrophe kam es ganz sicher, bevor man in Ägypten mit den Vorformen der Geschichtsschreibung begann. Und diese reichen, von heute gerechnet, zwischen sechs- und siebentausend Jahre zurück. Ja, ich möchte behaupten, unsere Augen haben die Reproduktion einer Tragödie gesehen, die sich vor mindestens achttausend Jahren abgespielt hat. Allerdings muss man bedenken, dass der Aufbau einer Zivilisation, deren Spuren wir hier sehen, selbst schon etliche tausend Jahre angedauert haben muss.

»Damit«, so schloss er, »haben wir – und ich beziehe Sie durchaus in diese Ehre ein, einen Blick so weit zurück in die Anfänge der Menschheit getan, wie das noch kein Mensch unserer Zivilisation zuvor vermocht hat.«

Clara Müller-Jahnke (1860–1905) Schriftstellerin
Der Rufer

Die Blumen im Alleghanytal,
sie duften so süß wie nie zumal,
vom fächelnden Odem der Nacht gewiegt.
Die Welt in den Armen des Schlummers liegt;
nur leise flüstern wie Liebesgruß
die träumenden Wasser im Fluß – im Fluß –
und Maienzauber webt weit und breit
und lächelnde, blühende Einsamkeit.

Da horch! – durch die schweigende Nacht ertönt
ein dumpfer Laut – und es hallt und dröhnt
wie Hufgeklapper und Roßgeschnauf …
Du schlummernde Erde, wach auf, wach auf!
Ein Reiter jagt aus der Ferne her –
und die Erde erwacht und atmet schwer, –
es löst sich die Knospe in jäher Hast
aus dem Blatt, das schützend sie umgefaßt,
und sie schaut empor – und das Rot wird fahl
der Rose im Alleghanytal.

Dumpf murrt der Fluß, und er raunt und klagt …
Zur Stadt hinunter der Reiter jagt,
die Funken sprühen, der Staub wallt auf, –
es blinken die Lichter von Johnstown auf.
Viel Kerzen schimmern im hohen Saal,
es greift der Zecher zum Goldpokal.
Aus flackernden Blicken die Freude glüht,
von trunkenen Lippen die Rede sprüht …
Und auf der Schwelle zerlumpt, verstaubt,
mit wunden Füßen, mit wehem Haupt
ein Ausgestoßener Nachtruh hält, –
die Lippe lechzt, und die Wimper fällt …

Da hallt das Pflaster von Rosseshuf,
da schallt von der Straße der Warnungsruf;
er klingt zu den jubelnden Zechern empor,
er dringt an des schlafenden Bettlers Ohr:
»Hinauf, daß ihr Hügel und Felsen erreicht,
das Wasser, das Wasser der Sündflut steigt!«

»Das Wasser? – Das Wasser! Du faselst, Tor!
Der Sekt soll steigen! Der Schaum empor!«
Und das Glas erklirrt, und der Pfropfen knallt –
ein fernes Brausen dumpf widerhallt.
»Das Wasser – das Wasser?« – In Traumesbann
nachlallt es der Arme – da rollt es heran
wie wogende Berge, das Flutengebraus –
und es wanken die Mauern, es stürzt das Haus.

Ein fahler Streifen im Osten tagt:
zur Stadt hinunter der Reiter jagt,
als säß ihm im Nacken der bleiche Tod …
Aufblitzen die Dächer im Morgenrot.

Durch die Lüfte erklingt es wie Lerchengesang.
Die Burschen ziehen den Rain entlang,
das Messer im Gurt und die Rose am Hut,
im Auge den blitzenden Jugendmut –

Und am schimmernden Tamarindenzweig,
da lehnt eine Dirne, vor Sehnsucht bleich;
feuchtglänzenden Blickes späht sie hinaus:
»Er hat es versprochen und blieb mir aus?! –«

Da kommt's durch die Felder herübergebraust –
nur locker umschließt noch den Zügel die Faust,
wild flattert das Haar, jede Ader klopft –
dem Roß der Schaum von den Stangen tropft.
Und da er vorbeischießt im rasenden Lauf,

da gellt seine Stimme: »Hinauf! Hinauf!
Auf daß ihr die rettenden Hügel erreicht, –
das Wasser, das Wasser der Sündflut steigt!«

Ein spöttisches Lachen vernimmt er noch:
»Das Wasser, Du Narr? – Ei, so zeig' es uns doch!«
Doch das Mädchen schaut auf mit erglühendem Blick:
»Das Wasser?! – Er kommt nicht! O, gnädig Geschick,
O rette ihn – rette –« Noch betet ihr Mund,
da zieht sie die sprudelnde Flut auf den Grund, –
da löschen die Wogen mit dumpfem Gebraus
die Flammen der Jugend, der Sehnsucht aus.

Der Tag bricht an, und das Wasser schäumt –
»Nun keine Sekunde, mein Roß, gesäumt!
Schon wirbeln die Fluten im dichten Tann,
dort atmen noch Menschen – bergan, bergan!«

Zwei Buhlen ruhen am Felsenhang –
die Nacht war schwül und die Nacht war lang
voll Liebeszauber, voll Maienlust ...
sein Haupt sank müde auf ihre Brust.
Im Walde noch schluchzt die Nachtigall –
da klingt es von ferne, ein dumpfer Hall,
Und er naht im schimmernden Morgenlicht,
der Rufer, der Retter – sie hören's nicht.

Sein Blick starrt gläsern, sein Haar ist ergraut;
doch wie er die schlummernden Liebsten erschaut,
da hemmt er noch einmal des Rosses Lauf,
und es schrillt eine Stimme! »Wacht auf, wacht auf!
Auf daß ihr die rettenden Hügel erreicht, –
das Wasser, das Wasser der Sündflut steigt!«
Das Weib schrickt auf aus des Mannes Arm,
doch er zieht sie nieder: »Sei ohne Harm,
mein Lieb, – der Himmel ist klar und blau,

und die Rosen blitzen im Morgentau,
die Rosen im Alleghanytal –«
Und er fährt in die Höhe, das Antlitz fahl,
das Haar gesträubt – und er lauscht – und lauscht: –
um die schützenden Felsen kommt es gerauscht
wie Sündflutwogen, wie Todesgraus –
und löscht die glühendste Liebe aus.

Und weiter, weiter in jäher Hast, –
aufstöhnt das Roß – doch er gibt nicht Rast.
Die Dörfer, die Städte versinken im Schwall,
schon wogen die Fluten von Wall zu Wall,
nun aufwärts, aufwärts den engen Pfad!
Da winkt von des Berges steilstem Grat,
die eigene Rettung – hinauf, Gesell,
die Felsen stehen, dein Roß ist schnell!
Und das Roß im Sterben zusammenbricht, –
zu Fuß denn weiter – er rastet nicht.
Wo eng an die schützenden Tannen geschmiegt
ein kleines verstecktes Häuschen liegt,
dort schlummern noch Menschen! – Der kalte Schweiß
perlt ihm von der Stirn, die Brust fliegt heiß,
und er schleppt sich bis vor des Hüttleins Tür,
– ein weinender Knabe tritt herfür.

»Und bringst Du nicht heim mein Mütterlein?
Sie ging zur Stadt, und ich blieb allein –
sie ging zur Stadt, und sie weilt so lang,
Du fremder Mann, mir ist so bang!« –
»Die Mutter, mein Knabe«, – sein Blick starrt hohl, –
»die Mutter, die Mutter; ich sah sie wohl –
von jenem Berge dort winkt sie Dir,
sie ruft mein Knabe – hinauf zu ihr!«
Da lächelt das Kind und eilt hinan;
an der Tür noch lehnt der sterbende Mann,
noch einmal schlägt er die Augen auf:

»Mein wackerer Knabe, hinauf, hinauf!
Ein Schritt noch – ein Schritt – und das Ziel ist erreicht;
so hoch keine Woge der Sündflut steigt!
Gott schütze dich droben im sonnigen Licht,
gerettet, gerettet!« – Sein Auge bricht,
sein Haupt sinkt nieder zum feuchten Grund,
die Flut küßt schweigend den starren Mund.

Das blühende Alleghanytal
durchtobt der brausende Wogenschwall,
doch über den wirbelnden Wassern kreist
versöhnend der ewigen Liebe Geist!

Friedrich Lienhard (1865–1929)
Die Sintflut

Langsam kamen nun die gewaltigen Wasser zur Ruhe. Die tausend Donnerstimmen entschliefen. Sie waren

erschlungen von einem Nebel, der allen Farben und Lauten vollends den Tod gab.

Selbst die Arche drohte in diesem Nebel zu ersticken. Aber tags darauf war die Wolkenschicht auf dem breiten Rücken der lautlos steigenden Flut überschwommen – und nun lag die Gewässermasse, die diese Erde vernichtet hatte, in ihrer furchtbaren Unendlichkeit vor dem Entsetzen der Überlebenden.

Grauenhafte Stille!

Dann und wann, wie ein letztes Aufschluchzen der Menschheit, wie das plötzliche Aufweinen eines träumenden Kindes, dem man den Tag über weh getan, gurgelten verlorenen Wellen an die Planken der Arche. Dann und wann, mit leisem Stoße, rannten Gegenstände und Menschenkörper an den schwerfälligen Rumpf. Manchmal auch, aus unbekannten Tiefen, schossen plötzliche Wirbel an die Oberfläche. Da unten war ein Bergwald unter der Wucht des Wassers gebrochen, oder eine einstürzende Höhle, ein brechend Gewölbe ließ seufzend seine Luft aus.

Und wieder Stille.

Die Arche stand, eine Toteninsel, ohne Bewegung in der

schlammigen Masse. Aller Lebensmut war ihren Bewohnern entwichen. Menschen und Tiere kauerten in trostloser Abspannung durcheinander. Auch bei ihnen nur selten ein Aufschluchzen wie das Gurgeln der Gewässer draußen. Nur selten ein engeres Anschmiegen der Frauen an die müden Männer; die Menschen untereinander und die Tiere dicht aneinandergerückt, die Gesichter noch in den starren Falten des Entsetzens der letzten Tage. Löwe neben Lamm, Fuchs neben Taube, Schlangen zwischen den warmen Körpern der Gazellen. Das nie erlebte Brausen, Donnern und Tosen dieses Weltunterganges hatte ihnen alle ihre Natur genommen. Sie waren nicht mehr von der Welt.

Sie waren nicht mehr von der Welt. Vor allem nicht Noah. Unter dem Vordach der Türe stand er, der ernste Greis mit den Riesengliedern jener vorsintflutlichen Geschöpfe. Die Arme über der breiten Brust gekreuzt, vor entsetztem Staunen vornübergebeugt, sah er mit überweltlichen Augen mit an, wie der Künstler des Weltalls sein eigen Werk vernichtete. Über die Arme troff sein Silberbart; die Fülle seiner Silberlocken klebte um Schulter und Rücken. Die Zähne zusammengebissen, die eisernen Züge wetterbraun, die Knochenstirne hoch und breit: so hatte er, alles vergessend, halbe Tage hindurch mit angesehen, wie sein Gott mit dieser Menschenbrut ins Gericht ging. Und heute auch, obwohl alles vorüber war, stand er in derselben Haltung draußen. Aber er sah nichts mehr, nicht Himmel, nicht Wasser, nicht die schwimmenden Menschenkörper: – mit gekreuzten Armen und gepressten Lippen stand er über dem grenzenlosen Elend und weinte …

Was für ein Treiben ehedem, da unten in der mesopotamischen Ebene! Sie strotzten von Saft und Lebensfülle, diese Enakskinder, wie der ganze üppige Pflanzenwuchs am Euphrat und Tigris. Sie wussten nicht mehr hauszuhalten mit dem Überdrang ihrer Kräfte. Sie mussten miteinander kämpfen; sie mussten die Weiber der anderen sündhaft in ihre Arme reißen; sie mussten ihre Abels, diese unzeitgemäßen Schwächlinge, töten und sich mit den Mördern Lamech kraftberauscht ihrer Totschläge rühmen oder mit dem tieferen Kain sich und die Welt und Gott hassen lebenslang. Harmlosere Naturen ließen ihre Kraft am Tiere aus: sie wurden die wilden Väter des babylonischen Jägers Nimrod. Wieder andere wichen mit ebenso maßloser Scheu in Haine und Einöden zurück, und unter Palmen und Farnen lagen sie brünstig vor Bildern Baals oder der Astarte. Nirgends Maß! Nirgends feste, klare, milde Kraft wahrer Gesundheit. Ein Wahnsinn war, vielleicht unter atmosphärischen Einflüssen, über die Menschheit gekommen. Wie Maden und Sumpfdünste stiegen Schwärme von Lastern dort unten zur sengenden Sonne auf.

Unter diesem irren Volke wohnte Noah. Bei ihm hatte sich die Kraft der Zeit in die Seele zusammengedrängt. Mit demselben Überdrang klammerte sich der Edle an die Überschauung der Dinge, an den göttlichen Gedanken, an den ewigen Gott. Der Einsame ging umher unter den Bluthunden und predigte den Namen Jehovas.

Wer verstand den Mann? Wer hörte auf den Einsiedler aus den armenischen Bergen? Sie lachten; sie hassten ihn, sofern sie vor Seelenschwäche überhaupt zu hassen im Stande waren. Sie hätten diesen ernsten Störenfried, der wie das Gewissen, wie ein unheimlicher Komet Jahr für Jahr als Bußprediger durch Mesopotamien zog, über kurzem aus dem Wege geräumt, gesteinigt, gekreuzigt.

Aber die Flut kam!

Und als nun die Flut kam, als das indische Meer heranschnaubte, als der Himmel sich auftat: tobten sie alle in wüstem Gewimmel, Männer und Weiber und Kinder, Hunde und Haustiere, heulende Löwen und tutende Elefanten, in gewaltigen Bogen schießende Schlangen, und hoch darüber hinkreischende Papageien und Flamingos – durch niedergestampfte Wälder und Fluren flohen sie alle das Zweistromland hinauf, den ermenischen Bergen zu. Mütter, über und über blutig von durchbrochenen Dornen, mit zerschundenen Füßen, trugen zwei, drei Kinder zumal. Männer, die bärtigen, in fliegenden Leopardenfellen, trugen auf ihren Enaksarmen, ihre mehrhundertjährigen greisen Väter. Eine Verfolgung – keine Schlacht der Welt hat solche Verfolgung gesehen! Eine gehetzte Menschheit! Staub und Geschrei und Gestampf – und hinterher ein brüllender Ozean!

Klein und kleiner wird dort oben die Welt. Die Stärkeren drängen sich auf den Klippen. Die Masse der Schwächeren schwimmt ertrunken und zerstampft. Jetzt fängt auch der schwarze, tiefhangende Himmel an. Seine Regengüsse halten furchtbare Auslese: alle Schwachen schwemmen sie hinab. Tiere schwimmen von Klippe zu Klippe. Es keucht auf der letzten schwindenden Insel ein Todeskampf. Aber das fassungslose Vieh erliegt: mit Dolchen und Fäusten schafft sich der Herr der Welt Platz. Nur die wildesten, aller Rücksicht baren Menschengiganten drängen sich auf dem letzten Fleck. Dann überleckt das Wasser auch diese Klippe. Turmhoch ragt ein zuckender Fleischberg über die Fläche. Ineinander verbissen, einige lebendig begraben und nur mit den Füßen herausragend, einige quer darüber gespreitet, mit Zehen, Nägeln und Zähnen sich einkrallend ins Fleisch der Mitmenschen, dort noch die herausdrohende Faust eines lebendig Begrabenen – so hebt sich die letzte fürchterliche Insel. Dann und wann, wie ein Pulsschlag, geht ein Zucken durch den Knäuel. Ein Ruck – und der lebendige Berg fällt auseinander, in die wirbelnde Flut. Zwei, drei Riesengestalten schwimmen noch um die Stelle, dann geben auch sie den Kampf wider Gott auf und lassen sich seufzend sinken.

Es gibt keine Menschen mehr!

Das Meer rollte zurück und nahm die erwürgte Menschheit mit hinunter in den Indischen Ozean.

Noch lachte ein Lenz über Mesopotamien, wie ihn diese Erde seit dem Paradiese nicht gekostet. Die Lufthülle des Sternes war eine andere. Wundermild durchwärmte die Sonne die weinigen Geschöpfe. Es war ein Frühlingsland, ein neuer Garten Eden. Waren nach diesem gewaltigsten aller Gerichte Gottes auch die Menschen anders geworden? –

Max Dauthendey (1867–1918)
Sündflut (Sangdichtung)

Die Flut	unsichtbare Stimmen
Das letzte Lied	Frauenstimme
Das letzte Gebet	Männerstimme
Das Schweigen des Todes	unsichtbarer Chor.

Schwarz eine Riesengrotte. Tief zerklüftet. Fleischrot der Himmel durch einen klaffenden weiten Riß. Draußen schwarzes Flutmeer, gewälzt, weit zum roten Horizont.

Auf schmaler Felskante, hinter Steinen, ein niederglühendes Feuer. Zerstäubt Rotglut über die nassen Wände. Jagt Rotschatten über das Grottengewölbe.

Leise violette Blitze verzittern am Horizont.

Ein irres Weib, einen Aststumpf im Arme wiegend wie ein Kind, kauert am Feuer. Die Haare wirr. Brüste nackt, goldbeblendet. Sie lauscht unruhig auf den Sang der Flut.

Die Flut

Lachen, Kind, lachen,
Dunkel der Wind, Palmen knacken,
Schüttle den Nacken, schlafen nicht,
Nicht schlafen, erwachen!

Hyänen umheulen den nackten Mond,
Flammenkeulen,
Brände weiß, schnellen
Blitze, – blank gellen die Gärten.

Hörst du draußen im Mondnachtschatten,
Gold klingelt, goldene Ketten.
Hell reißen Matten, Wände,
Die bleichen geschmückten Sklaven,
Schleppen, reiten, fliehen.

Deine Hände klammre, greife mein Haar,
Irr brennen Agaven, Nesseln,
Die kreischende Schar, hinauf,
Felsentreppen,
Schwarze Schatten jagen, brüllen,
Heulende Herden Menschenratten,
Ehern klagen die Berge.

(Das Weib kriecht näher zum Feuer. Zittert angstwild.)

Eiserne Wolken, Meere,
Zischend die Mähne, stürzen,
Wellenkatzen in Knäulen
Weißnackt die Zähne,
Bleich flieht das Blut,
Blank Rachen an Rachen,
Kind! Kind! Mein Kind!!

(Das Weib springt auf. Schlägt mit der Stirn an die Felsen. Preßt das Gesicht an die Felswand.)

Traum – Traumfratzen nur,
Lachen, Kind, lachen,
Du schlummerst geborgen,
Morgen singen die Auen.

(Das Weib kichert halblaut. Preßt den Ast an ihre Brust. Liebkost das Stück Holz.)

Scharlachen die Terpintenbäume,
Hörst du den Phönix
Goldsingend erwachen?
Blau entfachen die Zedernschatten,
Ibisvögel schütteln die Träume
Lachen, lachen, lachen …

(Das Weib schüttelt sich in grellem Lachen. Lautlos fliegt weiß ein Blitz in die Grotte.
Das Weib duckt sich. Lauscht. Richtet sich auf. Geht auf und ab und wiegt das Holz im Arm. Singt innig.)

Das Weib

Sterne singen im mondgrünen Reich,
Dunkle Myrthen decken dich weich,
Schlafe mein Kind mit glühenden Wangen,
Mutter wehret dein Bangen.

Leuchtfliegen grün im mondblassen Baum,
Mandeln durchduften rot deinen Traum,
Schlafe mein Kind ohn' Träne und Sorgen,
Morgen lachen die Auen.

(Das Weib ist an den Felsrand geschlichen. Starrt hinunter in die Flut. Biegt sich begierig immer weiter über den Schluchtrand.

Die Flut
(singt dämonisch)

Im Erdschoß verborgen, Sonne zerfrißt die Nacht.
Nacht muß blind versinken,
Feuergolden der Morgen;
Ambradüfte! Purpurrauschen!
Sonne, laß uns trinken! …

(Das Weib schnellt lautlos in die zischende Schlucht hinab.
Harte Stille.
Das Feuer erlischt. Die Grotte schwarz.
Die Blitze flattern langsamer auf und nieder, immer lautlos.
Hie und da fließen Blitze weiß in die Klufttiefe. Beleuchten blass einen Mann. Auf einem Felsvorsprung am Abgrund, niedergeworfen im Gebet.)

Jehova, o Herr, dein Morden – schweige,
Zerfleischt die Menschheit,
Blut dir zu Füßen,
Die letzten Herztropfen flehen,
Gnade, Herr, Gnade!
Wir opferten röchelnd Entgelt!

Und du kommst Herr, du kommst,
Schwarz starben Sonne, Sterne.
Erde, Himmel, darben nach dir.
Rausche golden nieder,
Laß Sonnen aufschlagen,
Tausche die ewige Hülle,
Daß sterbliche Glieder deinen Geist zu uns tragen,
Erfülle leuchtend das dunkle Gesetz.

Deine Hand winkt,
Die Schlünde verlöschen,
Du leitest die Meere zurück in die Gründe,
Weiß dein sternblasser Leib,
Du schreitest, eine singende Lotoslilie,
Silbern von rauchenden Bergen.
Deine Straße umrauschen
Heiß Sandel, hyazinthene Düfte,
Morgenrot, Lorbeerrosen,
Elfenbeinlichte Glocken
Neigen sich klingend,
Mit dir in saphirgoldenem Reigen
Die Bronnen des Lebens.

O zögere nicht!
Entstellt, zerplagt, ein Totenschädel
Die bebende Erde.
Zuckend mit letzter Ader

Kriecht, klagt
Ein zermalmtes Geschlecht.
Dein Hader, warum so tödlich?
Recht zum Leben, haben wir Recht?
Du hast uns Atem gegeben,
Fand man uns schlecht! Strafe!
Aber zerschellt ein Vater sein Kind? …
Wir betteln, wir ringen,
Du offenbarst Dich nicht?!! …
Herr, Gott, wer sagt mir,
Daß Du bist und warst!

Schwarze Stille. –

Die Flut schweigend schwarz geglättet.
Ein letzter weißer Blitz zeigt den Felsvorsprung leer. –
Der Himmel bleicht allmählich violett. Dann blaß eisig lila.
Grüne Phosphorstreifen ziehen fern über die Wasser.
Das Meer rieselt in grünem Leuchten.
Eine sanfte schwarze Welle hebt zwei phosphorblaue nackte Leichen hoch. Die Körper halten sich in Todesstarre umschlungen.
Die Welle hebt die blauglühenden Toten ans Ufer auf eine schwarze Klippe. Phosphorglimmende Tränen rinnen von den Körpern silberblau über den schwarzen Stein.
Das Schweigen des Todes singt hart und kühl.

Das Schweigen des Todes

Eisblaue Gärten in eiserner Stille.
Grau in sanglosen Wellen die Düfte.
Klanglos verhärten opalmatt die Quellen.
Glasige Strahlen schneefahler Blüten,
Schweben in kahlen steinernen Zweigen.

Schwarz im Schweigen die schwarzen Bäume,
Gießen durch ewigbleiche Nächte,
Schwarzen Regen in schwarzen Zähren.
Wirrend durch aschendunkle Gehege
Ringen stumme reifblasse Wege,
Blaue, einsam irrende Flammen
Dringen nirgend zum Ziele.

Aber tief in lautlosen Grüften
Gären junge mondrote Sterne,
Schießen rote Korallenwurzeln
Nach dem Purpurkerne der Erde.

Rosige Tauben hebet die Schwingen,
Werde Ölbaum des Friedens.
(aus: ders. Ultra Violett. Einsame Poesien, Berlin 1893.)

William Scott – Elliot (1873–1943)

Dann brach die fürchterliche Vergeltung …

Dann brach die fürchterliche Vergeltung über Atlantis herein; Millionen und aber Millionen kamen um. Die »Stadt der goldenen Tore« war zu einer wahren Lasterhöhle geworden, bis die Wellen sie überfluteten und ihre Bewohner begruben. Der »schwarze« Kaiser samt seiner Dynastie sank, um nicht wieder zu erstehen. Der Kaiser im Norden sowohl als auch die initiierten, auf dem ganzen Kontinent verstreuten Priester sahen lange vorher die kommenden bösen Tage genau voraus, und die folgenden Seiten werden über die vielen von Priestern geleiteten Auswanderungen berichten, welche sowohl dieser als auch späteren Katastrophen vorausgingen.

Cayce, Edgar, gen. »Der schlafende Prophet« (1877–1945)

Und jener Teil (Atlantis)

Der Mensch brachte die zerstörerischen Kräfte … Diese erzeugten zusammen mit den natürlichen Vorräten von Gasen, natürlichen Kräften und Formen die schlimmste aller Eruptionen, die aus der Tiefe der langsam erkaltenden Erde emporstieg, und jener Teil (Atlantis), der heute in der Nähe der Sargasso-See liegt, versank zuerst im Meer.

Frank Schätzing (1957)

Der Tsunami

»Wir können in den nächsten Ort fahren. Wenn Ihnen die Fliegerei nicht allzu sehr zugesetzt hat, werden Sie auch die Harley überstehen. Schneller geht es in der Station, falls Sie mit Corned Beef aus der Dose und Erbsensuppe vorlieb nehmen.«

Johanson sah sie an und stellte fest, dass ihre Augen von ungewöhnlich intensivem Blau waren. Das Blau der tiefen See.

»Warum nicht?«, sagte er. »Sind Ihre Wissenschaftler rausgefahren?« »Nein. Zu stürmisch. Sie wollten in den Ort und Besorgungen machen. Ich kann hier tun und lassen, was ich will, und ich kann auch eine Büchse aufmachen. Ende meiner Kochkunst. Kommen Sie.«

Johanson folgte ihr über die Schotterfläche des Heliports zur Station. Hier unten präsentierten sich die Gebäude nicht ganz so windschief wie aus der Vogelperspektive.

»Wo sind eigentlich die Boote?«, fragte er.

»Wir lassen sie nicht so gerne draußen.« Sie zeigte auf das Gebäude, das dem Wasser am nächsten stand. »Die Bucht ist kaum geschützt, darum verfrachten wir sie jedes Mal nach Gebrauch in die Baracke gleich am Meer.«

Das Meer …

Wo war das Meer?

Johanson stutzte und blieb stehen. Wo eben noch Brandungswellen gegen den Strand geschlagen hatten, breitete sich eine schlammige Ebene aus, durchsetzt mit flachen Felsen. Das Meer hatte sich zurückgezogen, aber es musste innerhalb der letzten Minute passiert sein. Auf weiter Fläche war nur Boden zu sehen.

Keine Ebbe konnte das in derart kurzer Zeit bewirken. Das Wasser war Hunderte von Metern zurückgewichen.

Weaver ging noch ein paar Schritte, dann drehte sie sich zu ihm um. »Was ist? Keinen Hunger?«

Er schüttelte den Kopf. Ein Geräusch drang an seine Ohren, schwoll an, wurde lauter. Zuerst dachte er, es sei ein großes Flugzeug, das tief über dem Wasser dahinzog und auf die Insel zuhielt. Doch es klang nicht wie ein Flugzeug. Eher wie heranrollender Gewitterdonner, nur viel zu gleichmäßig für Donner, und es hörte nicht auf …

Plötzlich wurde ihm klar, was es war. Weaver war seinem Blick gefolgt.

»Was zum Teufel ist das?«

Johanson setzte zu einer Antwort an. Im selben Moment sah er, wie sich der Horizont verfinsterte, und Weaver sah es auch.

»Zum Helikopter!«, schrie er.

Die Journalistin schien wie erstarrt. Dann lief sie los. Gemeinsam rannten sie auf den Helikopter zu. Hinter den Cockpitscheiben sah Johanson den Piloten die Instrumente checken. Es dauerte eine Sekunde, bis der Blick des Mannes auf die heraneilenden Gestalten fiel. Er hielt inne. Johanson machte ihm Zeichen, die Leiter herunterzulassen. Er wusste, dass der Pilot nicht sehen konnte, was vom Meer kam. Der Helikopter stand mit dem Cockpit landeinwärts.

Der Mann runzelte die Stirn, dann nickte er. Mit einem Zischen öffnete sich die Tür, und die Leiter senkte sich herab.

Das Donnern kam näher. Inzwischen klang es, als sei die komplette Welt jenseits der Insel in Bewegung geraten.

Und genauso ist es, dachte Johanson. Falscher Ort, falsche Zeit.

Hin- und hergerissen zwischen Entsetzen und Faszination verharrte er am Fuß der Leiter und sah zu, wie das Meer zurückkam und die schlammige Ebene wieder überspülte. Mein Gott, dachte er, es ist so unwahrscheinlich! Es gehört einfach nicht in diese Epoche, ist nicht für zivilisierte Menschen gedacht. Schulbuchzeug. Jeder wusste, dass Meteoriten, Erdbeben, Vulkanausbrüche und Flutwellen das Bild der Erde über Jahrmillionen verändert hatten, aber einem geheimen Abkommen zufolge schienen derartige Begebenheiten mit dem Beginn des technischen Zeitalters für immer ihr Ende gefunden zu haben.

»Johanson!«

Jemand versetzte ihm einen Stoß. Er riss sich los und hastete die Stufen hinauf, gefolgt von Weaver. Der Helikopter hatte zu zittern begonnen. Er sah die Bestürzung in den Augen des Piloten und rief:

»Starten Sie. Sofort!«

»Was ist das für ein Geräusch? Was passiert hier?«

»Los, hoch mit der Kiste!«

»Ich kann nicht zaubern. Was soll das überhaupt? Wohin soll ich fliegen?«

»Egal. Höhe gewinnen.«

Knatternd setzten sich die Rotoren in Bewegung. Der *Bell* löste sich schwankend vom Boden und stieg ein, zwei Meter. Dann siegte die Neugierde des Piloten über seine Angst. Er schwenkte den Helikopter um hundertachtzig Grad, sodass sie hinaus aufs Meer sehen konnten. Seine Gesichtszüge entgleisten. –

»Ach du heilige Scheiße«, stieß er hervor.

»Da!« Weaver zeigte aus dem Fenster zu den Baracken. »Da draußen!«

Johanson wandte den Kopf. Aus dem Hauptgebäude kam jemand auf sie zugelaufen. Ein Mann in Jeans und T-Shirt. Sein Mund stand weit offen. Er rannte aus Leibeskräften auf sie zu und ruderte mit den Armen.

Johanson sah Weaver verblüfft an.

»Ich dachte …«

»Ich auch.« Sie starrte entsetzt auf die näher kommende Gestalt – »Wir müssen runter. Oh Gott, ich schwöre, ich wusste nicht, dass Steven hier geblieben ist, ich dachte wirklich, sie seien alle …«

Johanson schüttelte energisch den Kopf … »Er schafft es nicht.«

»Wir können ihn nicht zurücklassen.«

»Schauen Sie nach draußen, verflucht nochmal. Er schafft es nicht. Wir schaffen es nicht.«

Weaver stieß ihn zur Seite und drängte sich an ihm vorbei zur Tür. Im nächsten Moment verlor sie das Gleichgewicht, als der

Pilot den Helikopter seitlich über den Sandstreifen auf den rennenden Mann zubewegte. Die Maschine begann sich zu drehen und erbebte, als sie nacheinander von einer Reihe schwerer Böen getroffen wurde. Der Pilot fluchte lautstark. Kurz verloren sie den Wissenschaftler aus den Augen, dann waren sie ihm plötzlich sehr nahe.

»Er schafft es«, schrie Weaver. »Wir müssen runtergehen!«

»Nein«, flüsterte Johanson.

Sie hörte ihn nicht. Sie konnte ihn nicht hören. Selbst der Rotorenlärm ging nun unter im Donner des heranrollenden Meeres. Johanson wusste, dass sie den Wissenschaftler nicht mehr retten konnten, aber sie hatten wertvolle Zeit verloren, und inzwischen bezweifelte er, dass sie es selber schaffen würden. Er zwang sich, den Blick von der rennenden Gestalt zu lösen und nach vorn zu richten.

Die Welle war riesig. Sie mochte an die dreißig Meter hoch sein, eine senkrechte Wand aus tosendem, schwarzgrünem Wasser. Wenige hundert Meter trennte sie noch vom Ufer, aber sie näherte sich mit der Geschwindigkeit eines Eilzuges, und das bedeutete, dass ihnen allenfalls Sekunden blieben bis zur Kollision. Die Zeit reichte eindeutig nicht aus, um den Mann an Bord zu nehmen und zugleich den heranstürmenden Wassermassen zu entkommen. Dennoch versuchte der Pilot ein letztes Mal, den Helikopter nah genug an den Flüchtenden heranzubringen. Vielleicht hoffte er, der Mann könne sich mit einem Sprung durch die offene Tür ins Innere retten, eine der Kufen zu fassen bekommen, irgendwas von dem, was man ständig im Kino sah und was dort regelmäßig klappte, wenn man Bruce Willis hieß oder Pierce Brosnan.

Der Wissenschaftler stolperte und schlug der Länge nach hin. Das war's dann, dachte Johanson.

Vor ihnen wurde es dunkel. Kein Himmel war mehr zu sehen durch die Cockpitscheiben, nichts außer der Front der Welle. Sie füllte ihr Blickfeld nach allen Seiten aus, schob sich mit rasender Geschwindigkeit auf sie zu. Sie hatten ihre Chance vertan. Alle Möglichkeiten waren zunichte. Ein senkrechter Aufstieg würde sie auf halber Höhe mit dem gigantischen Brecher kollidieren lassen. Flohen sie dicht über dem Boden landeinwärts, sparten sie zwar die Zeit für den Aufstieg, aber dennoch würde sie das Wasser einholen. Der Tsunami war auf alle Fälle schneller, und außerdem mussten sie den *Bell* zuvor wenden. Auch dafür reichten die verbleibenden Sekunden nicht.

In einem Anflug von Distanziertheit fragte sich Johanson, wie er den Anblick der senkrechten Wasserfront ertrug, ohne darüber den Verstand zu verlieren. Dann holte ihn die Wirklichkeit wieder ein, als der Pilot das einzig Richtige tat, indem er den Helikopter zugleich rückwärts und in die Höhe steuerte. Die Nase des *Bell* senkte sich ab. Für die Dauer eines Augenblicks war der Erdboden durch die Cockpitscheiben zu sehen, aber sie stürzten nicht darauf zu, sondern bewegten sich in aufstrebendem Rückwärtsflug vom Boden und von der heranrasenden Welle weg. Der *Bell* heulte auf, als wolle das Getriebe explodieren. Johanson hatte nie geglaubt, dass ein Helikopter zu einem solchen Manöver fähig war – vielleicht hatte es nicht mal der Pilot geglaubt – aber es funktionierte.

Die kollabierende Welle geiferte ihnen nach wie ein hungriges Tier. Sie fegte über den Strand und begann, in sich zusammenzustürzen. Berge aus Gischt folgten dem *Bell* auf seiner irrwitzigen Flucht. Der Tsunami brüllte und kreischte. Im nächsten Moment erschütterte ein fürchterlicher Schlag den Helikopter, und Johanson wurde gegen die Seitenwand geschleudert, gleich neben die offene Tür. Wasser klatschte ihm ins Gesicht. Sein Kopf knallte gegen die Bordwand, und er sah dunkelrote Blitze. Seine Finger bekamen Metall zu fassen, eine Strebe, krallten sich daran fest. Stechender Schmerz durchraste ihn. Er vermochte nicht zu sagen, ob das schreckliche Brausen in seinen Ohren noch von der Welle herrührte oder schon aus seinem Kopf kam, ob sie stiegen oder fielen. Sein einziger Gedanke war, dass die Welle sie am Ende doch gekriegt hatte und dass sie nun zerschmettert würden, und er wartete auf das Ende.

Dann klärte sich sein Blick. Die Kabine hing voller Sprühwasser. Zerfetzte graue Wolken trieben über dem Helikopter dahin.

Sie hatten es geschafft. – Sie waren entkommen. Sie waren nicht in den Tsunami gestürzt, sondern mit knapper Not über den Kamm gelangt.

Der Helikopter stieg weiter, wobei er eine Kurve flog, sodass sie nun die Küste unter sich erkennen konnten. Aber es gab keine Küste mehr. Dort unten war nichts außer einer wilden Flut, die mit unverminderter Geschwindigkeit vorwärts drängte und das Land verschluckte. Die Station, die Fahrzeuge und der Wissenschaftler waren verschwunden. – Weit entfernt zur Rechten, wo die Steilküste begann, explodierten glitzernde Gischtfontänen an den Klippen und schossen endlos empor in den Himmel, weit über die Flughöhe des *Bell* hinaus, als wollten sie sich mit den Wolken vereinen.

Weaver rappelte sich hoch. Sie war über die Sitzbänke gestürzt, als der Wasserschwall den *Bell* getroffen hatte. Sie starrte hinaus und sagte immer wieder: »Oh Gott!«

Der Pilot schwieg. Sein Gesicht war aschfahl, seine Kiefer mahlten. Aber er hatte es geschafft.

Sie setzten der Welle nach. Die Wassermassen rasten schneller über den Untergrund dahin, als der Helikopter zu folgen vermochte. Eine Anhöhe kam in Sicht, und die Flut schoss darüber hinweg und ergoss sich schäumend in die dahinter liegende Ebene, kaum in ihrer Geschwindigkeit gebremst. Flach, wie das Gelände hier war, würde sie kilometerweit ins Landesinnere vordringen. Johanson sah die Ebene

übersät mit weißen Flecken und erkannte, dass es Schafe waren, die in wilder Flucht davonstoben, und dann waren auch die Schafe verschwunden. Eine Küstenstadt, dachte er, wäre ausradiert worden.

Nein, falsch. Sie wird ausradiert werden. Nicht nur eine. Annähernd jede Stadt, die an den Küsten der nördlichen Meere lag, würde in Mahlstrom versinken. Der Tsunami, wo immer er entstanden war, breitete sich in diesem Augenblick ringförmig aus, wie es der Natur von Impulswellen entsprach. Seine zerstörerische Wucht würde bis nach Norwegen reichen, bis nach Holland, Deutschland, Schottland und Island. Schockartig wurde ihm bewusst, welche Katastrophe sich da ereignete, und er krümmte sich, als habe ihm jemand ein glühendes Eisen in den Unterleib gestoßen.

Ihm fiel ein, wer gerade in Sveggesundet war.

Sveggesundet, Norwegen

Man konnte den Gebrüdern *Hauffen* einen gewissen Unterhaltungswert nicht absprechen, fand Lund. Sie taten weiß Gott alles, um sie zum Bleiben zu bewegen. Sie verstiegen sich sogar zu der Aussage, beide weit bessere Liebhaber zu sein als Kare Sverdrup, wobei sie einander in die Seiten stießen und zuzwinkerten, und Lund musste noch einen Schnaps mit ihnen trinken, bevor sie endlich einwilligten, sie ziehen zu lassen.

Sie sah auf die Uhr. Wenn sie jetzt losginge, käme sie pünktlich ins *Fiskehuset*. So pünktlich, dass es fast schon peinlich war, fand sie plötzlich. Wer so pünktlich ist, hat's nötig. Ein paar Minuten Verspätung würden sie womöglich souveräner dastehen lassen.

Blöde Kuh.

Aber sie musste ja nicht ins *Fiskehuset* hetzen. Die beiden Alten bestanden auf einer Umarmung. Sie sei die Richtige für Kare, schworen sie, eine, die nicht reinspuckt, wenn guter Aquavit serviert wird. Lund musste diverse Komplimente, Witzeleien und gute Ratschläge über sich ergehen lassen, bis einer der beiden sie schließlich aus dem Keller nach oben brachte. Er öffnete ihr die Haustür, sah den schräg herniederprasselnden Regen und befand, ohne Schirm könne sie da nicht rausgehen. Vergebens bemühte sie sich, ihn klar zu machen, dass sie bei Regen grundsätzlich ohne Schirm nach draußen ging. Dass es zu ihrem Beruf gehörte, sich bei jedem Wetter in Freien herumzutreiben. Ebenso gut hätte sie sich mit dem Fußboden unterhalten können. Der Alte ging einen Schirm holen. Es folgte eine neuerliche Umarmung, dann endlich war sie der Fürsorge der Schnapsbrenner entkommen und stapfte durch den Regen zurück in Richtung Restaurant, den geschlossenen Schirm in der Rechten.

Das kann ja heiter werden, dachte sie.

Der Himmel war noch schwärzer geworden, und der Wind blies mit zunehmender Heftigkeit. Sie ging schneller. Hatte sie nicht eben noch vorgehabt, sich Zeit zu nehmen? Du kannst einfach nichts langsam machen, dachte sie. Johanson hat vollkommen Recht. Du lebst ständig auf Vollgas. Na, wenn schon. So war sie eben, und außerdem wollte sie jetzt endlich zu dem Mann, den sie beschlossen hatte zu lieben. Von irgendwoher erklang ein leises Signal. Sie blieb stehen. Das war ihr Handy! Er rief an! Verdammt, seit wann schellte es schon? Atemlos zog sie den Reißverschluss ihrer Jacke herunter und fingerte im Innern nach dem Telefon. Wahrscheinlich hatte er schon mehrfach angerufen, aber in dem Keller dürfte sie kaum Empfang gehabt haben. Da war es. Sie zerrte es hervor und meldete sich in Erwartung, Kares Stimme zu hören.

»Tina?«

Sie stutzte.

»Sigur. Oh, das ist ... das ist schön, dass du anrufst, ich ...«

»Wo warst du denn, verdammt? Ich versuche die ganze Zeit, dich zu erreichen.«

»Tut mir Leid, ich ...«

»Wo bist du jetzt?«

»In Sveggesundet«, sagte sie zögernd. Seine Stimme klang atmosphärisch verzerrt, und offenbar sprach er gegen irgendein lautes Dröhnen an, aber da war noch etwas anderes. Etwas, das sie nie zuvor an ihm gehört hatte und das ihr Angst machte. »Ich gehe am Strand entlang, es ist ein widerliches Dreckswetter, aber du kennst mich ja ...«

»Hau ab!«

»Was?«

»Du sollst machen, dass du da wegkommst.«

»Sigur! Bist du noch bei Trost?«

»Jetzt, sofort.« Er redete weiter, atemlos. Die Worte prasselten auf sie ein wie der Regen, immer wieder gestört durch atmosphärisches Krachen und Rauschen, sodass sie erst glaubte, sich verhört zu haben. Dann begriff sie allmählich, was er ihr erzählte, und ihre Beine schienen sich für einen Moment in Gummi zu verwandeln.

»Ich weiß nicht, wo das Epizentrum liegt«, plärrte sein Stimme. »Offenbar braucht die Welle länger bis zu euch, aber egal, dir bleibt keine Zeit. Hau ab, um Gottes willen, mach, dass du da wegkommst!«

Sie starrte hinaus aufs Meer.

Der Sturm trieb flockige Brandung vor sich her.

»Tina?«, schrie Johanson.

»Ich ... okay.« Sie sog den Atem ein, pumpte ihre Lungen voll Luft. »Okay. Okay!«

Sie warf den Schirm von sich und begann zu laufen.

Durch den Regen konnte sie die Lichter der Restaurants erkennen, gelb und einladend. Kare, dachte sie. Wir müssen einen der Wagen nehmen, deinen oder meinen. Den Jeep hatte sie fünfhundert Meter oberhalb des Restaurants gelassen, aber Kare besaß einige Stellplätze neben dem *Fiskehuset*, wo für gewöhnlich auch sein Wagen stand. Während sie rannte, versuchte sie zu erkennen, ob er dort parkte. Regen lief ihr in die Augen, und sie wischte ihn zornig weg. Dann fiel ihr ein, dass sich die restauranteigenen Plätze auf der anderen Seite des Gebäudes befanden, die von hier nicht zu sehen waren, und sie lief noch schneller.

In das Heulen des Windes und das Tosen der Brandung mischte sich ein neues Geräusch. Eine Art lautes Schlürfen.

Ohne innezuhalten wandte sie den Kopf. Etwas Unvorstellbares geschah. Lund geriet ins Stolpern und konnte nicht anders, als stehen zu bleiben und zuzusehen, wie das Meer verschwand, als habe jemand irgendwo den Stöpsel gezogen. Eine Fläche schwarzen, zerklüfteten Untergrunds kam zum Vorschein, so weit das Auge reichte. Wie im Zeitraffer wich die See zurück. Dann hörte sie das Donnern.

Sie blinzelte und wischte erneut Regenwasser aus ihren Augenwinkeln. Fern am Horizont manifestierte sich etwas Diffuses, Gewaltiges in dem Unwetter und nahm langsam Gestalt an. Zuerst glaubte sie, eine noch schwärzere Wolkenfront zöge dort auf. Doch die Front kam zu schnell näher, und ihre Oberkante war zu gerade.

Lund machte unwillkürlich einen Schritt nach hinten. Sie begann wieder zu rennen.

Ohne Auto war sie verloren, das stand außer Frage. Erst hinter dem Ort, zum Festland hin, führte die Straße auf höheres Gelände. Sie atmete gleichmäßig und tief, um die aufkommende Panik zurückzudrängen, und spürte das Adrenalin in ihre Muskeln schießen. Sie hatte Kraft genug, um endlos weiterlaufen zu können, nur dass es ihr nichts nützen würde. Die Welle war auf alle Fälle schneller.

Vor ihr gabelte sich der Weg, links ging es weiter zum Restaurant, rechts führte eine Abkürzung von der Küste hoch zu dem öffentlichen Platz, wo Johansons Jeep stand. Wenn sie jetzt dort hinauflief, würde sie es bis zum Wagen schaffen. Dann die Straße hoch, über die Anhöhe, alles was der Motor hergab. Aber was würde aus Kare, wenn sie fuhr? Er wäre verloren. Nein, unmöglich, undenkbar, sie konnte nicht einfach verschwinden und ihn hier zurücklassen. Sie wollte nicht weg ohne ihn. Die beiden Alten in der Brennerei hatten gesagt, er sei auf direktem Weg ins *Fiskehuset* gefahren. Gut so, also war er dort, er war dort und wartete auf sie, und er verdiente nicht, allein gelassen zu werden. Sie verdiente nicht länger, allein zu sein. Kein Mensch verdiente es.

Mit Riesensätzen lief sie an der Gabelung vorbei und weiter auf das erleuchtete Gebäude zu. Es war nun nicht mehr weit bis zum *Fiskehuset.* Sie hoffte inständig, dass sein Wagen dort stünde. Das Donnern kam jetzt sehr schnell näher, aber sie versuchte es zu ignorieren und sich nicht lähmen zu lassen von der Angst. Auch sie war schnell. Sie würde schneller sein als die verfluchte Welle, ihre Schnelligkeit würde für zwei reichen.

Die Terrassentür des Restaurants flog auf. Jemand stürzte nach draußen und verharrte, den Blick aufs Meer gerichtet.

Es war Kare.

Sie begann seinen Namen zu rufen. Ihre Stimme verlor sich im Heulen des Windes und dem Donnern der herannahenden Welle. Sverdrup starrte hinaus aufs Meer, ohne zu reagieren. Er kam nicht einmal auf die Idee, in ihre Richtung zu schauen, so verzweifelt sie auch seinen Namen schrie.

Dann lief er fort.

Er verschwand auf der anderen Seite des Hauses. Lund stöhnte auf. Fassungslos hetzte sie weiter. Im nächsten Moment hörte sie schwach das Aufhusten eines Motors durch den Sturm herüberdringen. Sekunden später erschien Kares Wagen an der Rückseite des Restaurants und bewegte sich mit hoher Geschwindigkeit die Straße hinauf und auf die Anhöhe zu.

Ihr Herz drohte stillzustehen.

Das konnte er nicht tun. Er konnte nicht ohne sie fahren. Er musste, musste sie doch gesehen haben!

Er hatte sie nicht gesehen.

Kare würde es schaffen. Vielleicht.

Mutlosigkeit überkam sie. Sie lief weiter, nun nicht mehr zum Restaurant, sondern durch Gestrüpp und Steine hinauf zum Parkplatz. Nachdem sie die Weggabelung verpasst hatte, musste sie durch einen Streifen felsigen Geländes, und hier kam sie weniger schnell voran. Aber es war der einzige Weg, der ihr noch blieb. Ihre letzte Chance war der Jeep. Nach wenigen Metern gelangte sie an eine Absperrung, ein zwei Meter hohes Drahtgitter. Sie griff in die Maschen, zog sich hoch. Mit einem Satz war sie auf der anderen Seite. Wieder hatte sie wertvolle Sekunden verloren, während derer die Welle näher kam. Aber dafür sah sie plötzlich die schwarze Silhouette des Jeeps hinter Vorhängen aus Regen, und er war näher, als sie gedacht hatte, zum Greifen nahe.

Sie lief noch schneller. Die Felsen endeten, gingen in Wiese über. Da war der Beton des Parkplatzes unter ihren Füßen. Gut so! Und dort der Wagen. Vielleicht hundert Meter noch. Weniger. Vielleicht fünfzig.

Vierzig.

Lauf, Tina. Lauf!

Der Beton erbebte. In Lunds Ohren dröhnte und hämmert das Blut. Lauf!

Ihre Hand glitt in die Jackentasche, umfasste den Autoschlüssel. Ihre Stiefelsohlen hämmerten einen gleichmäßigen Takt.

Auf den letzten Metern rutschte sie aus, aber egal, sie war da, ihr Körper schlug gegen den Wagen, aufschließen, schnell!

Sie spürte, wie ihr der Schlüssel entglitt.

Nein, dachte sie, bitte nicht. Nicht das.

Panisch fingerte sie danach, wirbelte herum. Oh Gott, wo war der verdammte Schlüssel, er musste hier liegen, irgendwo, bitte!

Dunkelheit senkte sich herab.

Langsam hob sie den Kopf und sah die Welle.

Plötzlich hatte sie keine Eile mehr. Sie wusste, dass es zu spät war. Sie hatte schnell gelebt, sie würde schnell sterben. Sie hoffte wenigstens, dass es schnell ging. Manchmal hatte sie sich gefragt, wie es wäre zu sterben, was einem im Kopf herumgehen mochte, wenn man definitiv erkannte, dass es so weit war und kein Weg daran vorbeiführte. Der Tod würde sagen, ich bin da. Du hast fünf Sekunden, mach dir ein paar Gedanken, was immer du willst, wir sind heute großzügig, und wenn du möchtest, kannst du dein ganzes Leben nochmal Revue passieren lassen, die Zeit bekommst du. War es nicht so? Hieß es nicht, dass man erstaunlicherweise – in einem sich überschlagenden Auto etwa, im Angesicht eines abgefeuerten Projektils, im Verlauf eines tödlichen Sturzes – sein komplettes Leben an sich vorüberziehen sah, Bilder aus der Kindheit, die erste Liebe, eine Art *Best of?* Jeder sagte, dass es so war, also musste es stimmen.

Aber das Einzige, was Lund empfand, war Angst, der Tod könne ihr wehtun und sie würde Schmerzen leiden müssen. Und dann fühlte sie eine gewisse Scham, dass sie so erbärmlich enden musste. Dass sie es verpatzt hatte. Das war alles. Kein inneres Hollywood. Keine großen Gedanken. Kein würdiger Abschluss.

Vor ihren Augen krachte der Tsunami in Kares Sverdrups Restaurant, schlug es in Trümmer und fegte darüber hinweg.

Die Wasserwand erreichte den Parkplatz.

Sekunden später schoss sie die Anhöhe hinauf.

Kapitel 2

Die Sucher: Vom Patriarchen Proklos bis zum »Schlafenden Propheten«

Ideen und Berichte: Wo und was war oder ist Atlantis?

Wie es ja auch keine Sorge machen kann, ob jene Insel Atlantis ein neuer Erdtheil ist, und ob sie den Alten schon bekannt war, oder erst jetzt entdeckt worden ist. Denn die Entdeckungen hat man in dem Lichte der Natur und nicht in der Finsterniss der alten Zeit zu suchen.

FRANCIS BACON (1561–1626)

Ein letztes großes Erlebnis habe ich noch zu berichten. Hinter Echnaton und hinter Ägypten taucht mir langsam Atlantis auf, die Mutter alles Kulturlebens, die Urheimat der Menschheit. Aber Atlantis ist untergegangen, und hat uns Sehnsucht hinterlassen und jede Freiheit, deren wir mächtig zu werden verstehen. Ich bin glücklich mit dieser Entdeckung und sehe meinem Leben nun ruhiger entgegen. Ich weiß, was mich erwartet, aber ich beginne auch zu ahnen, wo unsre Freiheit blüht.

JAKOB SCHAFFNER (1875–1944)

Auf einer grünen Insel inmitten des Meeres,
dort, wo heute schattige Korallenriffe wachsen,
erhoben sich einst in Stolz und Prunk und Majestät
die Höfe von Atlantis.
In vielen der schimmernden Häuser aus Glas
wandelten die Atlantier; und die Blässe ihrer Gesichter
war wie Elfenbein.

JOHN MASEFIELD (1878–1967)

Papyrus (2000–1750 v. Chr.)

Die Geschichte vom schiffbrüchigen Reisenden

Wir besitzen nämlich eine Geschichte aus der Zeit des Mittleren Königreichs (2000–1750 v. Chr.), die auf Papyrus erhalten und heute in Leningrad ist. Das ist die berühmte Geschichte vom schiffbrüchigen Reisenden, in der ein Ägypter berichtet, wie er schiffbrüchig wurde, als er zu des Pharaos Minen reiste, möglicherweise nach Sina. Seine Vorsicht erwies sich als nutzlos, obwohl er ein Schiff von 120 Ellen Länge und 40 Ellen Breite gewählt hatte, das mit den besten ägyptischen Seeleuten bemannt war. Sie kannten den Himmel und die Erde, und ihre Herzen waren mutiger als die der Löwen. Sie konnten den Sturm vorhersagen, ehe er losbrach, und schlechtes Wetter, ehe es heranzog.

Trotzdem brach ein furchtbarer Sturm los, und eine vom Wind getriebene Welle von acht Ellen Höhe zerschlug das Schiff, und alle kamen dabei um, bis auf unseren schiffbrüchigen Reisenden, der sich an einen Balken klammerte und auf eine Insel geworfen wurde. Dort lebte ein wundervoller Drachen von etwa dreißig Ellen Länge, dessen Körper ganz mit Gold bedeckt war. Sein Bart war mehr als zwei Ellen lang, die Augenbrauen bestanden aus reinem Lapislazuli. Er schnappte den Schiffbrüchigen mit seinen Kiefern und trug ihn zu seinem Lager. Doch er tat ihm nichts Böses, hörte seine Geschichte an und sagte zu ihm, er sei »auf einer Insel im Meer, und beide Küsten lägen in der Mitte von Wellen ... Das ist eine Insel gesegneter Wesen, wo alles gefunden werden kann, was das Herz begehrt, und große Reichtümer dazu ...« Seine Brüder mit all ihren Kindern, alles in allem äußerst glückliche Drachen, lebten auf der Insel, aber einmal, als er abwesend war; fiel ein Stern herab und verbrannte sie alle zu Zunder. Er prophezeite, dass bald ein Ägypter von einem Schiff weggeholt werde, das seinen Landsleuten gehöre, und er würde glücklich und zufrieden im Kreis seiner Familie sterben. Er überhäufte ihn mit Geschenken und sagte, er sei der Herr von Punt, und alle Wohlgerüche und Myrrhen gehörten ihm. Aber »niemals mehr wirst du diese Insel sehen, weil sie von den Wellen verschlungen wird.«

Die Geschichte von der glücklichen Insel mit den zufriedenen Bewohnern, die alle untergehen sollten, war dem Ägypter bekannt. Das ist die Geschichte, die der Priester von Sais mit anderen Traditionen von Atlantis vermischte, weil sie sehr ähnlich waren.

Homer (8. Jh. v. Chr.)
*Das waldumschattete Eiland**
Aber mich kränkt in der Seele des weisen Helden Odysseus Elend, welcher so lang, entfernt von den Seinen, sich abhärmt auf der umfluteten Insel, inmitten des wogenden Meeres. Eine Göttin bewohnt das waldumschattete Eiland, Atlas' Tochter, des allerforschenden, welcher des Meeres dunkle Tiefen kennt und allein die ragenden Säulen hoch hält, welche die Erde vom hohen Himmel sondern.

Theopompos von Chios (um 378–320 v. Chr.)
Das Gespräch über Atlantis
Eines Tages zog das wilde Heer des Dionysos von Thrakien nach Boiotien. Silenos, der alte,verkommene Satyr, der früher der Lehrer des Dionysos war, blieb weit zurück. Man fand den Trunkenen schlafend in den Rosengärten. Die Gärtner fesselten ihn mit Blumenkränzen und führten ihn vor Midas, dem er wundersame Geschichten von einem weiten Land jenseits des Okeanos erzählte. Es läge nicht in Europa, Asien oder Afrika; es sei mit herrlichen Städten geschmückt und von gigantischen, glücklichen und langlebenden Bewohnern bevölkert. Sie erfreuten sich eines bemerkenswerten Rechtssystems. Einst soll sich dort eine große Expedition – wenigstens zehn Millionen Teilnehmer stark – aufgemacht haben, um auf dem Seewege den Okeanos zu überqueren und die Hyperboreer zu besuchen. Als sie aber erfuhren, dass deren Land das beste wäre, das ihnen die Alte Welt anbieten konnte, kehrten sie enttäuscht zurück.

---

* Stadien = Maßeinheit der Antike, die sich vorn Stadion, der Rennbahn für den Wettlauf, ableitete. Das attisch-rörnische Stadion betrug 178,6 m

Aristoteles (384–322)

Denn auch diese sind große Inseln

Viele andere Länder aber lassen sich denken, die diesem gegenüber in der Ferne liegen; die einen größer als dieses, die andern kleiner; uns aber alle, außer diesem hier, unsichtbar. Wie nämlich die Inseln bei uns zu diesen Meeren sich verhalten: so das genannte Land zu dem Atlantischen Meere, und so viele andere zu dem ganzen Meere. Denn auch diese sind große Inseln, von großen Gewässer umspült.

Proklos (412–485 n. Chr.)

Über Platos »Atlantis«

Dass eine derartige und so große Insel (wie Atlantis) einst existierte, geht ganz eindeutig aus dem hervor, was bestimmte Historiker über das äußere Meer schreiben. Nach ihnen gab es in diesem Meer zu ihrer Zeit sieben Inseln, die Persephone unterstanden, und drei andere große, von denen eine Pluto geweiht war, eine Ammon und eine Poseidon, und diese letzte hatte eine Flächenausdehnung von tausend Stadien. Sie sagten ferner, dass die Bewohner dieser Poseidon unterstehenden Insel die Erinnerung an ihre Vorfahren bewahrten und an die atlantische Insel, die sich einst dort befand und die wahrhaft wundervoll war. Sie beherrschte jahrhundertelang alle Inseln im Atlantischen Meer und war ebenfalls Poseidon geweiht.

Bartolomé de las Casas (1474–1566)

Jene große Insel (Atlantis!)

Kolumbus konnte vernünftigerweise glauben und hoffen, dass, obgleich jene große Insel (Atlantis!) verloren und versunken war, andere zurückgeblieben sein würden oder wenigstens das Festland und dass, wenn man sie suchte, man sie finden würde.

Pedro Sarmiento de Gamboa (um 1532 – nach 1572)

Die atlantische Insel

Die Indien von Spanien bildeten Kontinente mit der atlantischen Insel und waren folglich die atlantische Insel selbst, die vor Cádiz lag und sich über das Meer erstreckte, das wir überqueren, wenn wir zu den Indien segeln, das Meer, das alle Kartenmacher den Atlantischen Ozean nennen, da die atlantische Insel sich in ihm befand. Und so segeln wir jetzt über das Meer, das früher Land war.«

Ernst Theodor Amadeus Hoffmann (1776–1822)
Es ist nun an der Zeit, dass ich nach Atlantis wandle
Es ist nun an der Zeit, dass ich nach Atlantis wandle und aus der Hand der hohen mächtigen Königin das Geschenk empfange, das sie zum Zeichen der Versöhnung mir versprach, und das dem Schmerz, der deine Brust, o König Ophioch, zerreißt, den vernichtenden Stachel rauben wird. – Der Gedanke zerstörte die Anschauung, aber dem Prisma des Kristalls, zu dem die feurige Flut im Vermählungskampf mit dem feindlichen Gift gerann, entstrahlt die Anschauung neugeboren, selbst Fötus des Gedankens! – Lebe wohl, König Ophioch! in dreizehnmal dreizehn Monden siehst du mich wieder, ich bringe dir die schönste Gabe der versöhnten Mutter, die deinen Schmerz auflöst in höchste Lust, vor der der Eiskerker zerschmilzt, in dem dein Gemahl, die Königin Liris, der feindlichste aller Dämonen so lange gefangen hielt. – Lebe wohl, König Ophioch!« –

Mit diesen geheimnisvollen Worten verließ der alte Magus den jungen König, in der Tiefe des Waldes verschwindend.

Thomas Henry Martin (1813–1844)
Die Insel Atlantis
Die Insel Atlantis ist nicht in Eleusis, Cypern, Kanaan, Spitzbergen, Schweden, Madeira oder Amerika zu suchen, sondern lediglich in der oberen Welt der Gedanken und urbildlichen Ideen.

Heinrich Schliemann (1822–1890)
How I found the lost Atlantis
Ein noch nicht gelüftetes Geheimnis verbindet Schliemanns Namen mit der Atlantis-Legende und wurde durch Egerton Sykes an die Öffentlichkeit gebracht: Mehr als zwei Jahrzehnte nach dem

Tod des deutschen Archäologen am 20. Oktober 1912, erschien im American, New York, einer Randolph Hearst gehörenden Tageszeitung, ein Artikel, How I found the lost Atlantis. Im Untertitel war der Name Paul Schliemann erwähnt, der sich als Enkelsohn des großen Archäologen bezeichnete. Im Artikel hieß es, dass Heinrich Schliemann wenige Tage vor seinem Tod in Neapel einem Freund einen versiegelten Umschlag gab, auf dem stand: Nur von einem Mitglied meiner Familie zu öffnen, das ernstlich schwört, sein ganzes Leben den darin umrissenen Forschungen zu widmen ... Auf seinem Totenbett habe Schliemann außerdem nach Papier und Bleistift verlangt, um folgende Mitteilung Zu schreiben:

Vertrauliche Mitteilung zum versiegelten Umschlag: Zerbrich die eulenköpfige Vase. Gib auf den Inhalt acht. Er betrifft Atlantis. Erforsche den Osten der Tempelruinen von Sais und den Friedhof im Chacuna-Tal. Wichtig. Es beweist das System. Die Nacht kommt. Leb wohl.

Schliemanns Enkelsohn Paul, wenn er wirklich der Autor des sensationellen Artikels war, beschloss, nach Jahren der Weltreisen etwas für seine Familie zu tun, holte den Brief von einer französischen Bank ab, öffnete den Umschlag und publizierte dessen Inhalt. Danach hat Heinrich Schliemann ein 19 Punkte umfassendes Testament hinterlassen mit Dokumentationen und Hypothesen. Die Kursiveinschiebungen sind von Mr. Sykes, der den Text in seiner Zeitschrift Atlantis, Bd. 4, Nr. 5, Jan. 1952, wie folgt abdruckte:

1. Ich bin zu der Überzeugung gekommen, dass das untergegangene Atlantis nicht nur ein großes Territorium zwischen Amerika und der Westküste von Amerika und Europa war, sondern die Wiege unserer Zivilisation. Unter den Wissenschaftlern gab es darüber viele Diskussionen. Eine Gruppe behauptet, die Überlieferung von Atlantis sei reine Fiktion, die sich auf die bruchstückhaften Berichte von einer Sintflut etliche tausend Jahre vor der christlichen Ära stützt. Andere erklären die Überlieferung für ganz und gar geschichtlich, wenn sich auch kein absoluter Beweis erbringen lässt.

2. Bei dem anliegenden Material sind Berichte zu finden, für die Beweise in meinem Geist existieren. Wer immer diese Mission auf sich nimmt, ist nur verpflichtet, meine Forschungen weiterzuführen und einen endgültigen Bericht darüber abzugeben unter Benützung des Materials, das ich hiermit zurücklasse, mir aber den mir zukommenden Teil dieser Entdeckungen zuzugestehen. In der Bank von Frankreich ist ein spezielles Depot errichtet. Die Summe ist auszuzahlen an den Überbringer der beigeschlossenen Quittung, und sie müßte die Kosten der Forschung decken. Der Allmächtige möge ihm bei seinen Bemühungen beistehen.

3. 1875 grub ich die Ruinen von Troja bei Hissarlik aus und entdeckte in der zweiten Stadt den berühmten Schatz des Priamus. Unter diesen Schätzen fand ich eine seltsame Bronzevase von beträchtlicher Größe. Darinnen waren einige Stücke Töpferei, verschiedene kleine Bilder aus seltsamen Metall, Münzen aus dem gleichen Metall und Gegenstände, die aus versteinerten Knochen hergestellt waren. Einige dieser Gegenstände und die Bronzevase waren graviert mit einem Satz in phönizischen Hieroglyphen. Er heißt: Vom König Chronos von Atlantis.

4. Ihr, die ihr dieses lest, könnt euch meine Aufregung vorstellen! Hier war der erste, der allererste materielle Beweis dieses großen Kontinents, dessen Legende in der ganzen Welt seit unendlichen Zeiten lebendig ist. Ich hielt dieses Material geheim, da ich es zur Grundlage neuer Nachforschungen zu machen gedachte, die sich, wie ich denke, als viel wichtiger herausgestellt hätten als die Entdeckung von hundert Trojas.

5. 1883 fand ich im Louvre eine Sammlung von Gegenständen, die in Tiahuanaco in Zentralamerika ausgegraben worden waren. (Dies war offensichtlich ein Schreibfehler; entweder es war Tiahuanaco in Südamerika, oder Teotihuacan in Zentralamerika. Ist ersteres korrekt, so wäre dies das früheste wahrscheinliche Bindeglied zwischen der Kultur vom Titicacasee und Atlantis.) Unter ihnen entdeckte ich Töpfereien von genau dem gleichen Material und denselben Formen, und Gegenstände aus versteinerten Knochen, die Linie für Linie denen gli-

chen, die ich in der Bronzevase aus den Schätzen des Priamos gefunden hatte! Diese Ähnlichkeit kann kein Zufall sein! Form und Ausschmückung waren dafür zu einfach. Es liegt außerhalb der Möglichkeiten des Zufalls, dass zwei Künstler in so weit auseinanderliegenden Ländern wie Zentralamerika und Kreta (ein offensichtlicher Schreibfehler; hier müßte es Kleinasien heißen, und jene Kritiker der Geschichte, die sich an dem ersten stoßen, mögen ihn wohl übersehen haben) zwei Vasen, und ich erwähne nur einen der Gegenstände, mit genau der gleichen Form und Größe machen, die beide merkwürdige Eulenköpfe haben, welche bei beiden Vasen auf die genau gleiche Art angeordnet sind.

6. Die zentralamerikanischen Vasen trugen keine phönizischen Schriftzeichen, überhaupt keine Schrift irgendeiner Art. Ich eilte weg, um meine eigenen Gegenstände zu überprüfen, und überzeugte mich durch Tests und erschöpfende Untersuchungen, dass die Inschriften von anderen Händen gemacht worden waren, nachdem die Gegenstände selbst hergestellt wurden.

7. Ich sicherte Stücke dieser gleichartigen Dinge von Tiahuanaco (hier gilt wieder die vorige Bemerkung wegen eines Schreibfehlers) und unterwarf sie chemischen und mikroskopischen Analysen. Diese Tests bewiesen schlüssig, dass sowohl die zentralamerikanischen Vasen wie auch die von Troja aus dem gleichen merkwürdigen Lehm hergestellt waren, und später erfuhr ich absolut sicher, dass es diesen Lehm weder im alten Phönizien noch in Zentralamerika gibt.

8. Die Metallgegenstände ließ ich analysieren, da ich nicht erkennen konnte, aus welchem Material sie bestanden. Das Metall war anders als jedes, das ich je gesehen habe. Die chemische Analyse erwies, dass dieses Material aus Platin, Aluminium und Kupfer war, eine Legierung, die noch nie vorher bei Altertumsfunden entdeckt worden war und noch heute unbekannt ist.

9. Gegenstände also, die absolut gleichartig sind und eine zweifellos gemeinsame Quelle haben, wurden in so weit voneinander getrennten Gebieten gefunden. Diese Gegenstände sind nicht

phönizisch, mykenisch und nicht aus Zentralamerika. Welcher Schluss ergibt sich daraus? Dass sie beide von einem gemeinsamen Zentrum an diese zwei Plätze kamen. Die Inschrift auf den Objekten gab dieses Zentrum an – Atlantis.

10. Dass diese Gegenstände große Verehrung genossen, geht klar daraus hervor, dass sie sich im Schatz des Priamos befunden hatten, und auch aus dem besonderen Behältnis, in dem sie gefunden wurden. Ihr Charakter ließ bei mir keinen Zweifel aufkommen, dass sie Gegenstände heiliger Zeremonien waren und aus dem gleichen Tempel kamen.

11. Diese außerordentliche Entdeckung und meine nachlassende Gesundheit veranlassten mich, meine Ermittlungen schneller voranzutreiben. Im Museum in St. Petersburg fand ich eine der ältesten existierenden Papyrusrollen. Sie war geschrieben unter der Regierung des Pharao Sent (Senedi) in der Zweiten Dynastie, gegen 4571 v. Chr. Er enthielt eine Beschreibung, wie der Pharao eine Expedition in den Westen zusammenstellte und ausschickte, die Spuren des Landes Atlantis suchen sollte, von woher vor 3350 Jahren die Vorfahren der Ägypter kamen und alle Weisheiten ihres Geburtslandes mit sich brachten. Ein anderer Papyrus im gleichen Museum, von Manetho geschrieben, bezieht sich auf einen Zeitraum von 13900 Jahren des Bestehens der Sagen von Atlantis. Dieser Papyrus stellt dies an den Anfang der ägyptischen Geschichte, der etwa 16000 Jahre zurückliegt.

12. Eine Inschrift, die ich am Löwentor in Mykene auf Kreta (dies müßte Griechenland heißen) ausgrub, erwähnt, dass Misor, von dem der Inschrift entsprechend die Ägypter abstammen, das Kind von Taaut oder Thot war, des Gottes der Geschichte, und Taaut sei der emigrierte Sohn ›eines Priesters von Atlantis‹ gewesen, der sich in eine Tochter des Königs Chronos verliebt habe, entkommen sei und nach vielen Wanderungen in Ägypten landete. Er hat den ersten Tempel in Sais gebaut und hier lehrte er die Weisheit seines Geburtlandes. Diese volle Inschrift ist überaus wichtig, und ich habe sie geheimgehalten. Du wirst sie in den Papieren finden.

13. Eine der Tafeln meiner trojanischen Ausgrabungen beschreibt auch eine medizinische Behandlung ägyptischer Priester, denn durch viele Jahrhunderte bestand eine Verbindung zwischen Kreta (hier müßte es Kleinasien heißen) und Ägypten. Es ging um die Entfernung des grauen Stars aus einem Auge und eines Geschwürs in den Eingeweiden durch eine Operation. In einem spanischen Manuskript in Berlin habe ich fast die gleiche Formel gelesen; dessen Schreiber bekam sie von einem Aztekenpriester in Mexiko, und dieser Priester hatte sie aus einem alten Maya-Manuskript.

14. Als ich meine Schlussfolgerungen zog, musste ich feststellen, dass weder die Ägypter noch die Mayas, von denen die Zivilisation von Zentralamerika ausging, große Seefahrer waren. Sie hatten keine Schiffe, den Atlantik zu überqueren, und sie taten es auch nicht. Und doch sind Leben und Zivilisation der Ägypter und Mayas einander so perfekt ähnlich, dass an einen Zufall hier nicht zu denken ist In der Natur oder in der Geschichte gibt es keine solchen Zufalle. Die einzige Möglichkeit ist die, wie die Legende sagt, dass es hier einen großen Kontinent gab, der die sogenannte Neue Welt mit der Alten Welt verband. Vielleicht waren damals Europa und Amerika von Ungeheuern bewohnt. Afrika hatte möglicherweise eine affenähnlich Negerrasse. Der Mensch in unserem Sinn hat sie nicht überrannt. Aber da gab es ein Land, in dem die Zivilisation so hoch war wie die unsere, wenn nicht vielleicht noch höher, und dieses Land blühte. Die Außenbezirke waren der Rand der Wildnis. Das war Atlantis. Von Atlantis aus wurden in Ägypten und Zentralamerika Kolonien errichtet.

15. Die Religion der Ägypter war überwiegend eine Sonnenverehrung. Ra war der Sonnengott der Ägypter. Die Religion der Mayas in Zentralamerika war ebenso eine Sonnenreligion. Ra-Na war der Gott der alten Peruaner.

16. Meine langen archäologischen Studien verschiedener Nationen haben bewiesen, dass alle Spuren ihrer frühesten Kindheit und ersten Reife aufweisen. Aber es ist mir nicht gelungen, ein rohes oder wildes Ägypten zu finden, oder eine grobe, barbarische Mayarasse. Beide Nationen waren schon in ihren frühesten

Perioden reif, geschickt, stark und weise. Ich habe nie eine Zeit gefunden, in der sie nicht die Fähigkeiten gehabt hätten, ihre Arbeiten zu organisieren, Kanäle zu graben, Straßen, Pyramiden und Tempel zu bauen, die Felder zu bewässern; und es gab nie eine Zeit, da sie nichts wussten von Medizin, Astronomie und den Grundsätzen einer hochorganisierten Regierung. Wie die Mayas, so hatten auch die Ägypter die Einehe, und Städte und Tempel bauten sie im gleichen Stil. Sie hatten ein technisches Wissen und eine Geschicklichkeit, die unseren zeitgenössischen Ingenieuren ein Rätsel ist. Weder die Ägypter noch die Mayas waren eine schwarze Rasse, sie waren gelb. Beide Nationen hatten Sklaven und eine Intellektuellenklasse, aber die Beziehungen zwischen den Klassen waren herzlich und menschlich. Die Grundlagen ihrer Regierungsweise waren die gleichen.

17. Lepsius fand die gleichen heiligen Symbole in den Zeremonien der Ägypter wie in denen der Peruaner. Le Plongeon, der große französische Archäologe (Le Plongeon war französischer Abkunft, aber gegen Ende seines Lebens amerikanischer Staatsbürger) entdeckte in Chichen Itza in Yukatan die Figur eines Gottes, der klumpfußig war und alle Attribute des Großen Gottes Toth der Ägypter aufwies.

18. Bei den ägyptischen und amerikanischen Pyramiden war die Außenseite mit einer dicken Lage glatten, glänzenden Zements von solcher Stärke bedeckt, wie ihn unsere heutigen Baufachleute nicht herstellen können. Alexander von Humboldt (der deutsche Forscher in Zentral- und Südamerika, 1769–1859) war der Meinung, die Pyramide von Choula sei vom gleichen Typ wie der Tempel des Jupiter in Belus.

19. Sowohl in Amerika als auch in Ägypten waren die Pyramiden im gleichen Stil erbaut. Auf beiden Seiten des Atlantik habe ich die Pyramiden so vorgefunden, dass ihre vier Seiten astronomisch wie die vier Arme des Kreuzes angelegt waren und in dieselbe Richtung wiesen. Bei beiden liegt die Linie durch den Mittelpunkt auf dem astronomischen Meridian. Die Konstruktion mit Treppen und Stufen ist die gleiche, und in beiden Fällen sind die größeren Pyramiden der Sonne geweiht.

Helena Petrowna Blavatsky (1831–1891)
So geheim war die Kenntnis von der letzten Insel Atlantis
Dies war den Priestern von Ägypten und Platon selbst bekannt, und nur der feierliche Eid der Geheimhaltung, welcher sich sogar auf die Mysterien des Neuplatonismus erstreckte, verhinderte es, dass die ganze Wahrheit gesagt wurde. So geheim war die Kenntnis von der letzten Insel Atlantis fürwahr – wegen der übermenschlichen Kräfte, die ihre Einwohner besaßen, die letzten unmittelbaren Abkömmlinge der Götter oder Göttlichen Könige, wie man dachte –, dass die Veröffentlichung ihrer Wohnorte und ihres Daseins mit dem Tode bestraft wurde.

Scott – Eliott, William (1873–1943)
Wissen und Verkehr in Atlantis
Die Schulen und Gymnasien von Atlantis wurden sämtlich vom Staate unterhalten, sowohl während der toltekischen Ära, als auch während der folgenden Kulturperioden. Die Elementarschulen hatte jedes Kind durchzumachen; die sich daran anschließende Erziehung war jedoch je nach den Umständen eine sehr unterschiedliche. Die Haltung in der Elementarschule entschied über die Zulassung zu den Hochschulen. Diejenigen, welche sich für das Studium als tauglich erwiesen, wurden zu den Hochschulen zugelassen und dort ungefähr vom zwölften Jahre an zusammen mit den natürlich besser begabten Kindern der herrschenden Klassen unterrichtet.

Lesen und Schreiben wurde als bloße Vorbereitung betrachtet und bereits in den Elementarschulen gelehrt, für die große Menge des Volkes jedoch nicht für notwendig gehalten, da diese ihr Leben ganz lediglich mit den vom Gemeinwesen erforderten Garten-, Feld- und Handarbeiten beschäftigt war.

Die meisten Kinder wurden daher sofort denjenigen technischen Schulen übergeben, für die sie sich nach ihren Fähigkeiten am besten eigneten. Unter diesen Schulen nahmen die Ackerbauschulen die erste Stelle ein. Auch in einigen Zweigen der Mechanik wurde Unterricht erteilt; in den außenliegenden Bezirken war natürlich der Unterricht in Jagd und Fischerei mit eingeschlossen. Auf diese Weise genossen alle Kinder den ihnen dienstlichsten Unterricht neben entsprechender Erziehung. Die Kinder mit höheren Anlagen, welche wie bemerkt lesen und schreiben lernten, empfingen eine viel sorgfältigere Erziehung. Die Eigenschaften der Pflanzen und ihre Heilwirkungen bildeten einen hervorragenden Teil ihrer Studien. Anerkannte Ärzte gab es damals nicht; jeder gebildete Mann war mehr oder weniger sowohl in der Arzneikunde als auch in magnetischen Heilkünsten bewandert. Chemie, Mathematik und Astronomie wurden auch gelehrt Der Unterricht in solchen Fächern war dem unsrigen einigermaßen analog; aber das Streben der Lehrer galt in erster Linie der Entwicklung der psychischen Fähigkeiten und der Eröffnung des Verständnisses der Schüler für die verborgeneren Kräfte in der Natur. Sowohl die okkulten Eigenschaften der Pflanzen, Metalle und Edelsteine, als auch die alchimistischen Umwandlungsprozesse waren hierbei eingeschlossen. Im Verlauf der Zeit bildete aber die Entwicklung jener persönlichen Kraft, welche Bulwer Lytton »Vril« nennt und deren Benützung er in seiner »Kommenden Rasse«. ziemlich genau beschrieben, bei den für die höhere Erziehung der atlantischen Jugend bestimmten Gymnasien mehr und mehr den Gegenstand ganz besonderer Pflege. Der Verfall der Rasse kennzeichnete sich dadurch, dass für die Vorrückung zu den höheren Stufen des Unterrichts nicht mehr Verdienst und Fähigkeit entscheidend waren, sondern dass die sich mehr und mehr abschließenden herrschenden Klassen den Zugang zum höheren, so viel Macht verschaffenden Wissen nur noch ihren eigenen Kindern gestatteten …

Wie Leser theosophischer Literatur wissen werden, ist Weizen durchaus kein Erzeugnis der Erde. Er war vielmehr ein Geschenk des Manu, welcher ihn von einem anderen, nicht zu unserer Erdkette gehörigen Globus brachte. Dagegen sind Hafer und einige unserer eigenen Getreidearten das Ergebnis von Kreuzungen zwischen Weizen und den von der Erde selbsterzeugten Gräsern. Die diese Resultate erzielenden Experimente wurden in den Ackerbauschulen von Atlantis angestellt. Solche Experimente waren natürlich von höherem Wissen geleitet. Am bemerkenswertesten ist die den atlantischen Ackerbauschulen gelungene Erzeugung des Pisangs oder der Banane. In ihrem ursprünglichen wilden Zustand glich sie einer verlängerten Melone mit kaum etwas Fleisch, doch voller Samen, wie eben eine Melone ist. Nur Jahrhunderte (wenn nicht Jahrtausende) lang fortgesetzte peinliche Züchtung und Auswahl konnte natürlich die gegenwärtige samenlose Pflanze hervorbringen …

Erzeugungs- und Kreuzungsversuche wurden fortwährend bei verschiedenen Tierarten gemacht, und so merkwürdig es uns auch scheinen mag, wurde zur Unterstützung der Entwicklung künstliche Hitze allgemein angewandt, sodass sich die Ergebnisse der Kreuzung und Zwischenzeugung schneller zeigen konnten. Dabei wurden in der Regel in den Zimmern, wo solche Versuche stattfanden, zur Erzielung verschiedener Resultate verschiedenfarbige Lichter verwendet.

Diese Beherrschung und Umwandlung der Tierformen durch den menschlichen Willen führt uns auf einen recht überraschenden und sehr mysteriösen Gegenstand. Über das vom Manu zu verrichtende Werk ist oben berichtet worden. Aus dem Geiste des Manu nun gehen alle Verbesserungen des Typus und der in jeder Lebensform verborgen liegenden Fähigkeiten hervor. Um die Verbesserung der tierischen Formen aber zu bewerkstelligen, bedarf es der Hilfe und Mitwirkung des Menschen. Die damals im Überfluss vorhandenen amphibischen und reptilischen Formen hatten ihren Zyklus vollendet und waren bereit, in die vorgeschritteneren Formen der Vögel und Säugetiere überzugehen. Diese Formen bildeten das erste, dem Menschen zur Verfügung gestellte Material, und der Ton war zur Annahme jeder Form bereit, die des Töpfers Hände daraus formen konnten. Besonders mit Tieren in Zwischenstadien der Entwicklung stellte man viele der obenerwähnten Experimente an, und zweifellos sind die gezähmten Tiere, wie die Pferde, welche jetzt dem Menschen so große Dienste leisten, ein Ergebnis dieser damals von den Menschen unter Mitwirkung des Manu und der ihm Unterstellten gemachten Versuche. Die Mitwirkung dabei wurde den Menschen jedoch bald entzogen. Selbstsucht erlangte die Oberhand, und Krieg und Zwietracht führten das Ende des goldenen Zeitalters der Tolteken herbei. Als die Menschen, statt sich unter der Leitung ihrer initiierten Könige einer redlichen, einem gemeinsamen Zweck dienenden Arbeit zu unterziehen, einander zu befeinden begannen, wurden die Tiere, welche allmählich unter der Pflege des Menschen mehr und mehr nützlichen und häuslichen Zwecken dienliche Formen hätten annehmen können, ihrem eigenen Instinkt überlassen und folgten natürlich dem Beispiel ihrer Beherrscher, indem sie einander gleichfalls nachzustellen anfingen. Einige waren in der Tat durch den Menschen schon wirklich dressiert und auf Jagdzügen verwendet worden; so wurden denn die oben erwähnten halbgezähmten, katzenartigen Tiere die Vorfahren der Leoparden und Jaguars.

Es scheint, dass der Löwe eine sanftere Natur und ein weniger wildes Aussehen hätte erhalten können, wenn die Menschen jener Tage die ihnen gestellte Aufgabe zu Ende geführt hätten. Mag er nun dazu bestimmt sein, »mit dem Lamm sich niederzulegen und Heu zu fressen wie der Ochse«, oder nicht; sein dem Geiste des Manu vorschwebendes Bild ist noch nicht verwirklicht worden; denn das Bild war dasjenige eines gewaltigen, aber gezähmten Tieres, ein kraftvolles, geradrückiges Geschöpf mit großen, intelligenten Augen, dazu bestimmt, dem Menschen als starkes Zugtier zu dienen.

Eine Beschreibung der »Stadt der goldenen Tore« und ihrer Umgebung muss der Betrachtung ihres merkwürdigen Wasserversorgungs-Systems vorausgeschickt werden. Die Stadt lag, wie wir gesehen haben, an der östlichen Küste des Kontinents, nahe am Meere und ungefähr 15° nördlich vom Äquator. Die Umgebung der Stadt bildete eine wunderschöne, bewaldete, parkähnliche Gegend. Die Villen der reicheren Klassen dehnten sich in dieser Gegend weit aus. Gegen Westen lag eine Reihe Berge, welche das Wasser zur Versorgung der Stadt lieferten. Die Stadt selbst war auf den Abhängen eines Hügels erbaut, welcher sich aus der Ebene ungefähr 500 Fuß erhob. Auf dem Gipfel dieses Hügels lagen der Palast und die Gärten des Kaisers. Inmitten der Gärten quoll aus der Erde ein unversieglicher Strom Wasser, der zuerst den Palast und die Springbrunnen der Gärten versorgte, sodann in vier Richtungen abfloss und kaskadenartig in einen Kanal oder Wassergraben fiel, der die Schloßgrundstücke umfasste und sie so von der unten auf beiden Seiten liegenden Stadt trennte. Aus diesem Kanal führten vier kleinere Kanäle das Wasser durch die vier Viertel der Stadt zu Kaskaden, welche ihrerseits einen anderen anschließenden, zu einer niedriger gelegenen Fläche führenden Kanal versorgten. Es gab 3 solcher Kanäle, welche konzentrische Kreise bildeten, deren äußerster und niedrigster sich noch über dem flachen Lande befand. Ein vierter, aber ein Viereck bildender Kanal in der Tiefebene empfing das beständige fließende Wasser und ließ es seinerseits ins Meer abfließen. Die Stadt dehnte sich über einen Teil der Tiefebene bis zum Rande des großen, äußersten Wassergrabens aus, welcher sie umgab und mit einer Reihe von ungefähr 12 englische Meilen langen Wasserstraßen über 10 englische Quadratmeilen beschützte.

Es ist somit ersichtlich, dass die Stadt drei große, je von einem Kanal eingefasste Gürtel bildete. Der gerade unter dem Palast liegende obere Gürtel hatte das charakteristische Aussehen einer kreisrunden Rennbahn mit großen, öffentlichen Gärten. Die meisten Häuser der Hofbeamten lagen in diesem Gürtel, und hier befand sich auch eine Anstalt, zu der die Parallele in neuerer Zeit fehlt. Der Ausdruck »Herberge« hat bei uns keinen guten Klang; diese aber war ein wahrer Palast, wo alle Fremden, welche die Stadt besuchen wollten, während ihres beliebig langen Aufenthalts bewirtet und als Gäste der Regierung behandelt wurden. Die frei stehenden Häuser der Einheimischen und die durch die ganze Stadt zerstreuten, verschiedenen Tempel füllten die andern beiden Gürtel aus. Während der toltekischen Glanzperiode scheint wirkliche Armut dort unbekannt gewesen zu sein – selbst die in den meisten Häusern gehaltenen Sklaven wurden gut genährt und gekleidet. Doch gab es immerhin eine Anzahl verhältnismäßig armer Häuser sowohl im nördlichen Teil des untersten Gürtels, als auch außerhalb des äußersten Kanals nach dem Meere zu. Die Bewohner dieses Teils lagen meistens der Schifffahrt ob, und ihre Häuser waren, wenn auch freistehend, doch enger zusammengebaut als in anderen Bezirken.

Man ersieht aus dem Obigen, dass die Einwohner auf diese Weise nie Mangel an reinem, beständig durch die Stadt fließenden Trinkwasser hatten. Die oberen Gürtel und der Kaiserpalast waren durch eine Reihe von ringförmig gegen den Mittelpunkt ansteigenden Wassergräben geschützt.

Es erfordert wohl nicht viel Kenntnisse in der Mechanik, um sich lebhaft vorstellen zu können, wie großartig diese zur Sicherung der Wasserversorgung notwendigen Anlagen gewesen sein müssen; denn zur Zeit ihrer Blüte betrug die Einwohnerzahl der »Stadt der goldenen Tore« innerhalb ihrer 4 Kreise von Wassergräben über 2 Millionen. Kein solches Wasserversorgungssystem ist je in griechischen, römischen, noch neueren Zeiten in Angriff genommen worden – und es ist wirklich sehr zweifelhaft, ob unsere geschicktesten Ingenieure selbst bei ungeheuerem Geldaufwande ein solches Werk zustande bringen würden.

Eine kleine Beschreibung seiner Hauptbestandteile dürfte nicht uninteressant sein. Ein zwischen den Bergen westlich der Stadt etwa 2600 Fuß hoch liegender See speiste die Wasserleitung. Die Hauptleitung von ovalem Querschnitt, 50 Fuß breit, 30 Fuß hoch, führte unterirdisch zu einem ungeheuren herzförmigen Reservoir. Dieses lag tief unter dem Palast, genau auf der Basis des Hügels, auf dem der Palast und die Stadt erbaut waren. Aus diesem riesigen Wasserbehälter drang das Wasser in einem senkrechten, ungefähr 500 Fuß (150 rn) hohen Schacht durch den harten Felsen empor und sprudelte in den Palastgrundstücken auf, von wo es durch die Stadt verteilt wurde. Aus dem Zentralreservoir führten auch mehrere Röhren nach verschiedenen Teilen der Stadt, um Trinkwasser zu liefern und die öffentlichen Brunnen zu speisen. Schleusenanlagen waren zur Regelung oder Absperrung der Wasserzufuhr in den verschiedenen Distrikten gleichfalls vorhanden.

Aus dem Obigen wird es jedem einigermaßen in der Mechanik Bewanderten einleuchten, dass der Druck in der unterirdischen Leitung und dem Zentralreservoir, aus dem das Wasser ohne Anwendung von Hilfsmitteln zu dem Bassin in den Palastgärten emporstieg, ganz enorm und die Widerstandsfähigkeit des verwendeten Materials folglich geradezu ungeheuer gewesen sein müssen.

Wenn schon das Wasserversorgungssystem in der »Stadt der goldenen Tore« bewunderungswürdig war, so müssen die Methoden der Fortbewegung in Atlantis als noch erstaunlichere bezeichnet werden. Denn das Luftschiff oder die Flugmaschine, welche Keely in Amerika und Maxim in England neuerdings zu erfinden versucht haben, war damals eine Tatsache. Doch war es niemals ein allgemein gebrauchtes Transportmittel. Sklaven und Mägde, sowie die breite Masse, die von ihrer Hände Arbeit lebten, waren auf die mühseligen Landwege angewiesen, oder mussten in rohgebauten, mit festen Rädern versehenen, von seltsamen Tieren gezogenen Karren reisen. Die Luftboote müssen, in Anbetracht der verhältnismäßig wenigen Leute, welche solche besaßen, als die damaligen Privatwagen, oder besser Privatjachten gelten; denn ihre Herstellung muss immer schwierig und kostspielig gewesen sein. Sie waren in der Regel nicht zur Aufnahme vieler Personen gebaut. Viele konnten nur zwei, einige 6 oder 8 Passagiere aufnehmen. Später, als Krieg und Streit das Ende des goldenen Zeitalters herbeigeführt hatten, wurden die Seekriegsschiffe in großer Anzahl durch Luftkriegsschiffe ersetzt, welche natürlich mit weit stärkeren Zerstörungsmaschinen versehen waren als erstere. Diese Luftschiffe konnten fünfzig, manchmal sogar bis zu hundert kämpfende Männer aufnehmen.

Das zu den Luftbooten verwendete Material war entweder Holz oder Metall. Die ersten Luftboote wurden aus Holz erbaut unter Benützung außerordentlich dünner Bretter, die aber mit einer Substanz getränkt wurden, welche das Gewicht nicht wesentlich erhöhte, ihnen aber ledergleiche Zähigkeit gab und die notwendige Vereinigung von Leichtigkeit und Stärke herstellte. Bei der Verwendung von Metall war es allgemein eine Legierung: zwei weiße Metalle und ein rotes bildeten die Komposition. Das gewonnene Metall war weißfarbig, gleich dem

Aluminium, aber noch leichter. Das rohe Rahmenwerk des Luftbootes wurde mit diesern Metall vollständig beschlagen und, wo erforderlich, elektrisch zusammengeschweißt. Die Außenseiten, sowohl bei Verwendung von Metall, als von Holz, waren dem Anschein nach fugenlos und vollkommen glatt; im Dunkeln glänzten die Boote wie mit einem hellleuchtenden Anstrich versehen.

Ihre Form glich einem Wasserboot, aber sie waren beständig überdeckt, denn bei vollem Lauf war der Aufenthalt auf dem Oberdeck, selbst wenn man sich in gesicherter Stellung befand, nicht ratsam. Schraube und Steuer konnten von beiden Ende des Bootes aus in Gang gesetzt werden.

Aber die allerinteressanteste Frage dabei ist die nach der Triebkraft. Anfangs scheint persönliches Vril die Triebkraft geliefert zu haben – wobei nicht viel darauf ankommt, ob dies mit Hilfe irgend einer mechanischen Vorrichtung geschah – später aber wurde dieses durch eine Kraft ersetzt, welche, obgleich auf eine für uns unbekannte Weise erzeugt, nichtsdestoweniger durch bestimmte maschinelle Vorrichtungen arbeitete. Dieser durch die Wissenschaft noch nicht entdeckten Kraft kommt diejenige, welche sich Keely in Amerika anzuwenden bemüht, näher als die von Maxirn benutzte elektrische. Sie war in der Tat von ätherischer Natur; aber, wenn wir auch der Lösung des Problems nicht näher gekommen sind, so kann doch die Methode ihrer Anwendung beschrieben werden. Die maschinellen Vorrichtungen glichen sich ohne Zweifel in den verschiedenen Fahrzeugen nicht immer. Die folgende Beschreibung betrifft ein Luftboot, worin einmal drei Gesandte des über den nördlichen Teil von Poseidonis herrschenden Königs die Reise an den Hof des im Süden residierenden machten. Ein starker, schwerer Metallkasten in der Mitte des Bootes war die Kraftquelle. Von da floß die Kraft durch zwei große biegsame Röhren, sowohl nach beiden Enden des Schiffes, als auch durch acht, die Schiffslänge entlang an den Plankenbekleidungen befestigte Hilfsröhren. Diese hatten doppelte, senkrecht nach oben und unten gerichtete Öffnungen. Beim Antritt der Reise wurden die Ventile der 8 nach abwärts gerichteten Planken-Röhren geöffnet – alle anderen Ventile dagegen geschlossen. Der sie durchfließende Strom stieß mit solcher Kraft auf die Erde, dass das Boot aufwärts getrieben wurde, während die Luft selbst als der nötige weitere Stützpunkt diente. Sobald das Boot sich genügend erhoben hatte, wurde die biegsame Röhre an dem der Fahrtrichtung entgegengesetzten Ende des Schiffes in Aktion gesetzt, während der durch die 8 lotrechten Röhren fließende Strom durch teilweise Schließung der Ventile auf die zur Festhaltung der erreichten Höhe erforderliche geringere Stärke vermindert wurde. Der jetzt durch die abwärts gerichtete, zu dem Schiffshinterteil ungefähr einen Winkel von 45 Grad bildende große Röhre geleitete Hauptstrom half einerseits die erreichte Höhe festhalten und gab andererseits die große, zur Fortbewegung des Schiffes in der Luft erforderliche Triebkraft ab. Die Steuerung geschah durch den Ausfluss des Stromes aus dieser Röhre; denn der geringste Wechsel in ihrer Richtung verursachte sofort eine Änderung im Kurse des Schiffes. Dennoch war beständige Aufsicht hierbei nicht erforderlich. Wenn eine lange Reise zu machen war, konnte die Röhre festgemacht werden, sodass fast bis zum Bestimmungsort eine Bedienung derselben nicht nötig war. Die größte erreichte Geschwindigkeit betrug ungefähr 100 engl. Meilen pro Stunde; die Flugbahn war niemals geradlinig, sondern immer wellenförmig, dem Erdboden bald näher, bald ferner. Die Flughöhe belief sich nur auf einige 100 Fuß, sodass , wenn hohe Berge in der Fluglinie lagen, die Richtung gewechselt und der Berg umfahren werden musste, – die verdünntere Luft leistete nicht länger die nötige Stütze. Hügel von etwa 1000 Fuß Höhe waren das Höchste, was überfahren werden konnte. Das Mittel zum Anhalten des Schiffes an seinem Bestimmungsort oder auch inmitten der Luft bestand darin, einen Teil des Stromes durch die am vorderen Ende des Bootes angebrachte Röhre entweichen zu lassen, wobei der nunmehr vom auf das Land oder die Luft aufstoßende Strom wie eine Bremse wirkte; gleichzeitig wurde durch das Schließen des Ventils hinten die vorwärts treibende Kraft allmählich vermindert. Der Zweck der 8 von den

Planken aufwärts gerichteten Röhren ist noch zu erläutern. Diese kamen namentlich beim Luftkrieg in Anwendung. Die Kriegsschiffe, im Besitz einer so gewaltigen Kraft, richteten den Strom natürlich gegeneinander. Dieser konnte, wenn er das feindliche Luftschiff traf, sein Gleichgewicht stören und es von oberst und unterst wenden, eine Lage, von der des Feindes Schiff profitieren konnte, um einen Angriff mit der Ramme zu machen. Dabei drohte bei nicht rascher Schließung und Öffnung der nötigen Ventile noch die weitere Gefahr, aus der Höhe herabgestürzt zu werden. In welcher Lage auch immer das Fahrzeug sich befinden mochte, stets musste natürlich der Strom durch die nach der Erde gerichteten Röhren fließen, während die aufwärts gerichteten Röhren geschlossen sein mussten. Die Mittel zur Wiederaufrichtung und waagerechten Stellung des Kiels eines umgewendeten Schiffes bestanden einzig in dem Gebrauch der vier nur auf einer Seite des Schiffes abwärts gerichteten Röhren, während die vier an der anderen Seite geschlossen gehalten wurden.

Die Atlantier hatten auch durch eine der oben erwähnten ähnliche Kraft getriebene Seeschiffe; der hierzu schließlich als am wirksamsten erfundene Kraftstrom war aber dichter als der bei den Luftschiffen in Anwendung gebrachte.

Rudolf Steiner (1861–1925)

Unsere atlantischen Vorfahren

Der Anfang soll gemacht werden mit Schilderungen derjenigen Tatsachen, die sich abspielten, als zwischen Amerika und Europa noch das sogenannte atlantische Festland vorhanden war. Auf diesem Teil unserer Erdoberfläche war einstmals Land. Der Boden dieses Landes bildet heute den Grund des Atlantischen Ozeans. Plato erzählt noch von dem letzten Rest des Landes, der Insel Poseidonis, die westwärts von Europa und Afrika lag. Dass der Meeresboden des Atlantischen Ozeans einstmals Festland war, dass er durch etwa eine Million von Jahren der Schauplatz einer Kultur war, die allerdings von unserer heutigen sehr verschieden gewesen ist: dies, sowie die Tatsache, dass die letzten

Reste dieses Festlandes im zehnten Jahrtausend v. Chr. untergegangen sind, kann der Leser in dem Büchlein »Atlantis, nach okkulten Quellen, von W. Scott-Elliot« nachlesen. Hier sollen Mitteilungen gegeben werden über diese uralte Kultur, welche Ergänzungen bilden zu dem in jenem Buche Gesagten. Während dort mehr die Außenseite, die äußeren Vorgänge bei diesen unseren atlantischen Vorfahren geschildert werden, soll hier einiges verzeichnet werden über ihren seelischen Charakter und über die innere Natur der Verhältnisse, unter denen sie lebten. Der Leser muss sich also in Gedanken zurückversetzen in ein Zeitalter, das fast zehntausend Jahre hinter uns liegt und das viele Jahrtausende hindurch gedauert hat. Was hier geschildert wird, hat sich aber nicht allein auf dem von den Wassern des Atlantischen Ozeans überfluteten Festland abgespielt, sondern auch auf den benachbarten Gebieten des heutigen Asien, Afrika, Europa und Amerika. Und was sich in diesen Gebieten später abspielte, hat sich aus jener früheren Kultur heraus entwickelt. – Ueber die Quellen der hier zu machenden Mitteilungen bin ich heute noch verpflichtet, Schweigen zu beobachten. Wer über solche Quellen überhaupt etwas weiß, wird verstehen, warum das so sein muss. Aber es können Ereignisse eintreten, die auch ein Sprechen nach dieser Richtung hin sehr bald möglich machen. Wieviel von den Erkenntnissen, die im Schoße der theosophischen Strömung verborgen liegen, nach und nach mitgeteilt werden darf, das hängt ganz von dem Verhalten unserer Zeitgenossen ab. – Und nun soll das erste der Schriftstücke folgen, die hier verzeichnet werden können.

Unsere atlantischen Vorfahren

Unsere atlantischen Vorfahren waren mehr verschieden von den gegenwärtigen Menschen als sich derjenige vorstellt, der mit seinen Erkenntnissen sich ganz auf die Sinnenwelt beschränkt. Nicht nur auf das äußere Aussehen erstreckt sich diese Verschiedenheit, sondern auch auf die geistigen Fähigkeiten. Ihre Erkenntnisse und auch ihre technischen Künste, ihre ganze Kultur war anders, als das ist, was heute beobachtet werden kann. Gehen wir in die ersten Zeiten der atlantischen Menschheit zurück, so finden wir eine von der unsrigen ganz verschiedene Geistesfähigkeit. Der logische Verstand, die rechnerische Kombination, auf denen alles beruht, was heute hervorgebracht wird, fehlten den ersten Atlantiern ganz. Dafür hatten sie ein hochentwickeltes Gedächtnis. Dieses Gedächtnis war eine ihrer hervorstechendsten Geistesfähigkeiten. Sie rechneten zum Beispiel nicht, wie wir, dadurch, dass sie sich gewisse Regeln aneigneten, die sie dann anwendeten. Ein ›Einmaleins‹ war etwas in den atlantischen Zeiten ganz Unbekanntes. Niemand hatte seinem Verstande eingeprägt, dass dreimal vier zwölf ist. Dass er sich in dem Falle, wo er eine solche Rechnung auszuführen hatte, zurechtfand, beruhte darauf, dass er sich auf gleiche oder ähnliche Fälle besann. Er erinnerte sich, wie das bei früheren Gelegenheiten war. Man muss sich nur klarmachen, dass jedesmal, wenn sich in einem Wesen eine neue Fähigkeit ausbildet, eine alte an Kraft und Schärfe verliert. Der heutige Mensch hat gegenüber dem Atlantier den logischen Verstand, das Kombinationsvermögen voraus. Das Gedächtnis ist dafür zurückgegangen. Jetzt denken die Menschen in Begriffen; der Atlantier dachte in Bildern. Und wenn ein Bild vor seiner Seele auftauchte, dann erinnerte er sich an so und so viele ähnliche Bilder, die er bereits erlebt hatte. Danach richtete er sein Urteil ein. Deshalb war damals auch aller Unterricht anders als in späteren Zeiten. Er war nicht darauf berechnet, das Kind mit Regeln auszurüsten, seinen Verstand zu schärfen. Es wurde ihm vielmehr in anschaulichen Bildern das Leben vorgeführt, sodass es später sich an möglichst viel erinnern konnte, wenn es in diesen oder jenen Verhältnissen handeln sollte. War das Kind erwachsen und kam es ins Leben hinaus, so konnte es sich bei allem, was es tun sollte, erinnern, dass ihm etwas Ähnliches in seiner Lehrzeit vorgeführt worden war. Es fand sich am besten zurecht, wenn der neue Fall irgendeinem schon gesehenen ähnlich war. Unter ganz neuen Verhältnissen war der Atlantier immer wieder aufs Probieren angewiesen, während dem heutigen Menschen in dieser Beziehung vieles erspart ist, weil er mit Regeln ausgerüstet wird. Diese kann er auch in den Fällen leicht anwenden, welche ihm noch nicht begegnet sind.

Ein solches Erziehungssystem gab dem ganzen Leben etwas Gleichförmiges. Durch sehr lange Zeiträume hindurch wurden immer wieder und wieder die Dinge in der gleichen Weise besorgt. Das treue Gedächtnis ließ nichts aufkommen, was der Raschheit unseres heutigen Fortschrittes auch nur im entferntesten ähnlich wäre. Man tat, was man früher immer ›gesehen‹ hatte. Man erdachte nicht; man erinnerte sich. Eine Autorität war nicht der, welcher viel gelernt hatte, sondern wer viel erlebt hatte und sich daher an viel erinnern konnte. Es wäre unmöglich gewesen, dass in der atlantischen Zeit jemand vor Erreichung eines gewissen Alters über irgendeine wichtige Angelegenheit zu entscheiden gehabt hätte. Man hatte nur zu dem Vertrauen, der auf lange Erfahrung zurückblicken konnte.

Das hier Gesagte gilt nicht von den Eingeweihten und ihren Schulen. Denn sie sind ja dem Entwickelungsgrade ihres Zeitalters voraus. Und für die Aufnahme in solche Schulen entscheidet nicht das Alter, sondern der Umstand, ob der Aufzunehmende in seinen früheren Verkörperungen sich die Fähigkeiten erworben hat, höhere Weisheit aufzunehmen. Das Vertrauen, das den Eingeweihten und ihren Agenten während der atlantischen Zeit entgegengebracht worden ist, beruhte nicht auf der Fülle ihrer persönlichen Erfahrung, sondern auf dem Alter ihrer Weisheit. Beim Eingeweihten hört die Persönlichkeit auf, eine Bedeutung zu haben. Er steht ganz im Dienste der ewigen Weisheit. Daher gilt ja für ihn auch nicht die Charakteristik irgendeines Zeitabschnittes.

Während also die logische Denkkraft den (namentlich früheren) Atlantiern noch fehlte, hatten sie an der hochentwickelten Gedächtniskraft etwas, was ihrem ganzen Wirken einen besonderen Charakter gab. Aber mit dem Wesen der einen menschlichen Kraft hängen immer andere zusammen. Das Gedächtnis steht der tieferen Naturgrundlage des Menschen näher als die Verstandeskraft, und mit ihm im Zusammenhange waren andere Kräfte entwickelt, die auch noch denjenigen untergeordneter Naturwesen ähnlicher waren als die gegenwärtigen menschlichen Betriebskräfte. So konnten die Atlantier das beherrschen, was man

Lebenskraft nennt. Wie man heute aus den Steinkohlen die Kraft der Wärme herausholt, die man in fortbewegende Kraft bei unseren Verkehrsmitteln verwandelt, so verstanden es die Atlantier, die Samenkraft der Lebewesen in ihren technischen Dienst zu stellen. Von dem, was hier vorlag, kann man sich durch folgendes eine Vorstellung machen. Man denke an ein Getreidesamenkorn. In diesem schlummert eine Kraft. Diese Kraft bewirkt ja, dass aus dem Samenkorn der Halm hervorsprießt. Die Natur kann diese im Korn ruhende Kraft wecken. Der gegenwärtige Mensch kann es nicht willkürlich. Er muss das Korn in die Erde senken und das Aufwecken den Naturkräften überlassen. Der Atlantier konnte noch etwas anderes. Er wusste, wie man es macht, um die Kraft eines Kornhaufens in technische Kraft umzuwandeln, wie der gegenwärtige Mensch die Wärmekraft eines Steinkohlenhaufens in eine solche Kraft umzuwandeln vermag. Pflanzen wurden in der atlantischen Zeit nicht bloß angebaut, um sie als Nahrungsmittel zu benutzen, sondern um die in ihnen schlummernden Kräfte dem Verkehr und der Industrie dienstbar zu machen. Wie wir Vorrichtungen haben, um die in den Steinkohlen schlummernde Kraft in unseren Lokomotiven in Bewegungskraft umzubilden, so hatten die Atlantier Vorrichtungen, die sie – sozusagen – mit Pflanzensamen heizten, und in denen sich die Lebenskraft in technisch verwertbare Kraft umwandelte. So wurden die in geringer Höhe über dem Boden schwebenden Fahrzeuge der Atlantier fortbewegt. Diese Fahrzeuge fuhren in einer Höhe, die geringer war als die Höhe der Gebirge der atlantischen Zeit, und sie hatten Steuervorrichtungen, durch die sie sich über diese Gebirge erheben konnten.

Man muss sich vorstellen, dass mit der fortschreitenden Zeit sich alle Verhältnisse auf unserer Erde sehr verändert haben. Die genannten Fahrzeuge der Atlantier wären in unserer Zeit ganz unbrauchbar. Ihre Verwendbarkeit beruhte darauf, dass in dieser Zeit die Lufthülle, welche die Erde umschließt, viel dichter war als gegenwärtig. Ob man sich nach heutigen wissenschaftlichen Begriffen eine solch größere Dichte der Luft leicht vorstellen kann, darf uns hier nicht beschäftigen. Die Wissenschaft und das logische Denken können, ihrem ganzen Wesen nach, niemals etwas darüber entscheiden, was möglich oder unmöglich ist. Sie haben nur das zu erklären, was durch Erfahrung und Beobachtung festgestellt ist. Und die besprochene Dichtigkeit der Luft steht für die okkulte Erfahrung so fest, wie nur irgendeine sinnlich gegebene Tatsache von heute feststehen kann. – Ebenso steht fest aber auch die vielleicht der heutigen Physik und Chemie noch unerklärlichere Tatsache, dass damals das Wasser auf der ganzen Erde viel dünner war als heute. Und durch diese Dünnheit war das Wasser durch die von den Atlantiern verwendete Samenkraft in technische Dienste zu lenken, die heute unmöglich sind. Durch die Verdichtung des Wassers ist es unmöglich geworden, dasselbe in solch kunstvoller Art zu bewegen, zu lenken, wie das ehedem möglich war. Daraus geht wohl zur Genüge hervor, dass die Zivilisation der atlantischen Zeit von der unsrigen gründlich verschieden gewesen ist. Und es wird daraus weiter begreiflich sein, dass auch die physische Natur eines Atlantiers eine ganz andere war als die eines gegenwärtigen Menschen. Der Atlantier genoß ein Wasser, das von der in seinem eigenen Körper innewohnenden Lebenskraft ganz anders verarbeitet werden konnte, als dies im heutigen physischen Körper möglich ist. Und daher kam es, dass der Atlantier willkürlich seine physischen Kräfte auch ganz anders gebrauchen konnte als der heutige Mensch. Er hatte sozusagen die Mittel, in sich selbst die physischen Kräfte zu vermehren, wenn er sie zu seinen Verrichtungen brauchte. Man macht sich nur richtige Vorstellungen von den Atlantiem, wenn man weiß, dass sie auch ganz andere Begriffe von Ermüdung und Kräfteverbrauch hatten als der Mensch der Gegenwart.

Eine atlantische Ansiedlung – das geht wohl schon aus allem Beschriebenen hervor – trug einen Charakter, der in nichts dem einer modernen Stadt glich. In einer solchen Ansiedlung war vielmehr noch alles mit der Natur im Bunde. Nur ein schwach ähnliches Bild gibt es, wenn man etwa sagt: In den ersten atlantischen Zeiten – etwa bis zur Mitte der dritten Unterrasse – glich eine Ansiedlung einem Garten, in dem die Häuser sich aufbauen aus Bäumen, die in künstlicher Art mit ihren Zweigen ineinandergeschlungen sind. Was Menschenhand damals erarbeitete, wuchs gleichsam aus der Natur heraus. Und der Mensch selbst fühlte sich ganz und gar mit der Natur verwandt. Daher kam es, dass auch sein gesellschaftlicher Sinn noch ein ganz anderer war als heute. Die Natur ist ja allen Menschen gemeinsam. Und was der Atlantier auf der Naturgrundlage aufbaute, das betrachtete er ebenso als Gemeingut, wie der heutige Mensch nur natürlich denkt, wenn er das, was sein Scharfsinn, sein Verstand erarbeitet, als sein Privatgut betrachtet.

Wer sich mit dem Gedanken vertraut macht, dass die Atlantier mit solchen geistigen und physischen Kräften ausgestattet waren, wie sie geschildert worden sind, der wird auch begreifen lernen, dass in noch früheren Zeiten die Menschheit ein Bild aufweist, das nur noch in wenigem erinnert an das, was man heute zu sehen gewohnt ist. Und nicht nur die Menschen, sondern auch die sie umgebende Natur hat sich im Laufe der Zeiten gewaltig verändert. Die Pflanzen- und Tierformen sind andere geworden. Die ganze irdische Natur hat Wandlungen durchgemacht. Vorher bewohnte Gebiete der Erde sind zerstört worden; andere sind entstanden. – Die Vorfahren der Atlantier wohnten auf einem verschwundenen Landesteil, dessen Hauptgebiet südlich vom heutigen Asien lag. Man nennt sie in theosophischen Schriften die Lemurier. Nachdem diese durch verschiedene Entwickelungsstufen durchgegangen waren, kam der größte Teil in Verfall. Er wurde zu verkümmerten Menschen, deren Nachkommen heute noch als sogenannte wilde Völker gewisse Teile der Erde bewohnen. Nur ein kleiner Teil der lemurischen Menschheit war zur Fortentwickelung fähig. Aus diesen bildeten sich die Atlantier. – Auch später fand wieder etwas ähnliches statt. Die größte Masse der atlantischen Bevölkerung kam in Verfall, und von einem kleinen Teil stammen die sogenannten Arier ab, zu denen unsere gegenwärtige Kulturmenschheit gehört. Lemurier, Atlantier und Arier sind, nach der Benennung der Geheimwissenschaft, Wurzelrassen der Menschheit. Man denke sich zwei solcher Wurzelrassen den Lemuriern vorangehend und zwei den Ariern in der Zukunft folgend, so gibt das im ganzen sieben. Es geht immer eine aus der andern in der Art hervor, wie dies eben in bezug auf Lemurier, Atlantier und Arier angedeutet worden ist. Und jede Wurzelrasse hat physische und geistige Eigenschaften, die von denen der vorhergehenden durchaus verschieden sind. Während zum Beispiel die Atlantier das Gedächtnis und alles, was damit zusammenhängt, zur besonderen Entfaltung brachten, obliegt es in der Gegenwart den Ariern, die Denkkraft und das, was zu ihr gehört, zu entwickeln.

Aber auch in jeder Wurzelrasse selbst müssen verschiedene Stufen durchgemacht werden. Und zwar sind es immer wieder sieben. Im Anfange des Zeitraumes, der einer Wurzelrasse zugehört, finden sich die Haupteigenschaften derselben gleichsam in einem jugendlichen Zustande; und allmählich gelangen sie zur Reife und zuletzt auch zum Verfall. Dadurch zerfällt die Bevölkerung einer Wurzelrasse in sieben Unterrassen. Nur hat man sich das nicht so vorzustellen, als ob eine Unterrasse gleich verschwinden würde, wenn eine neue sich entwickelt. Es erhält sich vielleicht eine jede noch lange, wenn neben ihr andere sich entwickeln. So leben immer Bevölkerungen auf der Erde nebeneinander, die verschiedene Stufen der Entwickelung zeigen.

Die erste Unterrasse der Atlantier entwickelte sich aus einem sehr fortgeschrittenen und entwickelungsfähigen Teile der Lemurier. Bei diesen zeigte sich nämlich die Gabe des Gedächtnisses nur in den aller ersten Anfängen und nur in der letzten Zeit ihrer Entwickelung. Man muss sich vorstellen, dass ein Lemurier sich zwar Vorstellungen bilden konnte von dem, was er erlebte; aber er konnte diese Vorstellungen nicht bewahren. Er vergaß sofort wieder, was er sich vorgestellt hatte. Dass er dennoch in einer gewissen Kultur lebte, zum Beispiel Werkzeuge hatte, Bauten ausführte und so weiter, das verdankte er nicht seinem eigenen Vorstellungsvermögen, sondern einer geistigen Kraft in sich, die, um das Wort zu brauchen, instinktiv war. Nur hat man sich darunter nicht den heutigen Instinkt der Tiere, sondern einen solchen anderer Art vorzustellen.

In theosophischen Schriften wird die erste Unterrasse der Atlantier Rmoahals genannt. Das Gedächtnis dieser Rasse war vorzüglich auf lebhafte Sinneseindrücke gerichtet. Farben, die das Auge gesehen hatte, Töne, die das Ohr gehört hatte, wirkten lange in der Seele nach. Das drückte sich darin aus, dass die Rmoahals Gefühle entwickelten, die ihre lemurischen Vorfahren noch nicht kannten. Die Anhänglichkeit zum Beispiel an das, was in der Vergangenheit erlebt worden ist, gehört zu diesen Gefühlen.

An der Entwickelung des Gedächtnisses hing nun auch diejenige der Sprache. Solange der Mensch das Vergangene nicht bewahrte, konnte auch eine Mitteilung des Erlebten durch die Sprache nicht stattfinden. Und weil in der letzten lemurischen Zeit die ersten Ansätze zu einem Gedächtnisse stattfanden, so konnte damals auch die Fähigkeit ihren Anfang nehmen, das Gesehene und Gehörte zu benennen. Nur Menschen, die ein Erinnerungsvermögen haben, können mit einem Namen, der einem Dinge beigelegt ist, etwas anfangen. Die atlantische Zeit ist daher auch diejenige, in welcher die Sprache ihre Entwickelung fand. Und mit der Sprache war ein Band hervorgebracht zwischen der menschlichen Seele und den Dingen außer dem Menschen. Dieser erzeugte das Lautwort in seinem Innern; und dieses Lautwort gehörte zu den Gegenständen der Außenwelt. Und auch ein neues Band entsteht zwischen Mensch und Mensch durch die Mitteilung auf dem Wege der Sprache. Das alles war zwar bei den Rmoahals noch in einer jugendlichen Form; aber es unterschied sie doch in tiefgehender Art von ihren lemurischen Vorvätern.

Nun hatten die Kräfte in den Seelen dieser ersten Atlantier noch etwas Naturkräftiges. Diese Menschen waren gewissermaßen noch verwandter den sie umgebenden Naturwesen als ihre Nachfolger. Ihre Seelenkräfte waren noch mehr Naturkräfte als die der gegenwärtigen Menschen. So war auch das Lautwort, das sie hervorbrachten, etwas Naturgewaltiges. Sie benannten nicht bloß die Dinge, sondern in ihren Worten lag eine Macht über die Dinge und auch über ihre Mitmenschen. Das Wort der

Rmoahals hatte nicht bloß Bedeutung, sondern auch Kraft. Wenn man von einer Zaubermacht der Worte spricht, so deutet man etwas an, was für diese Menschen weit wirklicher war als für die Gegenwart. Wenn der Rmoahalsmensch ein Wort aussprach, so entwickelte dieses Wort eine ähnliche Macht wie der Gegenstand selbst, den es bezeichnete. Darauf beruht es, dass Worte in dieser Zeit heilkräftig waren, dass sie das Wachstum der Pflanzen fördern, die Wut der Tiere zähmen konnten, und was ähnliche Wirkungen mehr sind. All das nahm an Kraft bei den späteren Unterrassen der Atlantier immer mehr und mehr ab. Man könnte sagen, die naturwüchsige Kraftfülle verlor sich allmählich. Die Rmoahalsmenschen empfanden diese Kraftfülle durchaus als eine Gabe der mächtigen Natur; und dieses ihr Verhältnis zur Natur trug einen religiösen Charakter. Insbesondere die Sprache hatte für sie etwas Heiliges. Und der Missbrauch gewisser Laute, denen eine bedeutende Kraft innewohnte, ist etwas Unmögliches gewesen. Jeder Mensch fühlte, dass solcher Missbrauch ihm einen gewaltigen Schaden bringen müßte. Der Zauber derartiger Worte hätte in sein Gegenteil umgeschlagen; was, in richtiger Art gebraucht, Segen gestiftet hätte, wäre, frevelhaft angewendet, dem Urheber zum Verderben geworden. In einer gewissen Unschuld des Gefühles schrieben die Rmoahals weniger sich selbst, als vielmehr der in ihnen wirkenden göttlichen Natur ihre Macht zu.

Dmitri Sergejewitsch Mereschkowski (1866–1941)
Land unter dem Wasser – Atlantis
Die anscheinend älteste druidische Sage vom König Artur ist dem ägyptischen Mythos von Osiris, dem König des ewigen Westens, verwandt. Der Bruder Seth erschlägt den Osiris, den König Artur seines Bruders Sohn; die Schwestern erwecken beide zum Leben, jedoch nicht endgültig: wie Osiris von Isis, so wird auch Artur von seiner Schwester, nicht tot und nicht lebend – eine Mumie –, in einem Kahn in das Reich des Schatten gebracht – nach einigen Sagen einer Insel im großen Meer des Westens, nach andern einem ›Land unter dem Wasser‹, Avalun, wo er bis zum Tage der Auferstehung ruhen soll.

Das druidische Avalun, das ägyptische Aalu, das babylonische Aralu und vielleicht auch das altmexikanische Aztlan sind dasselbe: ›Land unter dem Wasser‹ – Atlantis. Ist dem so, dann wird König Artur und Osiris dort dem Quetzalcoatl begegnen, wie Herakles dem Gilgamesch, Henoch dem Atlas, sie alle leidende Gottmenschen, die Schatten des kommenden Sohnes.

Rufen wir uns alles, was wir über das Cro-Magnon wissen, ins Gedächtnis zurück: da ist ein neues, geistig und physisch außerordentlich hochstehendes, urplötzlich und unbekannt woher an den europäischen Küsten des Atlantik aufgetauchtes Volk; eine Reihe von Kolonien längs der mittelländisch-atlantischen Straße, von Gadeira bis zum Hermon; eine außereuropäische, vollkommen fertige Kultur, gleichsam ein über der Nacht der Eiszeit aufgehendes Gestirn; vielfältige Zusammenhänge – in Sprache, Kleidung, Schädelbildung, Hautfarbe, Religion – mit den Volksstämmen des vorgeschichtlichen Amerika auf der einen Seite der zertrümmerten Festlandsbrücke über den Atlantik, mit den Guanchen auf der andern; alte Erinnerungen an die Heimat als Insel. Denken wir an das alles, so dürfte die Schlussfolgerung klar sein: Atlantis ist Europa; Atlantis schimmert durch Europa hindurch, wie der Meeresboden durch klares Wasser.

Ob Europa zum zweiten Atlantis werden wird oder nicht – das erste ist es jedenfalls gewesen; sein Anfang und sein Ende haben sich noch nicht zusammengeschlossen, sie können sich aber im Kreise der Ewigkeit schließen.

Harmonie über der Disharmonie, Maß über der Maßlosigkeit, Kosmos über dem Chaos, Exaktheit und Klarheit des Denkens, Erkenntnis der Natur – ›Naturalismus‹ im tiefsten und weitesten Sinne – das ist der hellenische Genius Europas in der Geschichte; er ist es auch in der Vorgeschichte. »Die Cro-Magnon sind die Griechen der Steinzeit«. Die weiblichen Bildnisse der Höhlen von Aurignac »erinnern an die modernen Kubisten«, der Pferdekopf von Mas d'Azil aber »ist des Parthenons würdig«. Das ist der Weg der Cro-Magnon-Kunst, vom Parthenon bis zum Kubismus. jegliche Kunst ist in ihrem religiösen Gebiet ›Magie‹, Wille zur übernatürlichen Macht über die

Natur; die Kunst des Paläolithikums ist es aber ganz besonders. Die Skulpturen und Malereien an den Höhlenwänden des Magdalenien – später des Cro-Magnon sind ein nie und nirgends wiederholtes, vielleicht auch nicht zu wiederholendes Wunder der Kunst. »Nach diesen Leistungen gebührt den Menschen des Quartärs einer der höchsten Plätze in der Geschichte der Zivilisation«, sagt ein Gelehrter. Und ein anderer: »Es hätte bei den Ureinwohnern des europäischen Westens nur noch einiger Anstrengungen zur besseren Kenntnis des menschlichen Körpers und der Pflanzenwelt bedurft, um sie zu einer hohen Kunst gelangen zu lassen, denn sie waren begabter als jene Völker, von denen wir die Anfänge der Kunst übernommen haben, die Babylonier, die Ägypter – vielleicht sogar begabter als die Griechen … Das Verschwinden des Magdalenien war ein großes Unglück für die Menschheit: hätte es sich nicht ereignet, so wäre die Welt rasch vorwärtsgeschritten und das herrliche Zeitalter des Perikles vielleicht ein paar Jahrtausende früher angebrochen.«

»Vielleicht war Nordamerika durch Atlantis mit Europa verbunden«, sagt derselbe Gelehrte. Ist dem so, dann ließe sich das hier vom Magdalenien Gesagte mit noch größerem Rechte von Atlantis sagen: »Sein Untergang war ein großes Unglück für die Menschheit.« Das soll heißen: zwischen Europa und Atlantis bestand ein tiefer geistiger Zusammenhang.

Die Stärke der Höhlenmaler liegt in einer besonderen Schärfe des Auges, die wir nicht mehr besitzen: unser postdiluviales Auge ist so trübe und stumpf geworden, dass wir gewissermaßen schon halb erblindet sind; wir kennen manche Stellungen in sehr schneller Bewegung befindlicher Körper, wie zum Beispiel den ›fliegenden Lauf‹ der Tiere – galop volant –, nur aus photographischen Momentaufnahmen. Der Höhlenmensch aber sieht dies alles und hält es in seinem Kunstwerk fest.

Seine Hauptstärke aber liegt nicht in der Schärfe des physischen, sondern in der des geistigen Gesichts. Wir sehen die Natur, wie einen fremden Körper, von außen; er sieht sie, wie seinen eigenen, von innen. Über alle uns beschwerenden Einzelheiten, über so viele ›Splitter und Balken‹ in unserm Auge hinweg erfasst er den Gegenstand und dringt mit einem einzigen geistigen Zug in seine Seele.

Wir ›lieben die Natur‹; er liegt an ihrem Herzen und hört es klopfen, wie ein Kind im Mutterleibe den Herzschlag der Mutter. Dieses Einssein des Menschen mit der Natur, dieses gleichsam gemeinsame Atmen mit der Natur ist eben der Quell der ›Magie‹, der übernatürlichen Macht über die Natur: man beherrscht nur, was man genau kennt.

Wilhelm Bölsche (1861–1939)

Haben wir ein altes Sagenwort: Atlantis.

Für ein Land aber, das den atlantischen Ozean durchsetzen, einengen, teilweise ausfüllen wollte, haben wir ein altes Sagenwort: Atlantis. Die griechische Sage kennt auf Grund ägyptischer Überlieferung eigentlich so ein Land, das noch in höheren Kulturtagen parallel zu Altägypten jenseits der Säulen des Herkules, also modern gesprochen der Straße von Gibraltar, mitten im atlantischen Ozean gelegen haben soll. Sehr hohe Kultur sollte dort geblüht haben, in einer Nacht der Schrecken aber hätte der Ozean selber es wieder verschlungen. Es ist auch hier, wie bei der Sintfluterzählung, schwer, mit der Sage geologisch zu rechten, Man hat an mancherlei Möglichkeiten gedacht: alte Ahnungen von Amerika; alte afrikanische Kultur, deren Ort später sagenhaft geworden wäre. Will man sich auf einen Ort gerade westlich von Spanien versteifen, so ist wohl mit ziemlicher Gewissheit zu sagen, dass in diesem eigentlichen Mittelstück des Atlantischen Ozeans in allen bekannten Erdperioden niemals ein größeres Land gewesen ist, also vollends nicht noch in Kulturtagen. Höchstens kleine Landvorsprünge und vereinzelte Inseln könnten hier in Betracht kommen. Dagegen sind wir eben für das Kambrium ja an einem Lande vorbeigefahren, das südatlantisch Afrika mit Brasilien verband, einem atlantischen Lande wirklich und wahrhaftig fast so groß wie dreiviertel Afrika selber. Und nun haben wir entsprechend auch ein solches nordatlantisches Sperrland. Für die Sage kommen allerdings auch diese Wunderländer der Vorzeit wahrscheinlich nicht in Betracht. Das afrikanisch-brasilische hat zwar auch nach der kambrischen Zeit noch viele Jahrmillionen bestanden, aber zuletzt ist es doch endgültig fortgebröckelt, fortgeschwemmt worden bereits in Tagen, aus denen von Kulturüberlieferung noch keine Rede sein kann, denn der Mensch war noch gar nicht da; seine tierischen Vorfahren können ihm doch nicht gut von dieser »Atlantis« erzählt haben. Die letzte Brücke des nordatlantischen Festlandes aber dürfte im Ausgang der Tertiärzeit zerbrochen sein: hier könnten also höchstens noch Menschen mit Steinkultur der Neandertaler durchgezogen sein, aber auch keine Ableger ägyptischer Weisheit mehr geblüht haben. Inzwischen ist aber das hübsche Wort zu vergeben. Will man es auf die beiden atlantischen Sperrländer der Geologie übertragen, so hätten wir unten eine Südatlantis, oben eine Nordatlantis. Da aber für die Südatlantis in der Hochblüte ihres Bestehens noch ein anderer Name übergreifend bedeutsam wird, empfiehlt es sich, gewöhnlich den Nordblock, der gebieterisch einen Namen für sich fordert, als Atlantis schlechtweg zu beteichnen.

Untergang also der Atlantis! Indem aber so ein Nordteil auch des heutigen Atlantischen Ozeans fertig aufriss, wurde der alte Name Tethys selber wertlos; dieser Ozean trat hier an seine Stelle, wie bei Europa das echte Mittelmeer. Europa aber, das künftige Wunderland der Kultur, vollendete im gleichen Augenblick den Kreislauf seiner geologischen Abenteuer: wie einst im Kambrium schloß es sich wieder als Halbinsel an Asien – mit der freien Wasserfront nach Westen über die grauen Wellen, in denen das Märchen der Atlantis endgültig versunken war.

Edgar Cayce, gen. »Der schlafende Prophet« (1877–1945)

Der Feuerstein von Atlantis

Der im Tempel der Sonne in Poseidia gelegene Feuerstein war das. zentrale Kraftwerk des Landes. Im Grunde war es ein großer zylindrischer Körper aus Glas oder Stein, mit vielen eingeschliffenen Facetten, an einem Ende mit einem Mechanismus versehen. Er war im Zentrum des Gebäudes aufgehängt und umgeben von einem nichtleitenden Material entsprechend unserem Asbest, aber in der Beschaffenheit ähnlich dem Bakelit.

Über dem Stein befand sich eine Kuppel, die zur Aufnahme der Sonnenstrahlen zurückgerollt werden konnte. Die Konzentration und Verstärkung der Sonnenstrahlen durch die vielen Prismen war von ungeheurer Intensität. Sie war so stark, dass sie über das ganze Land hin regeneriert und übertragen werden konnte durch unsichtbare Strahlen, ähnlich unseren Radiowellen. Ihre Energie wurde für Motorschiffe auf See, für Flugzeuge, aber auch für private Fahrzeuge verwendet. Dies geschah durch Fernsteuerung mittels Induktionsmethoden in der Apparatur des Fahrzeugs. Große und kleine Städte erhielten ihre Energie aus der gleichen Quelle.

Durch die richtig dosierte Anwendung der Strahlen aus den Kristallen konnte der menschliche Körper sogar verjüngt werden; und der Mensch wandte dieses Mittel der Verjüngung oft an sich selbst an. Allerdings konnte die Kraft des Feuersteins auch missbraucht werden, und man setzte sie tatsächlich häufig für zerstörerische Zwecke ein, ebenso als Mittel zur Folter oder Bestrafung.

Unabsichtlich zu stark eingestellt, trug sie schließlich bei zum Ausbruch der zweiten Katastrophe. Ihre Strahlen vereinigten sich mit anderen elektrischen Kräften und ließen viele Feuer tief im Innern der Erde ausbrechen.

Kapitel 3
Die Träumer

Utopien und Visionen vom Goldenen Zeitalter und dem idealen Staat

Platos Atlantika, Moros' Utopia,Harringtons Oceana und Allais' Sevarambia sind nach und nach auf die Bühne gebracht, aber nie auch nur versucht worden). Ein Staatsprodukt, wie man es hier denkt, als dereinst; wie spät auch immer, vollendet zu hoffen, ist ein süßer Traum; aber sich ihm immer mehr zu nähern, nicht allein denkbar, sondern, soweit es mit dem moralischen Gesetze zusammen bestehen kann, Pflicht nicht der Staatsbürger, sondern des Staatsoberhauptes.

Immanuel Kant (1724–1804)

Ernst Bloch (1885–1977), Philosoph

Das »Goldene Zeitalter« von einst und morgen

Lange bevor Freiheit ihren Staatsroman fand, hat Platons ›Politeia‹ Ordnung utopisiert. Eine vollendet spartanische, mit Menschen als Sockeln und Mauern, Fenstern, wobei alle nur dazu frei sind, tragend, schützend, erhellend im Gliedbau zu sein.

Die lebhafteren und volkstümlicheren Wünsche liefen weiter; als wäre nichts geschehen. Kamen sie zu Hause nicht unter; so suchten sie in der Ferne das Ihre und nicht nur im Goldenen Zeitalter von einst und morgen. Sondern diese zeitliche Ferne kleidete sich in räumliche, sie wurde die eines entlegenen Wunderlands. Entscheidend hierfür war die Erweiterung des geographischen Horizonts durch die Feldzüge Alexanders. Die Berichte über Arabien und Indien, welche Nearch, der Admiral Alexanders, nach Hause schickte, haben den Hoffnungen des Goldenen Zeitalters sozusagen Land gegeben. Die hellenistische Utopie wurde durch die Entdeckung Indiens ganz ähnlich verstärkt und illustriert wie die neuzeitliche durch die Entdeckung Amerikas: der Staatsraum fand einen geometrischen Ort. Auch wird nur noch in einem einzigen utopischen Bericht, in dem des Theopompos* über das fabelhafte Meropis, vom Glücksland als einem in der Vorzeit erzählt (wie in Platons ›Kritias‹ über Atlantis). Aber der merkwürdige, als Fragment erhaltene Roman des Euhemeros ›Heilige Inschrift‹ (um 300 v. Chr:) hat zum ersten Mal die Fiktion von gegenwärtiger Utopie. Durch die Verbindung mit Schiffermärchen entsteht ein fast paradoxer Gewinn: utopische Anschaulichkeit. Von Arabien fährt Euhemeros nach einem bisher verborgenen Land, der Insel Panchaea; dort wird gemeinsam produziert, der Ertrag gleichmäßig verteilt, der Boden (auch dies Motiv tritt zum erstenmal auf) gibt Frucht ohne Bebauung und Saat. Hier lebt ein Volk, dessen Glück und Segen aus dem Zusammenhang mit jener Zeit stammen, als Zeus noch auf der Erde war: Königtum und Obrigkeit, außer der milden von Priestern, sind unbekannt und überflüssig: denn Zeus hatte die Gesetze der Glückseligkeit so vollkommen gelehrt, dass es keiner weiteren Eingriffe von oben bedarf …

Der Hellenismus brachte noch einen anderen Staatstraum hervor; worin nur Lust und Überfluss selber waren. Unbeschwert von heiligen Inschriften, aber auf verstärkte Weise mit der guten Natur versehen, mit der außer dem Menschen, der auch Euhemeros** vertraut hatte. Es ist die »Sonneninsel« des Jambulos, ein kommunistisches und kollektives Fest; darum volkstümlich durchaus und doch in seinem politischen Festcharakter neu.

Hier mögen auch mehr als volkstümliche, nämlich aufständische Wünsche mitgewirkt haben. Jambulos*** zeigt keine Spielerei, das erhaltene Bruchstück seiner Schrift ist zugleich kräftig, feierlich und fröhlich. Kehrt Sklaven wie Herren aus, setzt gemeinsame Arbeit und Freude, ist in beiden konsequent. Deshalb blieb dieser Staatsroman auch Jahrhunderte hindurch erinnert, er wurde fast neben den Platons gestellt. Die Fragmente waren der Renaissance wohlbekannt, auch in italienischen und französischen Übersetzungen verbreitet. Einfluss auf Thomas Morus**** und seine ›Utopia‹ ist wahrscheinlich; Campanellas***** »Civitas solis« berührt sich mit Jambulos nicht nur im Titel, auch in der kollektiven Gesinnung …

Jambulos verlegt seinen Staatsroman auf sieben Äquatorinseln: das Glück aller ist dort durch die völlige Eigentumslosigkeit begründet … Was das Fest noch an Verbindendem enthielt, sollte auch die Arbeitspflicht beseelen und fröhlich machen; die utopische Natur half mit, fügte dem Turnus der Arbeit Überfluss und Mühelosigkeit hinzu. Die sieben Äquatorinseln wirken darum durchaus, als lägen sie im Land des kürzesten Schattens, im Weinland ohne Mein und Dein, wo noch eine dionysische Sonne scheint, eine verschmelzende. Helios leuchtet hier gleichmäßig über Gerechte und Ungerechte, beseitigt die Gerechtigkeit des Suum cuique, als wäre er wirklich ein Wohltäter aus dem Goldenen Zeitalter; ja es selbst.

---

* *Theopompos* (378 – nach 323), griech. Rhetor und Geschichtsschreiber; ** *Euhemeros* (um 341 – um 260 v. Chr.) griech. Philosoph und Schriftsteller; ****Jambulos* (um 300 v. Chr.); **** *Thomas Morus* (1478–1535), engl. Politiker, Humanist und Schrifsteller; ***** *Tommaso Campanella* (1568–1583), ital. Philosoph und Utopist.

Hesiod (um 700 v. Chr.)
Das goldene Zeitalter

Golden war das Geschlecht der redenden Menschen,
das erstlich
Die unsterblichen Götter, des Himmels Bewohner, erschufen.
Jene lebten, als Kronos im Himmel herrschte als König,
Und sie lebten dahin wie Götter ohne Betrübnis,
Fern von Mühen und Leid, und ihnen nahte kein schlimmes
Alter, und immer regten sie gleich die Hände und Füße,
Freuten sich an Gelagen, und ledig jeglichen Übels
Starben sie, übermannt vom Schlaf, und alles Gewünschte
Hatten sie. Frucht bescherte die nahrungspendende Erde
Immer von selber, unendlich und vielfach. Ganz nach
Gefallen
Schufen sie ruhig ihr Werk und waren in Fülle gesegnet,
Reich an Herden und Vieh, geliebt von den seligen Göttern.

Diodoros Siculus (1.Jh.v. Chr.)
Beschreibung der Insel Atlantis
Denn dort draußen in den Tiefen vor Libyen liegt eine Insel von beträchtlicher Größe, und da sie sich im Ozean befindet, ist sie von Libyen eine Seereise von etlichen Tagen weit gen Westen entfernt. Ihr Land ist fruchtbar, vieles davon ist gebirgig und nicht wenig eine flache Ebene von außerordentlicher Schönheit. Es wird durchzogen von schiffbaren Flüssen die man zur Bewässerung benutzt. Die Insel hat viele Gebiete, die mit Bäumen jeder Art bepflanzt sind, und Gärten von großer Vielfalt, die von Süßwasserläufen durchflossen werden; es gibt dort auch private Villen von kostbarem Bau, und in den Gärten wurden inmitten von Blumen Lusthäuser errichtet, in denen die Bewohner in der sommerlichen Jahreszeit ihre Tage verbringen. Auch die Jagd auf jede Art von Raubtieren und wilden Tieren ist dort ausgezeichnet. Und, ganz allgemein gesprochen, ist das Klima dieser Insel so milde, dass es einen Überfluss an Baumfrüchten und anderen Früchten der Jahreszeit hervorbringt, sodass es schei-

nen möchte, als wäre die Insel wegen ihrer außergewöhnlichen glücklichen Gaben eine Wohnstatt der Götter und nicht eine der Menschen.

Thomas Morus, eigtl. Sir Thomas More (1478–1535)
Die Insel der Utopier
Die Insel der Utopier dehnt sich in der Mitte, wo sie am breitesten ist, zweihundert Meilen weit aus, ist eine weite Strecke lang nicht viel schmäler und spitzt sich dann gegen die beiden Enden hin allmählich zu. Die Küsten bilden einen wie mit dem Zirkel gezogenen Kreisbogen von fünfhundert Meilen Umfang und geben der ganzen Insel die Gestalt des zunehmenden Mondes. Zwischen die beiden Hörner dringt das Meer in einer Breite von ungefähr elf Meilen, erfüllt die ungeheure Weite, die von allen Seiten von Land umgeben und so, vor Winden geschützt, wie ein riesiger See mehr still als stürmisch ist, und macht fast die ganze Bucht zu einem Hafen, der die Schiffe zum großen Vorteil der Einwohner nach allen Richtungen aus- und einfahren lässt. Die Einfahrt ist auf der einen Seite infolge von Untiefen, auf der anderen durch Klippen gefährlich. Ungefähr in der Mitte ragt ein einzelner Felsblock empor, der aber ungefährlich ist; auf ihm ist ein Wachtturm errichtet. Die übrigen Riffe sind verborgen und heimtückisch. Die Fahrrinnen sind allein ihnen selbst bekannt; und so kommt es nicht leicht vor, dass ein Fremder ohne einen Lotsen der Utopier in diese Bucht eindringt, zumal sie sonst kaum ohne Gefahr einlaufen könnten, wenn ihnen nicht bestimmte Zeichen vom Strande her die Richtung anzeigten. Durch Versetzung dieser könnten sie leicht eine noch so große feindliche Flotte ins Verderben locken.

Auf der anderen Seite gibt es viel besuchte Häfen. Aber überall ist die Zufahrt zum Lande so von Natur oder Menschenhand befestigt, dass sogar gewaltige Truppenmassen von wenigen Verteidigern abgewiesen werden können.

Übrigens war dieses Land, wie berichtet wird und wie der Augenschein zeigt, in alten Zeiten nicht vom Meere umgeben. Aber Utopos, dessen Namen die Insel trägt, während sie vorher

Abraxa hieß, und der das rohe und wilde Volk zu der Gesittung und Bildung heranzog, durch die es jetzt fast alle Menschen übertrifft, ließ sofort nach seiner Landung und seinem Sieg die Erde dort, wo sie mit dem Festland zusammenhing, auf fünfzehn Meilen ausheben und umgab das Land so ringsum mit Wasser. Da er zu dieser Arbeit nicht nur die Einwohner zwang, sondern außerdem alle seine Krieger heranzog, um die Arbeit nicht als Schmach ansehen zu lassen, und weil jene so auf eine große Menge Menschen verteilt wurde, ist das Werk mit unglaublicher Geschwindigkeit beendet worden. Und die Nachbarn, die anfangs über die Aussichtslosigkeit des Unterfangens gelacht hatten, packte angesichts des Erfolges Bestürzung und Bewunderung.

Die Insel hat vierundfünfzig Städte, alle weiträumig und prächtig, in Sprache, Sitten, Einrichtungen und Gesetzen vollständig übereinstimmend. Alle haben dieselbe Anlage und, soweit es die geographische Lage gestattet, dasselbe Aussehen. Die einander nächsten sind vierundzwanzig Meilen voneinander entfernt. Andererseits ist keine so einsam, dass man von ihr aus nicht eine andere zu Fuß in einem Tagemarsch erreichen könnte.

Aus jeder Stadt kommen jährlich drei bejahrte und erfahrene Bürger in Amaurotum zusammen, um über die gemeinsamen Angelegenheiten der Insel zu beraten. Denn diese Stadt, die gewissermaßen im Nabel des Landes und für Abordnungen aus allen Teilen des Landes günstig liegt, gilt als die erste und führende.

Francis Bacon(1561–1626)

Das Haus Salomons in Neu Atlantis

Wir erschienen am vorgeschriebenen Tag und zur vorgeschriebenen Stunde. Ich war aber von meinen Freunden für die Privataudienz ausersehen worden. Wir fanden den Vater des Hauses Salomon in einem sehr schönen Raum, der mit prächtigen Purpurvorhängen ausgeschmückt und mit Teppichen belegt war, auf einem nicht erhöhten Sessel sitzend. Dieser niedrige Thronsessel war reich verziert und von einem blauseidenen, schön mit Gold durchwebten Baldachin überdacht. In dem Saal waren sonst keine Menschen, außer zwei weißgekleideten Dienern, die als Ehrenwache zu beiden Seiten des Thrones standen. Sein Untergewand glich dem, das er getragen hatte, als wir ihn auf der Straße sahen; aber an Stelle, der Toga trug er jetzt einen Mantel mit einem über die Schultern fallenden Überwurf aus sehr solidem schwarzen Tuch.

Bei unserem Eintritt verneigten wir uns höflich, wie man uns unterwiesen hatte. Als wir uns dem Throne genähert hatten, stand er auf, entledigte die Rechte des Handschuhs und er hob sie segnend. Wir aber senkten das Haupt und küßten nacheinander den Saum seines Mantels. Meine Gefährten zogen sich dann zurück, während ich allein dablieb. Er forderte jetzt die Jünglinge durch einen Wink auf, sich auch zu entfernen, ließ mich an seiner Seite Platz nehmen und begann in spanischer Sprache folgendermaßen: »Gott segne dich, mein Sohn! Ich werde dir von den Schätzen, die ich habe, die vorzüglichsten schenken: Gott und den Menschen zuliebe werde ich dir gern enthüllen, was für eine Bewandtnis es eigentlich mit dem Hause Salomons hat. Da mit du, mein Sohn, über das wahre Wesen des Hauses Salomons völlige Aufklärung erhältst, werde ich folgendermaßen vorgehen: zuerst werde ich dir den Zweck unserer Gründung auseinandersetzen, dann die Vorrichtungen und Mittel, die uns für unsere Arbeit zur Verfügung stehen, drittens die verschiedenen Obliegenheiten und Ämter, die unseren Mitgliedern zugewiesen sind, und endlich die Weihen und Zeremonien, die bei uns üblich sind.

Unsere Gründung hat den Zweck, die Ursachen des Naturgeschehens zu ergründen, die Veränderungen in der Natur und die Naturkräfte zu erforschen und die Grenzen der menschlichen Macht so weit wie möglich auszudehnen. Hierzu stehen uns folgende Einrichtungen und Hilfsmittel zur Verfügung: Wir haben geräumige und tiefe unterirdische Höhlen, von denen die tiefsten bis zu einer Tiefe von sechshundert Klaftern hinabgehen. Manche sind unter großen Bergen angelegt, sodass sie, wenn man die Stollentiefe mitrechnet, teilweise drei Meilen tief sind. Wir haben nämlich festgestellt, dass die Höhe des Berges bis zur Ebene und die Tiefe der Höhle unterhalb der Ebene tatsächlich gleich sind, dass der höchste und der tiefste Punkt gleich weit von der Sonne und den Strahlen des Himmels und der frischen Luft entfernt sind. Diese Höhlen nennt man die ›tiefste Zone‹. Wir benutzen sie dazu, alle möglichen Substanzen zum Gerinnen zu bringen, zu härten und abzukühlen, sowie Körper zu konservieren. Ferner verwenden wir sie dazu, natürliche Mineralien künstlich herzustellen und neue künstliche Metalle aus Gesteinen zu erzeugen, die dort durch jahrelanges Verweilen von uns entsprechend vorbehandelt werden. Wir benutzen sie manchmal auch – was wunderbar erscheinen mag – dazu, gewisse Krankheiten zu heilen oder in manchen Fällen das Leben zu verlängern. Manche Einsiedler ziehen es vor, wohl versorgt mit allem Nötigen, dort zu wohnen; sie leben sehr lange, und wir haben von ihnen schon viel gelernt.

Außerdem gibt es tief in der Erde noch andere Räume für natürliche und andere Stoffe, keine eigentlichen Höhlen, sondern offene Gruben. Wir machen dort verschiedene keramische Massen in der Art des von den Chinesen hergestellten Porzellans. Aber unsere Auswahl in derartigen Erzeugnissen ist viel reichhaltiger, zum Teil sind sie auch viel schöner als das chinesische Porzellan. Dort lagern auch Düngemittel der verschiedensten Art, ferner andere Massen, die den Boden fett und fruchtbar machen.

Wir haben ferner sehr hohe Türme. Der höchste steigt in senkrechter Linie bis zu einer Höhe von einer halben Meile auf. Manche liegen auf hohen Bergen, sodass sie, wenn man Berg- und Turmhöhe zusammenrechnet, eine Höhe von mindestens drei Meilen erreichen. Diese Plätze nennt man »die höchste Zone«, während die ganze Höhenlage zwischen der »höchsten« und der »niedrigsten« Zone die »mittlere Luftzone« genannt wird. Diese Türme dienen uns – je nach ihrer Höhe und Lage – dazu, Bestrahlungen, Abkühlungen oder Konservierungen vorzunehmen und die verschiedenen meteorologischen Erscheinungen wie Wind, Regen, Schnee, Hagel und Sternschnuppen zu beobachten. Auch auf diesen Türmen finden sich manchmal Wohnungen für Einsiedler, die wir hin und wieder besuchen und zu Beobachtungen anleiten.

Große, teils salzige, teils süße Seen liefern uns Fische sowie Sumpf- und Wasservögel aller Art. In diese Seen versenken wir auch gewisse Naturstoffe. Wir haben nämlich gefunden, dass man verschieden geartete Werkstoffe erhält, je nachdem, ob man die Stoffe in die Erde vergräbt oder in die Luft unterirdischer Räume bringt oder unter Wasser taucht. In manchen Teilchen wird Süßwasser aus Salzwasser durch Filtration gewonnen, in anderen Süßwasser in Salzwasser umgewandelt.

Mitten im Meer befindliche Felsen und sonnige Plätze an den Küsten dienen uns zur Ausführung von Arbeiten, bei denen Seeluft gebraucht wird. Reißende Strudel und Wasserfälle werden von uns zur Erzeugung von kräftigen Bewegungen ausgenutzt; dem gleichen Zweck dienen zahlreiche Maschinen, welche die Winde abfangen, sie vervielfältigen und verstärken.

Dann sind die vielen Brunnen und künstlichen Sprudel zu erwähnen, die zur Nachahmung der natürlichen Quellwasser und Bäder angelegt sind und mit Vitriol, Schwefel, Stahl, Kupfer, Blei, Alkalien und anderen anorganischen Zusätzen versehen werden. Auch die Zisternen und kleinen Behälter sind hier anzuführen, in denen die verschiedenartigsten Lösungen hergestellt werden. Und in denen das Wasser, insbesondere das fließende, die Körper besser und leichter auflöst als in Töpfen und Schüsseln. In einigen wird das sogenannte Paradieswasser gewonnen, ein sehr wirksames Heilmittel, das infolge seiner besonderen Zubereitung der Gesundheit außerordentlich zuträglich ist und lebensverlängernd wirkt.

Wir haben ferner weite und geräumige Gebäude, in denen wir meteorologische Erscheinungen – Schnee, Hagel, Regen (auch Regen, der nicht aus Wasser besteht), Donner, Blitz, Wetterleuchten –, ferner das Auftreten von Insekten und anderen kleinen Tieren in der Luft, von Fröschen, Fliegen, Heuschrecken usw. nachahmen und zur Darstellung bringen.

In gewissen Räumen – wir nennen sie ›Gesundheitszimmer‹ –

können wir auch nach Belieben die Luft verändern und temperieren, wie es uns für die Heilung der meisten Krankheiten und für die Erhaltung der Gesundheit erwünscht und geeignet erscheint.

Wir verfügen auch über schöne große Bäder von verschiedener Zusammensetzung. Sie dienen zur Heilung zahlreicher Krankheiten, zur Wiederherstellung des menschlichen Organismus nach der Auszehrung, zur Kräftigung und Wiederauffrischung der Nerven, der lebenswichtigen Organe, der Körpersäfte und -substanzen.

Erwähnenswert sind auch unsere verschieden großen Obstplantagen und Gärten, bei denen es uns weniger auf die Schönheit der Spazierwege und ähnliches ankommt als darauf, die Eignung der verschiedenen Böden für die Bäume und Kräuter zu studieren. Einige sind mit Bäumen und Sträuchern bepflanzt, deren Früchte – neben den Weinreben – zur Bereitung verschiedener Getränke Verwendung finden. Wir machen hier auch Versuche auf dem Gebiete des Pfropfens und Okulierens von Wald- und Obstbäumen und haben damit viele große Erfolge erzielt. Wir erreichen auch auf künstlichem Wege, dass sich in diesen Obstplantagen und Gärten Früchte und Blüten früher oder später als zur natürlichen Zeit bilden, ferner, dass die Pflanzen und Bäume in kürzerer Zeit keimen, knospen und Früchte tragen, als ihrer Natur entspricht. Wir können auch Bäume und Pflanzen höher werden lassen, als sie es normalerweise sind, wir können bewirken, dass ihre Früchte größer und schöner werden, und dass sie ihren Geschmack und Geruch, ihre Farbe und Gestalt gegenüber der ursprünglichen Form verändern. Viele Pflanzen züchten wir so um, dass sie uns Heilmittel liefern. Wir haben auch Verfahren, mittels derer wir Pflanzen nicht aus Samen, sondern nur durch eine bestimmte Zusammensetzung des Bodens entstehen und wachsen lassen können. Ferner ziehen wir neue und noch unbekannte Pflanzen auf, die von den gewöhnlichen verschieden sind, und können Pflanzen einer Art in andere verwandeln. In Gehegen und Käfigen halten wir alle möglichen Vierfüßler und Vögel, und zwar weniger wegen ihrer Merkwürdigkeit oder Seltenheit, als vielmehr zu Sezierungen und anatomischen Untersuchungen, um dadurch soweit wie möglich Aufklärungen über den menschlichen Körper zu erlangen. Wir erzielen dabei zahlreiche wunderbare Erfolge, wie die Erhaltung des Lebens trotz Verlustes oder Entfernung verschiedener von euch als lebenswichtig angesehener Organe, die Wiederbelebung Scheintoter und ähnliches. Wir stellen an den Tieren auch Versuche mit allen möglichen Giften, Gegengiften sowie äußerlichen und innerlichen Heilmitteln an, um dadurch den menschlichen Körper besser schützen zu können. Auf künstlichem Wege machen wir manche Tiere größer und schlanker, als sie es ihrer Natur nach sind, während wir andere in Zwergformen umwandeln und ihnen eine von der früheren verschiedene Gestalt geben. Wieder andere machen wir fruchtbarer und zeugungsfähiger, als ihrer Natur entspricht, andere dagegen unfruchtbar und zeugungsunfähig. Auch in bezug auf Farbe, Körperform und Charakter können wir sie auf verschiedene Weise verändern. Wir sind auch im Stande, Kreuzungen und Paarungen verschiedener Tierarten zu erzielen, um so neue Arten hervorzubringen, die – im Gegensatz zur allgemeinen Anschauung – nicht etwa unfruchtbar sind. Außerdem erzeugen wir unter Zuhilfenahme von Verwesungsvorgängen verschiedener Arten von Schlangen, Würmern, Fliegen und Fischen, von denen sich manche zu ebenso vollkommenen Arten entwickeln wie die Vögel oder die Vierfüßler oder die anderen Fische; sie sind auch geschlechtliche Wesen und pflanzen sich fort. Und zwar lassen wir uns bei diesen Versuchen nicht vom Zufall leiten, sondern wissen sehr wohl, von welchen Stoffen wir ausgehen müssen und welche Tiere wir so erzeugen können.

Ähnliche Versuche wie die eben erwähnten an Vierfüßlern und Vögeln stellen wir auch in besonderen Teichen mit Fischen an. Wir züchten ferner an hierzu geeigneten Plätzen euch unbekannte Insekten, die wie eure Seidenspinner und Bienen außerordentlich nützlich sind …

Die verschiedensten Arten von Öfen dienen uns dazu, Wärme von beliebiger Temperatur zu erzeugen und zu unterhalten. Wir können entweder sehr hohe, rasche Temperatursteigerungen hervorbringen oder aber eine kräftige, andauernde Wärmeentwicklung, eine gelinde, gemäßigte, eine hochgetriebene, eine ruhige, feuchte oder trockene Hitze erzeugen. Vor allem können wir aber praktisch die Hitze der Sonne und der anderen Gestirne nachahmen, die infolge ihres Kreislaufs, ihrer Fortbewegung und ihrer Umdrehung mannigfache Temperaturschwankungen aufweisen. Dadurch können wir wunderbare Leistungen erzielen. Wir haben auch Mittel, um die Wärme des Mistes nachzuahmen, die tierische Magenwärme, die Wärme des Blutes und des ganzen Körpers, ferner die Selbsterhitzung von Heu oder Kräutern bei der Aufstapelung oder bei abgeschlossener Aufbewahrung, die Hitze, die gebrannter Kalk und andere Dinge entwickeln.

Wir haben auch Maschinen, die nur durch Bewegung Wärme erzeugen. Außerdem fangen wir an gewissen Stellen die starke Sonnenstrahlung auf. Andererseits verfügen wir über Örtlichkeiten unter der Erde, in denen auf natürlichem oder künstlichem Wege Wärme entsteht. Je nach der Natur der Arbeitsaufgabe, die wir uns stellen, wählen wir von diesen verschiedenen Wärmequellen die passendste aus.

Dann gibt es bei uns noch Häuser für Optik, in denen wir Versuche auf dem ganzen Gebiet der Farben anstellen. Aus durchsichtigen und farblosen Körpern stellen wir die einzelnen Farben her, nicht die regenbogenfarbenen Lichtstrahlen, wie sie Edelsteine und Prismen zeigen, sondern einfache und beständige richtige Farben. Insbesondere befassen wir uns auch mit allen Verstärkungen der Lichtstrahlen, sodass wir das Licht auf weite Entfernungen aussenden und seine Stärke am Ort des Auftreffens so sehr erhöhen können, dass man bei dieser Beleuchtung auch die feinsten Linien und Punkte unterscheiden kann. Wir können auch farbiges und buntes Licht jeder Art hervorbringen, ferner alle möglichen optischen Täuschungen in bezug auf Formen, Dimensionen, Bewegungen und Farben, endlich auch Schattenspiele und Erscheinungen, die auf Luftspiegelung beruhen. Wir haben auch mehrere euch unbekannte

Mittel entdeckt, um aus den verschiedenen Körpern das ›Urlicht‹ zu erzeugen. Auch haben wir Vorrichtungen erfunden, um sehr weit entfernte Gegenstände, z. B. solche am Himmel oder an anderen entlegenen Orten, sichtbar zu machen. Wir können ferner nahe Objekte in großer Ferne und entfernte in der Nähe erscheinen lassen, haben es also in der Hand, nach Belieben Entfernungen vorzutäuschen. Unsere optischen Instrumente sind viel brauchbarer als eure Brillen und Spiegel. Mit unseren Mikroskopen können wir kleine, winzige Körper klar und deutlich erkennen, z. B. die Glieder und Farben kleiner Insekten und Würmer, sonst nicht sichtbare Körnchen und eisartige Einschlüsse in Edelsteinen sowie allerlei ebenfalls auf andere Weise nicht zu entdeckende Bestandteile des Urins und des Blutes. Sodann können wir noch künstliche Regenbogen, Lichthöfe; ringförmige Lichterscheinungen, Lichtschwingungen und Lichtzittern hervorbringen, endlich auch alle Arten von Reflexion, Lichtbrechung und Doppelbrechungen erzeugen …

Wir besitzen Häuser für Akustik, in denen wir die Töne und ihre Entstehung erforschen und vorführen. Unsere Harmonien sind anders als die eurigen. Wir wenden nicht nur, wie ihr, die Tonarten in Dur und Moll an, sondern auch solche in Vierteltönen, ferner angenehme Tremolotöne. Unseren Musikinstrumenten, die ihr noch nicht kennt, entlocken wir Melodien von höchstem Wohlklang. Auch Glocken und Schellen von lieblicher Klangwirkung werden von uns benutzt. Unsere Töne umfassen die tiefen und hohen Lagen in jeder Tonstärke; oft lassen wir die vollen Töne tremolierend ausklingen. Wir können auch alle artikulierten Töne nachahmen, alle Buchstabenlaute, die Stimmen der Vierfüßler und den Gesang der Vögel. Mit gewissen akustischen Vorrichtungen, die an das Ohr gebracht werden, können wir das Gehör verbessern und die Tonübertragung selbst beträchtlich verstärken. Wir können auch den Schall nach verschiedenen merkwürdigen Verfahren zum Widerhall bringen (eine Erscheinung, die euch unter dem Namen Echo bekannt ist), wobei aber die Töne nicht nur wiederholt zurückgeworfen, sondern auch nach Belieben verstärkt oder geschwächt werden können; die artikulierte Stimme lässt sich dabei auch in einer anderen Klangfarbe wiedergeben. Endlich sind wir auch im Stande, die Töne durch gerade oder gekrümmte Rohre auf weite Entfernungen auch in nicht gerader Richtung weiterzuleiten.

In unseren Häusern für Räucherwerk und Wohlgerüche führen wir Untersuchungen auf dem Gebiet des Geschmacks und der Gerüche aus. Wir können dort, was euch gewiss seltsam erscheint, Gerüche in großer Mannigfaltigkeit und Verstärkung erzeugen. Wir ahmen die natürlichen Gerüche nach und können Düfte aller Art auch aus anderen Ausgangsstoffen wie den natürlichen hervorbringen. Ebenso machen wir auch künstliche Geschmacksstoffe, die auch der größte Feinschmecker nicht als Nachahmungen erkennt. Zu diesem Haus gehört auch eine Konditorei, in der Zuckerwerk, Kuchen und andere feste oder flüssige Süßigkeiten hergestellt werden, und zwar nicht nur aus Zucker und Honig, sondern auch aus anderen süßen Ausgangsstoffen. Außerdem stellen wir dort noch köstliche Weine her, Milchspeisen, Brühen und eingepökelte oder in Essig eingelegte Leckerbissen, die bei euch kaum bekannt sind.

In unseren Maschinenhäusern stehen Maschinen und Apparate, mit deren Hilfe wir Bewegungen jeder Art hervorbringen können; wir erzielen damit größere Geschwindigkeiten als ihr mit euren kleinen Flinten oder mit irgendwelchen anderen Vorrichtungen. Wir suchen die Bewegungsvorgänge reibungsloser und wirksamer zu gestalten und ihre Nutzleistung durch Räder und auf andere Weise auf ein Vielfaches zu steigern. Infolgedessen erzielen wir viel kräftigere Wirkungen als ihr mit euren großen Belagerungs- und Feldgeschützen. Wir stellen Geschütze und Kriegsgerät aller Art her, neue Schießpulvermischungen, griechisches Feuer, das auf dem Wasser brennt und nicht ausgelöscht werden kann, ferner alle möglichen Raketen, die teils zur Belustigung, teils zu nützlichen Zwecken dienen. Wir ahmen dort auch den Vogelflug nach. Zum Fliegen in der Luft haben wir Gestelle und Hilfsmittel ähnlich den Flugorganen der Tiere. Wir besitzen Schiffe und Boote, die unter Wasser fahren können und deshalb den Stürmen des Weltmeeres nicht so ausgesetzt sind; ferner Schwimmgürtel und andere Vorrichtungen, die das Schwimmen erleichtern. Erwähnenswert sind unsere vorzüglichen Uhren und andere durch Luft oder Wasser getriebene Laufwerke mit Dreh- oder Pendelbewegungen. Auch das Perpetuum mobile haben wir in mehreren Ausführungen. Wir können die Bewegung der Menschen, der Vierfüßler, der Vögel, der Fische und der Schlangen im Bilde nachahmen. Schließlich haben wir auch noch weitere Möglichkeiten, Bewegungen in außerordentlicher Gleichförmigkeit und Genauigkeit zu erzeugen. Im Hause der Mathematik sind alle geometrischen und astronomischen Instrumente in vorzüglichen Stücken vertreten.

Dann gibt es noch bei uns ein Haus der Täuschungen, in dem wir alle möglichen Zauberkünste, Taschenspielerkniffe und Gaukeleien so vorführen, dass man sie als Betrügereien erkennt. Ihr könnt euch denken, dass es uns, die wir es in der Naturerkenntnis und -beherrschung so wunderbar weit gebracht haben, ein leichtes wäre, den menschlichen Sinnen sehr viel vorzuspiegeln, wenn wir natürliche Dinge mit dem Nimbus des Wunders ausschmücken und aufbauschen würden. Aber uns ist jeder Betrug und jede Lüge verhasst. Daher ist auch allen Mitgliedern unseres Hauses bei Ehren- und Geldstrafe strenge untersagt, natürliche Tatsachen in lügenhafter Aufmachung zu verkünden; nur eine reine, ungeschminkte, durch keinen Wunderglauben beeinflusste Darstellung darf gegeben werden.

Dies sind, mein Sohn, die Kostbarkeiten des Hauses Salomons. –

Tommaso Campanella (1568–1639)

Bericht eines Seefahrers

Hausvater: Nun erzähle mir einmal alles, was du auf deiner letzten Seefahrt erlebt hast!

Seemann: Ich habe dir bereits berichtet, wie ich um die ganze Erde gefahren und schließlich nach Taprobane gekommen bin; dort musste ich an Land gehen, hielt mich aber aus Furcht vor den Bewohnern zunächst in einem Wald verborgen. Nach einiger Zeit verließ ich ihn jedoch wieder und befand mich nun in einer Ebene unmittelbar unter dem Äquator.

Hausvater: Wie ist es dir dort ergangen?

Seemann: Ich geriet sogleich in einen dichten Haufen bewaffneter Männer und Frauen, von denen viele unsere Sprache verstanden. Diese führten mich auf kürzestem Weg in ihre Sonnenstadt.

Hausvater: Lass hören, wie diese Stadt eingerichtet ist und wie dort regiert wird.

Seemann: Inmitten einer weiten Ebene erhebt sich ein stattlicher Hügel, auf dem der größte Teil der Stadt angelegt ist. Die Stadt reicht weit über den Fuß des Berges hinaus, sodass ihr Durchmesser zwei und mehr Meilen, ihr Umfang sieben Meilen beträgt. Wegen ihrer Hügellage nimmt sie mehr Raum ein, als wenn sie in der Ebene läge. Sie ist in sieben große Kreise oder Rundgänge eingeteilt, die nach den sieben Planeten benannt sind. Man gelangt auf vier Straßen und durch vier Tore, die nach den vier Weltgegenden gerichtet sind, aus einem Kreis in den anderen. Die Stadt ist so gebaut, dass ein Angreifer, der den ersten Kreis erobert hätte, sich doppelt anstrengen müßte, um den zweiten, und dreifach, um den dritten einzunehmen. Er müßte seine Kräfte und Anstrengungen ständig steigern, weil er die Stadt eigentlich, siebenmal erobern müßte, wenn er sie in seine Hand bekommen wollte. Ich glaube aber, dass nicht einmal der erste Kreis eingenommen werden könnte, mit so breiten Erdwällen ist er umgeben und mit verschiedenartigen Bollwerken, Türmen, Geschützen und Gräben befestigt.

Als ich nun das nördliche Tor durchschritt, das mit Eisen beschlagen und so konstruiert ist, dass es in die Höhe gezogen und herabgelassen werden kann und sich leicht und fest schließen lässt, da sich seine Angeln höchst kunstvoll in den Falzen starker Pfosten bewegen, erblickte ich einen ebenen, 70 Schritt breiten Platz, der die erste Mauer von der zweiten trennt. Alsbald sieht man gewaltige Paläste, die alle an die Mauer des zweiten Kreises angebaut sind, sodass sie wie ein einziger Gebäudekomplex erscheinen. In halber Höhe der Paläste laufen den ganzen Kreis entlang Schwibbogen, über denen Galerien angelegt sind. Diese werden von starken und prächtigen Säulen getragen, die, wie bei Kolonnaden oder Klostergängen, einen Wandelgang umgeben. Die unteren Eingänge befinden sich nur in den konkaven Partien der Mauer; in die unten gelegenen Zimmer gelangt man zu ebener Erde, in die oberen Stockwerke auf Marmortreppen, die zu ganz ähnlichen Galerien im Innern führen, von denen man wieder in die oberen prachtvollen Gemächer gelangt. Die Fenster befinden sich in den konkaven und konvexen Wandpartien, die durch zierliche Zwischenwände unterbrochen werden. Die konvexe Mauer hat eine Dicke von acht Spannen, die konkave von nur drei Spannen, die Zwischenwand von nur etwa eineinhalb Spannen. Vom ersten Platz gelangt man zu einem zweiten ebenen Platz, der etwa drei Schritte schmaler ist als der erste. Von hier aus erblickt man die erste Mauer des zweiten Kreises, die oben und unten von ganz ähnlichen Galerien unterbrochen wird; dahinter befindet sich eine zweite Mauer, welche wieder andere Paläste einschließt. Sie ist in ihren unteren Partien mit kleineren Wandelgängen und Erkern ausgestattet, während weiter oben, wo sich die Ausgänge der höher gelegenen Wohnungen befinden, herrliche Gemälde angebracht sind. So geht man auf ähnlichen Rundgängen, die jeweils Paläste einschließen und mit vorspringenden säulengestützten Galerien ausgestattet sind, von Mauer zu Mauer und gelangt schließlich – immer auf gleicher Ebene – bis zum obersten Rundgang. Man steigt nur über Stufen, wenn man durch die doppelten Tore, die sich außen und innen an der Mauer befinden, schreitet, was man jedoch wenig merkt, weil die Stufen allmählich schräg angehen und in kaum spürbaren Steigungen verlaufen. Auf der Höhe des Berges liegt ein weiter, ebener Platz, in dessen Mitte ein kunstreich gebauter Tempel steht.

Hausvater: Weiter, weiter, ich beschwöre dich!

Seemann: Der Tempel ist ein Rundbau und wird nicht von Mauern gebildet, sondern von starken, prachtvollen Säulen. Die größere, kunstvoll gebaute Kuppel in der Mitte des Daches, die gleichsam der Pol des Tempels ist, wird von einer kleineren Kuppel überhöht, die ein Guckloch hat, wodurch man direkt auf den Altar sehen kann, der einzig in seiner Art ist. Er steht, von Säulen umrahmt, in der Mitte des Tempels. Der Umfang des Tempels beträgt mehr als 350 Schritt. Auf der Außenseite der Säulenkapitelle und auf diese gestützt erheben sich etwa acht Schritt nach außen ragende Schwibbogen, die auf einer dicken, drei Schritt hohen Mauer basieren, sodass die Säulen des Tempels und jene, die den äußeren Schwibbogen tragen, mit ihren Zwischenräumen eine niedere, prächtig gepflasterte Galerie bilden. Die Innenseite der niedrigen Mauer ist von zahlreichen Türen unterbrochen, und da und dort befinden sich eingemauerte Sitze, jedoch stehen auch zahlreiche zierliche Stühle zwischen den inneren Säulen des Tempels. Auf dem Altar stehen lediglich zwei Globen; auf dem größeren ist der Himmel, auf dem kleineren die Erde abgebildet. In der größeren Kuppel sind ferner alle Sterne erster bis sechster Größe abgebildet und mit ihrem besonderen Namen bezeichnet; auch wird der Einfluss, den sie auf die irdischen Dinge ausüben, in je drei Versen geschildert. Ferner sind dort die Pole und die großen und kleinen Kreise senkrecht zum Horizont eingezeichnet, jedoch nur unvollständig, da die Mauer nach unten abbricht, sodass die Globen sowie die Kuppel nur Halbkugeln bilden. Man kann sich jedoch die Kuppel mit Hilfe der Globen auf dem Altar fertig ausgeführt vorstellen. Der Estrich schimmert von kostbaren Steinen. Von der Decke herab hängen sieben goldene Lampen, die ständig brennen. Sie werden nach den sieben Planeten benannt. Die kleinere Kuppel ist von kleinen, zierlichen Zellen umgeben, und hinter der Galerie oder Plattform über den Abschlüssen oder Schwibbogen der inneren und der äußeren Säulen befinden sich viele große, geschmackvoll ausgestattete Zellen, worin neunundvierzig Priester und Mönche wohnen. Auf der kleinen Kuppel ist eine nach allen Seiten bewegliche Fahne angebracht, die die Winde anzeigt, von denen sie bis zu sechsunddreißig unterscheiden. Sie wissen, was für ein Jahr. die einzelnen Winde ankündigen und welche Wetterveränderungen zu Wasser und zu Lande vor sich gehen; ihre Kenntnis jedoch beschränkt sich auf das Klima ihres Gebietes. Unter der Wetterfahne wird ein Kodex aufbewahrt, dessen Text mit goldenen Lettern geschrieben ist.

Hausvater: Bitte, edler Held, erkläre mir die gesamte Verfassung und Regierungsform dieses Volkes! Darauf warte ich schon lange mit Ungeduld.

Seemann: Der oberste Regent ist ein Priester, den sie in ihrer Sprache Sol nennen; in unserer Sprache würden wir jedoch Metaphysikus sagen. Er ist der höchste Machthaber in weltlichen und geistlichen Dingen; alle Angelegenheiten und Streitfälle werden durch sein Urteil endgültig entschieden. Ihm stehen drei Mitregenten gleichberechtigt zur Seite: Pon, Sin und Mor, in unserer Sprache Macht, Weisheit und Liebe. Macht entscheidet über Krieg und Frieden und regelt sämtliche militärischen Angelegenheiten; hierin ist er unbedingte Autorität, steht aber nicht über Sol. Er bildet die Spitze der Militärbehörden, hat das Kommando über das Heer und trägt die Verantwortung für die Schanzarbeiten, die Befestigungen, Belagerungen und Kriegsmaschinen sowie die Werkstätten und die entsprechenden Fachkräfte.

Weisheit dagegen hat unter sich die freien Künste und die mechanischen Wissenschaften, die entsprechenden Amtspersonen und Gelehrten mit den dazugehörigen Schulen. Es gibt ebenso viele Amtspersonen, wie es Wissenschaften gibt: einen Astrologen, einen Kosmographen, einen Arithmetiker, einen Geometer, einen Historiographen, einen Dichter, einen Logiker, einen Rhetor, einen Grammatiker, einen Arzt, einen Physiologen, einen Politiker und einen Moralisten. Sie besitzen nur ein einziges Buch, das sie › Weisheit‹ nennen, worin alle Wissenschaften kurz und leichtverständlich zusammengefasst sind. Daraus lesen sie dem Volke nach Art der Pythagoreer vor.

Weisheit hat die Mauern der ganzen Stadt außen und innen, unten und oben mit ausgezeichneten Gemälden schmücken lassen, die sämtliche Wissenschaften in herrlicher Anordnung darstellen. Auf die Außenmauern des Tempels und auf die Vorhänge, die während der Predigt des Priesters herabgelassen werden, damit der Schall seiner Stimme nicht verhallt und an den

Ohren der Zuhörer vorbeigeht, sind Sterne gemalt, deren Größe, Einflüsse und Bewegungen in drei Versen geschildert werden.

Auf der Innenseite der Mauer des ersten Kreises sind alle möglichen mathematischen Figuren abgebildet, bei weitem mehr, als Archimedes und Euklid entdeckt haben; sie sind in einem bestimmten Größenverhältnis zur Mauer angefertigt, sorgfältig gezeichnet und mit einem kurzen Vers versehen, der Definitionen und Erklärungen enthält. Auf der konvexen Außenseite dieser Mauer erblickt man zunächst eine vollständige und umfassende Beschreibung der Erde. Darauf folgen Spezialkarten der einzelnen Provinzen, auf denen Sitten und Bräuche, Gesetze, Herkunft und Streitkräfte jedes Volkes in einem kurzen Prosabericht zusammengefasst sind; das in der jeweiligen Provinz gebräuchliche Alphabet steht über dem Alphabet des Sonnenstaates.

Auf der Innenseite der Mauer des zweiten Kreises sind alle möglichen Gesteinsarten, Edelsteine wie gewöhnliche Steine, außerdem Minerale und Metalle abgebildet, wobei neben dem Bild ein Stück des entsprechenden Erzeugnisses in natura nebst einer Erklärung in zwei Versen angebracht ist. Auf der Außenseite dieser Kreismauer sind alle Meere, Flüsse, Seen und Quellen, die es in der Welt gibt, aufgezeichnet, ebenso sämtliche Wein- und Ölsorten und andere Flüssigkeiten mit Angabe ihrer Herkunft, ihrer Eigenschaften und Wirkungen. Flaschen, die Flüssigkeiten zur Heilung der verschiedenen Krankheiten enthalten, stehen in Mauernischen über den Schwibbogen und wurden auf diese Weise schon seit hundert, ja einige seit dreihundert Jahren aufbewahrt. Hagel, Schnee, Gewitter und andere Erscheinungen der Atmosphäre sind ebenfalls im Bilde festgehalten und durch Verse erläutert. Man versteht auch die Kunst, im Zimmer alle möglichen atmosphärischen Erscheinungen wie Wind, Regen, Gewitter, Regenbogen usw. zu erzeugen.

Auf der Innenseite der dritten Kreismauer sind alle Baum- und Pflanzenarten abgebildet, und einige lebende Pflanzen stehen in Vasen auf den Schwibbogen der äußeren Mauer. Eine Inschrift gibt jeweils Auskunft über ihre ursprüngliche Heimat, ihre Kräfte und Eigenschaften sowie ihre Beziehungen zu den Gestirnen, den Metallen, den menschlichen Organen und zu den Meeresprodukten, außerdem über ihre Verwendbarkeit in der Heilkunde usw. Auf der Außenseite werden alle Arten von Fluss-, See- und Meeresfischen aufgezeigt, ihre Lebensweise, ihre Eigenschaften, ihre Fortpflanzungs-, Lebens- und Aufzuchtbedingungen, ihr Nutzen für die Welt, insbesondere für uns, ferner ihre Ähnlichkeit mit himmlischen und irdischen Dingen, die auf natürliche oder künstliche Weise entstanden sind. Vor allem wunderte ich mich, als ich so genannte Bischofsfische, Kettenfische, Panzerfische, Nagelfische, Sternfische und Penisfische entdeckte, die eine frappante Ähnlichkeit mit den Objekten haben, nach denen sie benannt sind. Da erblickt man Igel, Muscheln, Austern usw., mit einem Wort: alles, was die Wasserwelt an Wissenswertem birgt, findet man auf diesem trefflichen Gemälde abgebildet und erläutert.

Auf der Innenwand der vierten Kreismauer sind sämtliche Vogelarten gemalt. Von allen werden Größe, Farbe, Lebensweise und sonstige Eigenschaften angegeben. Auch der Phönix ist als ein wirklich existierendes Wesen dargestellt. Auf der Außenseite dieser Mauer sind alle Arten von Reptilien vertreten; wie Schlangen, Drachen, Würmer, ferner Insekten, wie Fliegen, Mücken, Bremsen und Käfer, mit ihren Lebensbedingungen, ihren guten und schlechten, nützlichen und schädlichen Eigenschaften. Diese Tiere kommen viel zahlreicher vor, als man meint. Auf der Innenseite der fünften Kreismauer sind so viele Arten von höchstentwickelten Landtieren dargestellt, dass man aus dem Staunen nicht heraus kommt. Bei uns kennt man nicht den tausendsten Teil davon. Da ihre Zahl so groß ist und die Abbildungen in riesigen Dimensionen gehalten sind, bedecken sie auch noch die Außenfläche der Mauer. Wie viele Arten von Pferden gibt es da nur! Wie meisterhaft sind sie gezeichnet! Darüber könnte man wirklich ein gelehrtes Buch schreiben.

Auf der Innenseite der sechsten Kreismauer sind alle Handwerke und die dazugehörigen Werkzeuge abgebildet. Eine Inschrift erläutert, auf welche Weise sie bei den verschiedenen

Völkern ausgeübt, bzw. angewendet werden. Sie sind nach ihrer Wichtigkeit geordnet und mit Erklärungen versehen; gleichzeitig sind die Namen ihrer Erfinder angegeben. Die Außenseite dieser Mauer ist mit den Bildnissen jener Männer geschmückt, die sich entweder durch Entdeckungen in den Wissenschaften oder durch Erfindungen in der Waffenherstellung ausgezeichnet haben, ferner mit den Porträts der Gesetzgeber. Da sah ich Moses, Osiris, Jupiter, Merkur, Lykurg, Pompilius, Pythagoras, Zamolxis, Solon, Charondas, Phoroneus und viele andere. Sogar Mohammed war darunter, obwohl er im Sonnenstaat gehasst wird, weil er als Betrüger und schlechter Gesetzgeber gilt. An besonderer Stelle erblickte ich das Bild Jesu Christi und die Bildnisse der zwölf Apostel, die dort sehr verehrt, bewundert und für Übermenschen (supra homines) gehalten werden. Ferner sah ich Cäsar, Alexander, Pyrrhus, Hannibal und andere Helden, vor allem Römer, die sich in Krieg und Frieden besonders ausgezeichnet hatten; letztere sind in den unten gelegenen Säulenhallen abgebildet. Als ich die Bürger des Sonnenstaates verwundert fragte, woher ihnen unsere Geschichte bekannt sei, erklärten sie, dass sie alle Sprachen verstünden und dass sie laufend Kundschafter und Gesandte über den ganzen Erdkreis ausschicken, welche die Sitten und Gebräuche der Völker, ihre militärische Stärke, ihre Regierungsformen und ihre Geschichte sowie ihre guten und schlechten Eigenschaften gründlich studieren und ihnen dann alles berichten müßten, was sie für sich alsbald vorteilhaft auszuwerten verstehen. Bei dieser Gelegenheit erfuhr ich, dass die Chinesen schon vor uns die Bombarden und den Buchdruck erfunden haben. Die Lehrer erklären diese Bilder, und die Kinder eignen sich alle Wissenschaften mühelos und gleichsam spielend durch Anschauung an, noch ehe sie zehn Jahre alt sind.

Liebe betreut vor allem das Zeugungsgeschäft, d. h. sorgt dafür, dass Männer und Frauen so verbunden werden, dass die bestmögliche Nachkommenschaft erzielt wird. Die Bürger des Sonnenstaates machen sich über uns lustig, weil wir uns sorgfältig auf die Züchtung von Hunden und Pferden verlegen, uns selbst dagegen vernachlässigen.

Liebe leitet auch die Aufziehung der Kinder, die Herstellung der Arzneien, die Aussaat, die Ernte von Feld- und Baumfrüchten, den Ackerbau, die Viehzucht, die Auswahl und Zubereitung der Speisen, überhaupt alles, was sich auf Ernährung, Kleidung und Geschlechtsverkehr bezieht, und ihm sind alle Amtspersonen, welche die betreffenden Fachabteilungen leiten, unterstellt.

Der Metaphysikus regiert im Einvernehmen mit diesen drei Regenten; ohne ihn geschieht nichts, sodass alle Staatsgeschäfte von diesen vier gemeinsam erledigt werden. Was der Metaphysikus will, wird von den anderen von selbst gutgeheißen.

Hausvater: Sage mir bitte: Die Obrigkeit, die Ämter, ihre Funktionen, die Erziehung und Lebensweise – ist dies alles republikanisch, monarchisch oder aristokratisch?

Seemann: Die Bürger des Sonnenstaates waren aus Indien, ihrer ursprünglichen Heimat, geflüchtet, um dort nicht den Magiern, Räubern und Tyrannen, die das Land verwüstet hatten, in die Hände zu fallen, und hatten beschlossen, ein philosophisches Leben in der Gemeinschaft zu führen. obwohl Weibergemeinschaft bei den anderen Bewohnern des Landes nicht vorkommt, ist sie bei den Bürgern des Sonnenstaates üblich, und zwar auf folgende Art und Weise: alles ist Gemeingut, die Verteilung aber ist Sache der Obrigkeit. Die Wissenschaften, die Ehrenstellen und Lebensgenüsse sind in der Art gemeinschaftlich, dass sich keiner von den anderen etwas aneignen kann.

Sie behaupten, das Eigentum habe bei uns nur entstehen und sich behaupten können, weil wir eigene Wohnstätten, eigene Frauen und eigene Kinder haben. Daraus entspricht die Selbstsucht: Wer nämlich seinem Sohn zu Reichtum und Ansehen verhelfen und ihm viele Güter hinterlassen will, vergreift sich zu diesem Zwecke am Gemeinbesitz, und wer nichts fürchtet, wird auf diese Weise reich und angesehen. Wer aber schwächlich, arm und von geringer Herkunft ist, wird geizig, hinterlistig und verlogen. Haben wir jedoch die Selbstsucht aufgegeben (denn die Selbstsucht ist gegenstandslos geworden, wenn es kein Eigentum mehr gibt), so bleibt in uns einzig die Liebe zum Gemeinwesen zurück.

Morelly (um 1715–2. Hälfte 18. Jh.)

Auszug aus: »Grundgesetz der Natur«

Ungefähr je tausend Menschen, in denen alle Berufe und Gewerbe vertreten sind, erhalten so viel Land, als zu ihrer Ernährung notwendig ist. Sie kommen dahin überein, dass ihnen alles gemeinsam sein soll, und damit keine Unordnung in dieser Gemeinschaft herrsche, und damit jeder ohne Widerwillen, ohne Langweile und ohne Ermüdung beitragen könne zur Erzeugung der zum Leben erforderlichen Gegenstände, treffen sie nachstehende Verabredung:

Alle gemeinsam bestellen die Felder, besorgen die Ernte und bergen die Früchte in einem gemeinsamen Speicher. In der Zeit, die zwischen diesen landwirtschaftlichen Arbeiten liegt, befasst sich jeder mit seiner Sonderbeschäftigung. Es gibt auf diese Weise eine genügende Zahl von Arbeitern, um die Rohstoffe zu veredeln und alle zum Leben erforderlichen Bedarfsartikel herzustellen. Die Arbeiter, die von der Gesamtheit mit Rohstoffen, Werkzeugen und Subsistenzmitteln versorgt werden, haben lediglich dafür Sorge zu tragen, dass die fraglichen Artikel in genügender Menge hergestellt und entsprechend verteilt werden, damit niemand aus der Gesellschaft an denselben Mangel leide.*

Johann Heinrich Zedler (1706–1751)

Die Insel Bimini

Eine von denen Lucayischen Inseln, in Nord-America der Insel Bahama gegen Mittag, und nicht weit von der Küste Florida unterm 298. Gr. Long. und 25. Gr. Latit. gelegen. Es ist sehr beschwerlich selbige anzulanden, weil sich viele Klippen daselbst befinden und das Meer gemeiniglich daselbst sehr stürmet. Sie ist sehr lustig und fruchtbar; und war ehemals wegen eines gewissen Brunnens sehr berühmt, welcher alte Leute wieder soll verjüngert haben. Auch haben sich von denen benachbarten Orten viel Manns-Personen zu wohnen dahin begeben, weil schönes Frauen-Volck sich daselbst haben befinden sollen

---

* Diese bedeutende Sozialutopie wurde mehrere Jahrhunderte Diderot zugeschrieben!

Heine, Heinrich (1797–1856)
Bimini und das Wasser des Lebens

Seltsam! Aus des Wunderglaubens
Wunderzeit klingt mir im Sinne
Heut beständig die Geschichte
Von Don Juan Ponce de Leon,

Welcher Florida entdeckte,
Aber jahrelang vergebens
Aufgesucht die Wunderinsel
Seiner Sehnsucht: Bimini!

Bimini! bei deines Namens
Holdem Klang, in meiner Brust
Bebt das Herz, und die verstorbnen
Jugendträume, sie erwachen.

Auf den Häuptern welke Kränze,
Schauen sie mich an wehmütig;
Tote Nachtigallen flöten,
Schluchzen zärtlich, wie verblutend.

Und ich fahre auf, erschrocken,
Meine kranken Glieder schüttelnd
Also heftig, daß die Nähte
Meiner Narrenjacke platzen –

Doch am Ende muß ich lachen,
Denn mich dünket, Papageien
Krischten drollig und zugleich
Melancholisch: Bimini.

Hilf mir, Muse, kluge Bergfee
Des Parnasses, Gottestochter,
Steh mir bei jetzt und bewähre
Die Magie der edlen Dichtkunst –

Zeige, daß du hexen kannst,
Und verwandle flugs mein Lied
In ein Schiff, ein Zauberschiff,
Das mich bringt nach Bimini!

Kaum hab' ich das Wort gesprochen,
Geht mein Wunsch schon Erfüllung,
Und vom Stapel des Gedankens
Läuft herab das Zauberschiff.

Wer will mit nach Bimini?
Steiget ein, ihr Herrn und Damen!
Wind und Wetter dienend, bringt
Euch mein Schiff nach Bimini.

Leidet ihr am Zipperlein,
Edle Herren? Schöne Damen,
Habt ihr auf der weißen Stirn
Schon ein Rünzelchen entdeckt?

Folget mir nach Bimini,
Dorten werdet ihr genesen
Von den schändlichen Gebresten;
Hydropathisch ist die Kur!

Fürchtet nichts, ihr Herrn und Damen,
Sehr solide ist mein Schiff;
Aus Trochäen, stark wie Eichen,
Sind gezimmert Kiel und Planken.

Phantasie sitzt an dem Steuer,
Gute Laune bläht die Segel,
Schiffsjung' ist der Witz, der flinke;
Ob Verstand an Bord? Ich weiß nicht!

Meine Rahen sind Metaphern,
Die Hyperbel ist mein Mastbaum,
Schwarz-rot-gold ist meine Flagge,
Fabelfarben der Romantik –

Trikolore Barbarossas,
Wie ich weiland sie gesehen
Im Kyffhäuser und zu Frankfurt
In dem Dome von Sankt Paul. –

Durch das Meer der Märchenwelt,
Durch das blaue Märchenweltmeer,
Zieht mein Schiff, mein Zauberschiff
Seine träumerischen Furchen.

Funkenstäubend mir voran,
In dem wogenden Azur,
Plätschert, tummelt sich ein Heer
Von großköpfigen Delphinen –

Und auf ihrem Rücken reiten
Meine Wasserpostillone,
Amoretten, die pausbäckig
Auf bizarren Muschelhörnern

Schallende Fanfaren blasen –
Aber horch! da unten klingt
Aus der Meerestiefe plötzlich
Ein Gekicher und Gelächter.

Ach, ich kenne diese Laute,
Diese süßmokanten Stimmen –
Das sind schnippische Undinen,
Nixen, welche skeptisch spötteln

Über mich, mein Narrenschiff,

Meine Narrenpassagiere,
Über meine Narrenfahrt
Nach der Insel Bimini.

Juan Ponce de Leon wahrlich
War kein Thor, kein Faselante,
Als er unternahm die Irrfahrt
Nach der Insel Bimini.

Ob der Existenz der Insel
Hegt er niemals einen Zweifel –
Seiner alten Kaka Singsang
War ihm Bürgschaft und Gewähr.

Mehr als andre Menschenkinder
Wundergläubig ist der Seemann:
Hat er doch vor Augen stets
Flammend groß die Himmelswunder,

Während ihn umrauscht beständig
Die geheimnisvolle Meerflut,
Deren Schoß entstiegen weiland
Donna Venus Aphrodite. –

In den folgenden Trochäen
Werden wir getreu berichten,
Wie der Ritter viel Strapazen,
Ungemach und Drangsal ausstand –

Ach, anstatt von altem Siechtum
Zu genesen, ward der ärmste
Heimgesucht von vielen neuen
Leibesübeln und Gebresten.

Während er die Jugend suchte,
Ward er täglich noch viel älter,

Und verrunzelt, abgemergelt
Kam er endlich in das Land.

In das stille Land, wo schaurig
Unter schattigen Cypressen
Fließt ein Flüßlein, dessen Wasser
Gleichfalls wunderthätig heilsam –

Lethe heißt das gute Wasser!
Trink daraus, und du vergißt
All dein Leiden – ja, vergessen
Wirst du, was du je gelitten –

Gutes Wasser! gutes Land!
Wer dort angelangt, verläßt es
Nimmermehr – denn dieses
Land Ist das wahre Bimini.

Ludwig Bechstein (1801–1860)
Cucagna oder Das Märchen vom Schlaraffenland
Hört zu, ich will euch von einem guten Lande sagen, dahin würde mancher auswandern, wüßte er, wo selbes läge und eine gute Schiffsgelegenheit. Aber der Weg dahin ist weit für die Jungen und für die Alten, denen es im Winter zu heiß ist und zu kalt im Sommer. Diese schöne Gegend heißt Schlaraffenland, auf Welsch Cucagna, da sind die Häuser gedeckt mit Eierfladen, und Türen und Wände sind von Lebzelten und die Balken von Schweinebraten. Was man bei uns für einen Dukaten kauft, kostet dort nur einen Pfennig. Um jedes Haus steht ein Zaun, der ist von Bratwürsten geflochten und von bayerschen Würsteln, die sind teils auf dem Rost gebraten, teils frisch gesotten, je nachdem sie einer so oder so gern isst. Alle Brunnen sind voll Malvasier und anderer süßer Weine, auch Champagner, die rinnen einem nur so in das Maul hinein, wenn er es an die Röhren hält. Wer also gern solche Weine trinkt, der eile sich, dass er in das Schlaraffenland hineinkomme. Auf den Birken und Weiden da

wachsen die Semmeln frischbacken, und unter den Bäumen fließen Milchbäche; in diese fallen die Semmeln hinein und weichen sich selbst ein für die, so sie gern einbrocken; das ist etwas für Weiber und für Kinder, für Knechte und Mägde! Holla, Gretel, holla, Steffel! wollt ihr nicht auswandern? Macht euch herbei zum Semmelbach und vergeßt nicht, einen großen Milchlöffel mitzubringen!

Die Fische schwimmen in dem Schlaraffenland obendrauf auf dem Wasser, sind auch schon gebacken oder gesotten und schwimmen ganz nahe am Gestade; wenn aber einer gar zu faul ist und ein echter Schlaraff, der darf nur rufen »bst, bst!«, so kommen die Fische auch heraus aufs Land spaziert und hüpfen dem guten Schlaraffen in die Hand, dass er sich nicht zu bücken braucht.

Das könnt ihr glauben, dass die Vögel dort gebraten in der Luft herumfliegen, Gänse und Truthähne, Tauben und Kapaunen, Lerchen und Krammetsvögel, und wem es zuviel Mühe macht, die Hand darnach auszustrecken, dem fliegen sie schnurstracks ins Maul hinein. Die Spanferkel geraten dort alle Jahre überaus trefflich; sie laufen gebraten umher, und jedes trägt ein Tranchiermesser im Rücken, damit, wer da will, sich ein frisches, saftiges Stück abschneiden kann.

Die Käse wachsen in dem Schlaraffenland wie die Steine groß und klein; die Steine selbst sind lauter Taubenkröpfe mit Gefülltem oder auch kleine Fleischpastetchen. Im Winter, wenn es regnet, so regnet es lauter Honig in süßen Tropfen, da kann einer lecken und schlecken, das es eine Lust ist, und wenn es schneit, so schneit es klaren Zucker, und wenn es hagelt, so hagelt es Würfelzucker, untermischt mit Feigen, Rosinen und Mandeln.

In Schlaraffenland legen die Rosse keine Roßäpfel, sondern Eier, große, ganze Körbe voll und ganze Haufen, sodass man tausend um einen Pfennig kauft. Und das Geld kann man von den Bäumen schütteln wie gute Kastanien. Jeder mag sich das Beste herunterschütteln und das Minderwerte liegenlassen.

In dem Lande hat es auch große Wälder, da wachsen im Buschwerk und auf Bäumen die schönsten Kleider: Röcke, Mäntel,

Schauben, Hosen und Wämser von allen Farben, schwarz, grün, gelb (für die Postillons), blau oder rot, und wer ein neues Gewand braucht, der geht in den Wald und wirft es mit einem Stein herunter oder schießt mit dem Bolzen hinauf. In der Heide wachsen schöne Damenkleider von Sammet, Atlas, Gros de Naples, Barege, Madras, Taft, Nanking usw. Das Gras besteht aus Bändern von allen Farben, auch ombriert. Die Wacholderstöcke tragen Broschen und goldene Chemisett- und Mantelett-Nadeln, und ihre Beeren sind nicht schwarz, sondern echte Perlen. An den Tannen hängen Damenuhren und Chatelaines sehr künstlich. Auf den Stauden wachsen Stiefel und Schuhe, auch Herren- und Damenhüte, Reisstrohhüte und Marabouts und allerlei Kopfputz mit Paradies-Vögeln, Kolibris, Brillant-Käfern, Perlen, Schmelz und Goldborten verziert.

Dieses edle Land hat auch zwei große Messen und Märkte mit schönen Freiheiten. Wer eine alte Frau hat und mag sie nicht mehr, weil sie ihm nicht mehr jung genug und hübsch ist, der kann sie dort gegen eine junge und schöne vertauschen und bekommt noch ein Draufgeld. Die alten und garstigen (denn ein Sprichwort sagt, wenn man alt wird, wird man garstig) kommen in ein Jungbad; darin baden die alten Weiber etwa drei Tage oder höchstens vier, da werden schmucke Dirnlein daraus von siebzehn oder achtzehn Jahren.

Auch viel und mancherlei Kurzweil gibt es in dem Schlaraffenlande. Wer hierzulande gar kein Glück hat, der hat es dort im Spiel und Lustschießen, wie im Gesellenstechen. Mancher schießt hier alle sein Lebtag nebenaus und weit Vom Ziel, dort aber trifft er, und wenn er der Allerweiteste davon wäre, doch das Beste. Auch für die Schlafsäcke und Schlafpelze, die hier von ihrer Faulheit arm werden, dass sie bankrott machen und betteln gehen müssen, ist jenes Land vortrefflich. Jede Stunde Schlafens bringt dort einen Gulden ein, und jedes Gähnen einen Doppeltaler. Wer im Spiel verliert, dem fällt sein Geld wieder in die Tasche. Die Trinker haben den besten Wein umsonst, und von jedem Trunk und Schlunk drei Batzen Lohn, Sowohl Frauen als Männer. Wer die Leute am besten necken und aufziehen kann, bekommt jeweil einen Gulden. Keiner darf etwas umsonst tun, und wer die größte Lüge macht, der hat allemal eine Krone dafür. Hierzulande lügt so mancher drauf und drein und hat nichts für diese seine Mühe; dort aber hält man Lügen für die beste Kunst. Daher lügen sich wohl in das Land allerlei Procura-, Dok- und andere -toren, Roßtäuscher und die.

Handwerksleute, die ihren Kunden stets aufreden und nimmer Wort halten. Wer dort ein gelehrter Mann sein will, muss auf einen Grobian studiert haben. Solcher Studenten gibt es auch bei uns zulande, haben aber keinen Dank davon und keine Ehren. Auch muss er dabei faul und gefräßig sein, das sind drei schöne Künste. Ich kenne einen, der kann alle Tage Professor werden.

Wer gern arbeitet, Gutes tut und Böses lässt, dem ist jedermann dort abhold, und er wird Schlaraffenlandes verwiesen. Aber wer tölpisch ist, gar nichts kann und dabei doch voll dummen Dünkels, der ist dort als ein Edelmann angesehen. Wer nichts kann als schlafen, essen, trinken, tanzen und spielen, der wird zum Grafen ernannt. Der aber, welchen das allgemeine Stimmrecht als den Faulsten und zu allem Guten Untauglichsten erkannt, der wird König über das ganze Land und hat ein großes Einkommen.

Nun wisst ihr des Schlaraffenlandes Art und Eigenschaft. Wer sich also auftun und dorthin eine Reise machen will, aber den Weg nicht weiß, der frage einen Blinden; aber auch ein Stummer ist gut dazu, denn der sagt ihm gewiss keinen falschen Weg. Um das Land herum ist aber eine berghohe Mauer von Reisbrei. Wer hinein oder heraus will, muss sich da erst durchfressen.

Eduard Mörike (1804–1875)

Du bist Orplid, mein Land

Ich hatte in meinen akademischen Jahren einen trefflichen Freund, mit welchem ich, abseits von unsern ordentlichen Studien und freilich auch mitunter sehr auf ihre Kosten, gemeinschaftlich gewisse Lieblingsfächer pflegte. Wir trieben Musik, wir lasen die alten und neueren Dichter zusammen; vornehmlich war es Shakespeare, der uns auf Weg und Steg begleitete. In selbsttätiger Weise ging man auf Poesie als solche gar nicht aus. Wir ersannen wohl Märchen genug und Geschichten, insonderheit war nach und nach ein halbes Dutzend hochkomischer Figuren aufgekommen und ordentlich zu Fleisch und Blut geworden, sodass sie gleichsam einen Teil unseres täglichen Umgangs ausmachten. Dies alles aber diente nur dem gegenwärtigen Genuss, an einen künftigen Gebrauch, an kunstmäßige Form, an eine Autorschaft dachte keiner von beiden.

In diesem Sinne nun erfanden wir für unsere Dichtung einen außerhalb der bekannten Welt gelegenen Boden, eine abgeschlossene Insel, auf welcher ein kräftiges Heldenvolk, in verschiedene Stämme und Grenzen geteilt, verschieden in Charakter, jedoch von wesentlich gleichartiger Religion, gewohnt haben sollte.

Die Insel hieß Orplid, und ihre Lage dachte man sich im Stillen Ozean östlich von Neuseeland. Orplid hieß vorzugsweise die Stadt des bedeutendsten Königreichs. Dieselbe war auf Felsengrund in einem großen herrlichen Landsee gelagert. Sie soll von göttlicher Gründung gewesen sein und die Göttin Weyla, von welcher der Hauptfluss seinen Namen hatte, war ihre vorzügliche Beschützerin. Stückweise und nach den wichtigsten Zeiträumen erzählten wir uns die Geschichte dieser Völker. An merkwürdigen Kriegen und Abenteuern fehlte es nicht. Unsere Götterlehre ähnelte in einzelnen Gestalten der Homerischen, schloß auch romantische Ingredienzien, wie die untergeordnete Welt der Elfen, Feen, Kobolde nicht aus, bewahrte aber immerhin eine gewisse Eigentümlichkeit.

Orplid, vormals der Augapfel der Himmlischen, zog sich im Lauf der späteren Jahrhunderte den schweren Zorn derselben zu, als unter der Herrschaft des letzten, vergötterten Königs die alte Sitteneinfalt überall einer verderblichen Verfeinerung der Denkart wich. Ein schreckliches Verhängnis raffte die lebende Menschheit dahin, selbst ihre Wohnungen sanken in Staub, nur das Lieblingskind Weylas, Burg und Stadt Orplid, durfte obgleich ausgestorben und öde, als ein traurig schönes Denkmal vergangener Hoheit stehen bleiben. Die Götter wandten sich auf ewig von diesem Schauplatz ab.

Gesang Weylas:

Du bist Orplid, mein Land!
Das ferne leuchtet;
Vom Meere dampfet dein besonnter Strand
Den Nebel, so der Götter Wange feuchtet.

Uralte Wasser steigen
Verjüngt um deine Hüften, Kind!
Vor deiner Gottheit beugen
Sich Könige, die deine Wärter sind.

Börries Freiherr von Münchhausen (1874–1945)
Avalun

Mir liegt ein Land im Sinn. Ich weiß es nicht,
wann ich es sah in meinen Heimwehträumen,
doch meine Sehnsucht, wenn sie Kränze flicht,
pflückt Blüten sich von seinen Apfelbäumen.

Und meine Sehnsucht wandelt göttlich leicht
die grünen Gartenhänge auf und nieder,
mit Schmeichelhänden sie ein Windhauch streicht
und flüstert ihr ins Ohr verwehte Lieder.
Im fernen Grund spielt eine Mädchenschar,
die hellen Kleider rot von Abendstrahlen,
und wie sie laufen, blitzen wunderbar
die schmalen Sohlen ihrer Goldsandalen.
Wie Silberregen ihr Gelächter fällt
in dieser Hügel feierliches Schweigen
und schüttelt in der weißen Blütenwelt
viel tausend Sternchen von den wirren Zweigen.

Und sinnend schreit' ich. Alle Wunsche ruhn.
Ich fühl's, ich bin zu Haus an diesen Bächen.
Traumheimat meiner Seele, Avalun! –
Mir ist, als hört' ich meine Mutter sprechen.

James Hilton (1900–1954)

Das Geheimnis von Shangri La

An diesem Abend fand Conway nach dem Abendessen einen Vorwand, die andern zu verlassen und in die stillen, in Mondlicht getauchten Höfe hinauszuschlendern. Shangri-La war um diese Zeit bezaubernd, angeweht vom Geheimnis, das im Kern aller Schönheit ruht. Die Luft war kalt und still. Der mächtige Spitzturm des Karakal schien viel näher als bei Tageslicht. Conway fühlte sich körperlich wohl, im Gemüt befriedigt und geistig beruhigt. Aber in seinem Verstand – und der ist nicht ganz dasselbe wie Geist – regte sich etwas. Er stand vor einem Rätsel. Die Grenzlinie des Geheimnisvollen, die er abzustecken begonnen hatte, hob sich schärfer ab, aber nur, um die Unerforschlichkeit des Hintergrunds zu enthüllen. Die erstaunlichen Erlebnisse, die er und seine Gefährten gehabt hatten, sammelten sich nun sozusagen in einem Brennpunkt; er konnte sie noch nicht verstehn, aber sie schienen ihm nicht unverständlich.

Einen Kreuzgang durchschreitend, gelangte er auf die Terrasse, die über das Tal hinausragte. Der Duft von Tuberosen drang voll zarter Gedankenverbindungen auf ihn ein; in China hieß er der »Duft des Mondscheins«. Es kam ihm der wunderliche Gedanke, wenn auch das Mondlicht einen Klang hätte, könnte es ganz gut der Klang der Rameau-Gavotte sein, die er eben erst gehört hatte, und das erinnerte ihn an die kleine Mandschu,. Er hatte sich nicht vorgestellt, dass Frauen in Shangri-La sein könnten; man verband ihre Anwesenheit nicht mit dem Begriff des Klosterlebens. Immerhin war es vielleicht keine unangenehme Neuerung; eine Harpsichordspielerin war wohl ein Gewinn für eine Gemeinschaft, die es sich, mit Tschangs Worten ausgedrückt, gestattete, gemäßigt ketzerisch zu sein.

Er blickte über den Rand in die blauschwarze Leere. Der

Absturz war phantastisch; vielleicht tiefer als zwölfhundert Meter. Ob man ihm wohl gestatten werde, hinabzusteigen, um das Tal und das Leben seiner Bewohner zu besichtigen, von dem die Rede gewesen war? Diese seltsame Kulturinsel, versteckt zwischen unerforschten Bergketten und beherrscht von einer unbestimmten Theokratie, fesselte ihn, der sich viel mit Geschichte befasst hatte, ganz abgesehn von den seltsamen, aber vielleicht wesensverwandten Geheimnissen der Lamaserei.

Plötzlich trug ein Windhauch Laute von weit unten herauf. Angespannt lauschend vernahm er Gongs und Trompeten und – vielleicht bildete er sich das nur ein – vielstimmigen Klagegesang. Dann verklang alles, als der Wind sich drehte, kam wieder und schwand abermals. Aber diese Andeutung von Leben in den verschleierten Tiefen erhöhte nur noch die erhabene Abgeklärtheit von Shangri-La. Über den einsamen Höfen und bleichen Pavillons lag eine Ruhe, aus der die Hast und Sorge des Daseins verebbt waren; alles schien gedämpft zu sein, als wagten die Sekunden kaum vorbeizugleiten. Dann gewahrte er in einem Fenster hoch über der Terrasse den rosig goldenen Lichtschein einer Laterne. Widmeten sich etwa dort die Lamas der Betrachtung und dem Streben nach Weisheit, und waren diese Andachten eben jetzt in Gang? Die Frage schien sich nur so lösen zu lassen, dass er durch die nächste Tür einträte und durch Galerien und Gänge forschte, bis er der Wahrheit auf den Grund käme, – aber er wusste, dass solche Freiheit nur scheinbar war und in Wirklichkeit jeder seiner Schritte beobachtet wurde. Zwei Tibetaner waren auf weichen Sohlen über die Terrasse gekommen und verweilten nahe der Brüstung, dem Aussehn nach gutmütige Kerle, die ihre bunten Mäntel nachlässig über die nackte Schulter geworfen hatten. Die leisen Töne von Gongs und Trompeten drangen wieder herauf, und Conway hörte den einen Mann den andern etwas fragen. Dann vernahm er die Antwort: »Sie haben Talu begraben.« Conway, der nur geringe Kenntnisse des Tibetanischen besaß, hoffte, sie würden weitersprechen. Aus einer einzelnen Bemerkung konnte er nicht viel entnehmen. Nach einer Pause setzte der Frager, der unverständlich blieb, das Gespräch fort. Die Antworten aber konnte Conway hören und annähernd verstehn.

»Er starb draußen.«

»Er gehorchte den Hohen von Shangri-La.«

»Er kam durch die Luft über die großen Berge auf einem Vogel, der ihn trug.«

»Er hat auch Fremde gebracht.«

»Talu fürchtete sich nicht vor dem Sturmwind draußen, noch vor der Kälte draußen.«

»Es ist zwar schon lange her, dass er nach draußen ging, aber das Tal aller heiligen Zeiten gedenkt seiner noch.«

Weiter wurde nichts gesprochen, was Conway sich auslegen konnte, und nachdem er noch eine Weile gewartet hatte, ging er zurück in sein Quartier. Er hatte genug gehört, um wieder einen Schlüssel zu dem Geheimnis umzudrehn, der so gut passte, dass Conway sich wunderte, warum seine eigenen Schlussfolgerungen ihn nicht geliefert hatten. Der Gedanke war ihm natürlich schon früher durch den Kopf gegangen, ihm aber von Haus aus als viel zu phantastisch und vernunftwidrig erschienen. Nun erkannte er, dass die Vernunftwidrigkeit, so phantastisch sie war, als gegeben hingenommen werden musste. Der Flug von Baskul her war nicht das sinnlose Abenteuer eines Wahnsinnigen, sondern sorgfältig geplant und vorbereitet gewesen und auf Anstiftung von Shangri-La ausgeführt worden. Die hier lebten, kannten den Piloten mit Namen, er war in gewissem Sinne einer der ihren gewesen; sein Tod wurde betrauert. Alles wies auf einen höheren leitenden Geist, der seine eigenen Zwecke verfolgte; ein einziger großer Bogen der Absicht überspannte sozusagen die unerklärlichen Stunden und Meilen. Aber welches Aber welches war diese Absicht? Aus welchem denkbaren Grund waren vier zufällige Passagiere eines britischen Regierungsflugzeugs in diese Einöden des Transhimalaya hinweggezaubert worden?

Conway stand ziemlich ratlos vor dieser Frage, betrachtete sie aber keineswegs nur mit Missfallen. Sie forderte ihn auf die einzige Art heraus, auf die er sich gern herausfordern ließ, – indem sie an eine gewisse Geistesklarheit rührte, die nur nach einer entsprechenden Aufgabe verlangte. Eines entschied er sogleich: Der kalte Freudenschauer der Entdeckung durfte noch nicht mitgeteilt werde – weder seinen Gefährten, die ihm nicht helfen konnten, noch seinen Gastgebern, die ihm zweifellos nicht helfen wollten.

Kapitel 4

Die Dichter:
Von Homer, Novalis und Donovan

Lieder, Gedichte und Geschichten von und über Atlantis

Dergleichen bereichert den Menschen wahrhaft, und so kann auch manche versunken geglaubte Atlantis unsers Gemüts wiederentdeckt werden
LUDWIG TIECK (1753–1815)

Mir war's, als ob ich in der deutschen Wüste
Von einem fernen Quell das Rieseln höre,
Und träumend lag ich an Atlantis' Küste,
GEORG HERWEGH (1817–1875)

The continent of Atlantis was an island which lay before the great flood in the area we nowcall the Atlantic Ocean.So great an area of land, that from her western shores those beautiful sailors journeyed to theSouth and the North Americas with ease, in their ships with painted sails.
DONOVAN LEITCH (1946)

Diodoros Siculus (1. Jh. v. Chr.)

Der Mythos der Atlantioi

Das Königreich wurde unter die Söhne von Uranos aufgeteilt, von denen Atlas und Kronos die berühmtesten waren. Von diesen Söhnen erhielt Atlas als seinen Teil die Gebiete an der Küste des Ozeans, und er gab seinem Volk nicht nur den Namen Atlantioi, sondern nannte den größten Berg in dem Land Atlas. Sie behaupten auch, dass er die Wissenschaft der Astrologie vervollkommnete und als erster der Menschheit die Lehre von dem Himmelsgewölbe bekanntgab und dass aus diesem Grunde die Vorstellung sich bildete, dass der gesamte Himmel auf den Schultern von Atlas ruhe.

Aelian (um 17O – um 235 n. Chr.)

Das Kopfband der Widder

Sie überwintern in der Nähe der Meerenge, die Korsika und Sardinien trennt. Das männliche Tier, der Widder, hat ein weißes Band um die Stirn. Man würde sagen, es ähnele dem Diadem von Lysimamus oder Antigonus oder dem eines anderen mazedonischen Königs. Die Bewohner der Küsten des Ozeans erzählen, dass in früheren Zeiten die Könige von Atlantis, [die] Nachkommen von Poseidon, als Zeichen ihrer Macht das Kopfband der Widder auf dem Kopf trugen und dass ihre Gemahlinnen, die Königinnen, als Zeichen ihrer Macht das Kopfband der weiblichen Tiere trugen.

Arnobius (3. Jh. n Chr.)

Das Atlantis von Neptun

Ist es unsere (der Christen) Schuld, dass vor zehntausend Jahren eine Große Schar Männer von der Insel, die das Atlantis von Neptun genannt wird, wie Plato und berichtet, kamen und zahllose Volksstämme überfielen und unterrichteten.

Dante Alighieri (1265–1321)
Odysseus Scheitern in der Brandung von Atlantis

Seit hinter uns den Engpaß wir gelassen,
Als sich ein Berg uns zeigte, welchen dämmrig
Die Ferne scheinen ließ, und solcher Höhe
Als keinen noch ich je zuvor gesehen.
Wir freuten uns, doch folgten bald die Tränen;
Denn von dem neuen Land' erhob ein Sturm sich,
Der unsres Schiffes Vorderteil erfaßte.
Dreimal trieb er im Kreis' es mit den Wellen;
Beim vierten hob das Steuer er empor
Und ließ auf höhren Willen in die Tiefe
Den Schnabel schießen, bis das Meer uns deckte. –

Christoph Martin Wieland (1733–1813)
Die berühmte Insel Atlantis war ihm so bekannt
Die berühmte Insel Atlantis war ihm so bekannt, als ob er alle ihre herrlichen Paläste, Tempel, Marktplätze, Gymnasien, Amphitheater u.s.w. mit eignen Augen gesehen hätte; und er würde untröstbar gewesen sein, wenn ihm jemand in seinem dicken Buche von den Wanderungen der Insel Delos, oder in irgend einem andern von den dicken Büchern, die er über eben so interessante Materien hatte ausgehen lassen, die kleinste Unrichtigkeit hätte zeigen können.

Michael Ende (*1929)
Der Garten Eden
Der Mann liegt ganz still. Seine Augen suchen die des Kindes. Seine lächelnden Lippen bleiben fest geschlossen, dennoch hört der Knabe des Mannes Stimme: »Ich habe das Paradies gesucht.«

Danach entsteht eine lange Stille, und der Knabe hört nichts mehr, als das Pochen seines eigenen Herzens. Schließlich flüstert die Hure: »Du hast es natürlich nicht gefunden, weil es nicht existiert. Und nun hast du alle Hoffnung verloren, ist es nicht so?«

Der Mann hält den Blick des Kindes mit dem seinen fest. Seine Stimme klingt fast gelassen vor Unglück. »Hätte ich es nicht gefunden, so hätte ich die Hoffnung niemals verloren.«

Die schwarzsilbernen Fingernägel kämmen und kämmen durch sein Haar. »Sprich nur! Erzähle mir alles!«

Und der Knabe, immer noch eingeschlossen in den Blick des Mannes wie in eine Falle, hört dessen Stimme sagen: »Ich hätte weiter gesucht bis ans Ende meines Lebens. Und ich wäre glücklich gestorben, ohne je daran zu zweifeln, dass es irgendwo einen Ort gibt, wo alles schön und alles vollkommen ist. Und ich hätte es gut geheißen, dass niemand ihn finden kann.«

Die Stimme der Trösterin ist sanft wie der Biss eines Blutegels. »Warum hast du ihn dann gesucht?«

Als hätte dieser gefragt, antwortet der Mann dem Knaben: »Es war das Heimweh und es war so groß, dass mir keine Wahl blieb, etwas anderes zu tun. Mir war nicht wichtig, hineinzugelangen. Nur einen einzigen Blick in die vollkommene Schönheit wollte ich werfen. Die Gewissheit, dass es sie gab, wäre mir genug gewesen für alle Ewigkeit.« »Aber nun hast du es doch gefunden, das Paradies«, raunt die Hure und fährt immer fort, sein Haar zu durchsuchen. »Sie haben dich eingelassen, nicht wahr?«

Der Mann fährt so jäh empor, dass das graue Weib erschrocken zurückweicht, aber seine Stimme ist immer noch kalt und gleichgültig. »Mitten im Weltall«, sagt er in den großen Blick des Kindes hinein, »gibt es eine Ringmauer aus undurchdringlicher Schwere. über der Pforte stehen eingemeißelt die Worte: DER GARTEN EDEN. Ich berührte die Gitterstäbe des verschlossenen Tores und sie zerfielen mir unter den Händen zu Rost und Moder. Ich trat durch das Tor und sah vor mir eine endlose Landschaft aus Asche und Schlacke und in der Mitte einen riesenhaften versteinerten Baum, der seine Äste in den schwarzen Himmel krallte. Und während ich noch stand und schaute, regte sich etwas neben mir, und aus einem schwarzen Loch im Boden kroch wie eine Riesenspinne ein Wesen hervor. Ich konnte nur erkennen, dass es entsetzlich ausgetrocknet und entsetzlich alt war und riesige Flügel hinter sich herschleifte. Und das Wesen wälzte sich heran und schrie in einem fort: Kommt wieder! Kommt wieder, Menschenkinder! Und es raufte sich Fäuste voll Federn aus und warf sie nach mir. Ich wich vor ihm zurück, da begann es zu kreischen und zu lachen und schrie immer weiter: Ist doch niemand mehr da außer mir! Ich bin allein, allein, allein! – Da bin ich geflohen, ich weiß nicht wie und wohin und auch nicht mehr, ob es nur eine Stunde war oder tausend Jahre.«

Der Mann bleibt reglos sitzen, die Beine grade ausgestreckt vor sich, immer noch das gleiche böse Lächeln auf dem Gesicht, aber nun schaut er vor sich nieder und entlässt den Knaben aus seinem Blick. Und wieder tritt eine Stille ein, so endgültig, als sei aller Klang aus der Welt verschwunden. Aber dann, als der Knabe schon meint, nicht mehr atmen zu können, sagt die Trösterin: »Komm! Ich kann machen, dass du deine Sehnsucht für immer vergisst. Dann wirst du aufhören, zu leiden.« …

Der Knabe blickt fragend zu dem Dschin auf. »War es denn das wirkliche Paradies, das der Mann gefunden hat?« »Was weiß ich«, antwortet die bronzene Stimme, »was fragst du mich danach!«

Friedrich Schiller (1759–1805)
Die große Insel Atlantis zu suchen
Auf die Unfehlbarkeit seines Kalkuls geht der Weltentdecker Kolumbus die bedenkliche Wette mit einem unbefahrenen Meere ein, die fehlende zwote Hälfte zu der bekannten Hemisphäre, die große Insel Atlantis zu suchen, welche die Lücke auf seiner geographischen Karte ausfüllen sollte. Er fand sie, diese Insel seines Papiers, und seine Rechnung war richtig.

Novalis (1772–1801)
Das Atlantismärchen

Der Sänger

Eine andere Geschichte, fuhren die Kaufleute nach einer Pause fort, die freilich nicht so wunderbar und auch aus spätern

Zeiten ist, wird Euch vielleicht doch gefallen und Euch mit den Wirkungen jener wunderbaren Kunst noch bekannter machen. Ein alter König hielt einen glänzenden Hof. Weit und breit strömten Menschen herzu, um teil an der Herrlichkeit seines Lebens zu haben, und es gebrach weder den täglichen Festen an Überfluss köstlicher Waren des Gaumens noch an Musik, prächtigen Verzierungen und Trachten und tausend abwechselnden Schauspielen und Zeitvertreiben, noch endlich an sinnreicher Anordnung, an klugen, gefälligen und unterrichteten Männern zur Unterhaltung und Beseelung der Gespräche und an schöner, anmutiger Jugend von beiden Geschlechtern, die die eigentliche Seele reizender Feste ausmachen. Der alte König, der sonst ein strenger und ernster Mann war, hatte zwei Neigungen, die der wahre Anlass dieser prächtigen Hofhaltung waren und denen sie ihre schöne Einrichtung zu danken hatte. Eine war die Zärtlichkeit für seine Tochter, die ihm als Andenken seiner früh verstorbenen Gemahlin und als ein unaussprechlich liebenswürdiges Mädchen unendlich teuer war und für die er gern alle Schätze der Natur und alle Macht des menschlichen Geistes.aufgeboten hätte, um ihr einen Himmel auf Erden zu verschaffen. Die andere war eine wahre Leidenschaft für die Dichtkunst und ihre Meister. Er hatte von Jugend auf die Werke der Dichter mit innigem Vergnügen gelesen, an ihre Sammlung aus allen Sprachen großen Fleiß und große Summen gewendet und von jeher den Umgang der Sänger über alles geschätzt. Von allen Enden zog er sie an seinen Hof und überhäufte sie mit Ehren. Er ward nicht müde, ihren Gesängen zuzuhören, und vergaß oft die wichtigsten Angelegenheiten, ja die Bedürfnisse des Lebens über einem neuen, hinreißenden Gesange. Seine Tochter war unter Gesängen aufgewachsen, und ihre ganze Seele war ein zartes Lied geworden, ein einfacher Ausdruck der Wehmut und Sehnsucht. Der wohltätige Einfluss der beschützten und geehrten Dichter zeigte sich im ganzen Lande, besonders aber am Hofe. Man genoß das Leben mit langsamen, kleinen Zügen wie einen köstlichen Trank und mit desto reinerem Wohlbehagen, da alle widrige, gehässige Leidenschaften wie Misstöne von der sanften harmonischen Stimmung verscheucht wurden, die in allen Gemütern herrschend war. Frieden der Seele und inneres seliges Anschauen einer selbstgeschaffenen glücklichen Welt war das Eigentum dieser wunderbaren Zeit geworden, und die Zwietracht erschien nur in den alten Sagen der Dichter, als eine ehemalige Feindin der Menschen. Es schien, als hätten die Geister des Gesanges ihrem Beschützer kein lieblicheres Zeichen der Dankbarkeit geben können als seine Tochter, die alles besaß, was die süßeste Einbildungskraft nur in der zarten Gestalt eines Mädchens vereinigen konnte. Wenn man sie an den schönen Festen unter einer Schar reizender Gespielen im weißen, glänzenden Gewande erblickte, wie sie den Wettgesängen der begeisterten Sänger mit tiefem Lauschen zuhörte und errötend einen duftenden Kranz auf die Locken des Glücklichen drückte, dessen Lied den Preis gewonnen hatte, so hielt man sie für die sichtbare Seele jener herrlichen Kunst, die jene Zaubersprüche beschworen hätten, und hörte auf, sich über die Entzückungen und Melodien der Dichter zu wundern.

Mitten in diesem irdischen Paradiese schien jedoch ein geheimnisvolles Schicksal zu schweben. Die einzige Sorge der Bewohner dieser Gegenden betraf die Vermählung der aufblühenden Prinzessin, von der die Fortdauer dieser seligen Zeiten und das Verhängnis des ganzen Landes abhing. Der König ward immer älter. Ihm selbst schien diese Sorge lebhaft am Herzen zu liegen, und doch zeigte sich keine Aussicht zu einer Vermählung für sie, die allen Wünschen angemessen gewesen wäre. Die heilige Ehrfurcht für das königliche Haus erlaubte keinem Untertan, an die Möglichkeit zu denken, die Prinzessin zu besitzen. Man betrachtete sie wie ein überirdisches Wesen, und alle Prinzen aus andern Ländern, die sich mit Ansprüchen auf sie am Hofe gezeigt hatten, schienen so tief unter ihr zu sein, dass kein Mensch auf den Einfall kam, die Prinzessin oder der König werde die Augen auf einen unter ihnen richten. Das Gefühl des Abstandes hatte sie auch allmählich alle verscheucht, und das ausgesprengte Gerücht des ausschweifenden Stolzes dieser königlichen Familie schien andern alle Lust zu benehmen, sich ebenfalls gedemütigt zu sehen. Ganz unbegründet war auch dieses Gerücht nicht. Der König war bei aller Milde beinah unwillkürlich in ein Gefühl der Erhabenheit geraten, was ihm jeden Gedanken an die Verbindung seiner Tochter mit einem Manne von niedrigerem Stande und dunklerer Herkunft unmöglich oder unerträglich machte. Ihr hoher, einziger Wert hatte jenes Gefühl in ihm immer mehr bestätigt. Er war aus einer uralten morgenländischen Königsfamilie entsprossen. Seine Gemahlin war der letzte Zweig der Nachkommenschaft des berühmten Helden Rustan gewesen. Seine Dichter hatten ihm unaufhörlich von seiner Verwandtschaft mit den ehemaligen übermenschlichen Beherrschern der Welt vorgesungen, und in dem Zauberspiegel ihrer Kunst war ihm der Abstand seiner Herkunft von dem Ursprunge der andern Menschen, die Herrlichkeit seines Stammes noch heller erschienen, sodass es ihn dünkte, nur durch die edlere Klasse der Dichter mit dem übrigen Menschengeschlechte zusammenzuhängen. Vergebens sah er sich mit voller Sehnsucht nach einem zweiten Rustan um, indem er fühlte, dass das Herz seiner aufblühenden Tochter, der Zustand seines Reichs und sein zunehmendes Alter ihre Vermählung in aller Absicht sehr wünschenswert machten.

Nicht weit von der Hauptstadt lebte auf einem abgelegenen Landgute ein alter Mann, der sich ausschließlich mit der Erziehung seines einzigen Sohnes beschäftigte und nebenher den Landleuten in wichtigen Krankheiten Rat erteilte. Der junge Mensch war ernst und ergab sich einzig der Wissenschaft der Natur, in welcher ihn sein Vater von Kindheit auf unterrichtete. Aus fernen Gegenden war der Alte vor mehreren Jahren in dies friedliche und blühende Land gezogen und begnügte sich, den wohltätigen Frieden, den der König um sich verbreitete, in der Stille zu genießen. Er benutzte sie, die Kräfte der Natur zu erforschen und diese hinreißenden Kenntnisse seinem Sohne mitzuteilen, der viel Sinn dafür verriet und dessen tiefem Gemüt die Natur bereitwillig ihre Geheimnisse anvertraute. Die Gestalt des jungen Menschen schien gewöhnlich und unbedeutend, wenn man nicht einen höhern Sinn für die geheimere Bildung seines edlen Gesichts und die ungewöhnliche Klarheit seiner Augen mitbrachte. Je länger man ihn ansah, desto anziehender ward er, und man konnte sich kaum wieder von ihm trennen, wenn man seine sanfte, eindringende Stimme und seine anmutige Gabe zu sprechen hörte. Eines Tages hatte die Prinzessin, deren Lustgärten an den Wald stießen, der das Landgut des Alten in einem kleinen Tale verbarg, sich allein zu Pferde in den Wald begeben, um desto ungestörter ihren Phantasien nachhängen und einige schöne Gesänge sich wiederholen zu können. Die Frische des hohen Waldes lockte sie immer tiefer in seine Schatten, und so kam sie endlich an das Landgut, wo der Alte mit seinem Sohne lebte. Es kam ihr die Lust an, Milch zu trinken, sie stieg ab, band ihr Pferd an einen Baum und trat in das Haus, um einen Trunk Milch auszubitten. Der Sohn war gegenwärtig und erschrak beinahe über diese zauberhafte Erscheinung eines majestätischen weiblichen Wesens, das mit allen Reizen der Jugend und Schönheit geschmückt und von einer unbeschreiblich anziehenden Durchsichtigkeit der zartesten, unschuldigsten und edelsten Seele beinah vergöttlicht wurde. Während er eilte, ihre wie Geistergesang tönende Bitte zu erfüllen, trat ihr der Alte mit bescheidner Ehrfurcht entgegen und lud sie ein, an dem einfachen Herde, der mitten im Hause stand und auf welchem eine leichte blaue Flamme ohne Geräusch emporspielte, Platz zu nehmen. Es fiel ihr gleich beim Eintritt der mit tausend seltenen Sachen gezierte Hausraum, die Ordnung und Reinlichkeit des Ganzen und eine seltsame Heiligkeit des Ortes auf, deren Eindruck noch durch den schlicht gekleideten ehrwürdigen Greis und den bescheidnen Anstand des Sohnes erhöhet wurde. Der Alte hielt sie gleich für eine zum Hof gehörige Person, wozu ihre kostbare Tracht und ihr edles Betragen ihm Anlass genug gab. Während der Abwesenheit des Sohnes befragte sie ihn um einige Merkwürdigkeiten, die ihr vorzüglich in die Augen fielen, worunter besonders einige alte, sonderbare Bilder waren, die neben ihrem Sitze auf dem Herde standen, und er war bereitwillig, sie auf eine anmutige Art damit bekannt zu machen. Der Sohn kam bald mit einem Kruge voll frischer Milch zurück und reichte ihr denselben mit ungekünsteltem und ehrfurchtsvollem Wesen. Nach einigen anziehenden Gesprächen mit beiden dankte sie auf die lieblichste Weise für die freundliche Bewirtung, bat errötend den Alten um die Erlaubnis, wiederkommen und seine lehrreichen Gespräche über die vielen wunderbaren Sachen genießen zu dürfen, und ritt zurück, ohne ihren Stand verraten zu haben, da sie merkte, dass Vater und Sohn sie nicht kannten. ohnerachtet die Hauptstadt so nahe lag, hatten beide, in ihre Forschungen vertieft, das Gewühl der Menschen zu vermeiden gesucht, und es war dem Jüngling nie eine Lust angekommen, den Festen des Hofes beizuwohnen, besonders da er seinen Vater höchstens auf eine Stunde zu verlassen pflegte, um zuweilen im Walde nach Schmetterlingen, Käfern und Pflanzen umherzugehn und die Eingebungen des stillen Naturgeistes durch den Einfluss seiner mannigfaltigen, äußeren Lieblichkeiten zu vernehmen. Dem Alten, der Prinzessin und dem Jüngling war die einfache Begebenheit des Tages gleich wichtig. Der Alte hatte leicht den neuen, tiefen Eindruck bemerkt, den die Unbekannte auf seinen Sohn machte. Er kannte diesen genug, um zu wissen, dass jeder tiefe Eindruck bei ihm ein lebenslänglicher sein würde. Seine Jugend und die Natur seines Herzens mussten die erste Empfindung dieser Art zur unüberwindlichen Neigung machen. Der Alte hatte lange eine solche Begebenheit herannahen sehen. Die hohe Liebenswürdigkeit der Erscheinung flößte ihm unwillkürlich eine innige Teilnahme ein, und sein zuversichtliches Gemüt entfernte alle Besorgnisse über die Entwicklung dieses sonderbaren Zufalls. Die Prinzessin hatte sich nie in einem ähnlichen Zustande befunden, wie der war, in welchem sie langsam nach Hause ritt. Es konnte vor der einzigen, hell dunklen, wunderbar beweglichen Empfindung einer neuen Welt kein eigentlicher Gedanke in ihr entstehen. Ein magischer Schleier dehnte sich in weiten Falten um ihr klares Bewusstsein. Es war ihr, als würde sie sich, wenn er aufgeschlagen würde, in einer überirdischen Welt befinden. Die Erinnerung au die Dichtkunst, die bisher ihre ganze Seele beschäftigt hatte, war zu einem fernen Gesange geworden, der ihren seltsam lieblichen Traum mit den ehemaligen Zeiten verband. Wie sie zurück in den Palast kam, erschrak sie beinah über seine Pracht und sein buntes Leben, noch mehr aber bei der Bewillkommnung ihres Vaters, dessen Gesicht zum ersten Male in ihrem Leben eine scheue Ehrfurcht in ihr erregte. Es schien ihr eine unabänderliche Notwendigkeit, nichts von ihrem Abenteuer zu erwähnen. Man war ihre schwärmerische Ernsthaftigkeit, ihren von Phantasien und tiefes Sinnen verlornen Blick schon zu gewohnt, um etwas Außerordentliches darin zu bemerken. Es war ihr jetzt nicht mehr so lieblich zumute; sie schien sich unter lauter Fremden, und eine sonderbare Bänglichkeit begleitete sie bis an den Abend, wo das frohe Lied eines Dichters, der die Hoffnung pries und von den Wundern des Glaubens an die Erfüllung unsrer Wünsche mit hinreißender Begeisterung sang, sie mit süßem Trost erfüllte und in die angenehmsten Träume wiegte. Der Jüngling hatte sich gleich nach ihrem Abschiede in den Wald verloren. An der Seite des Weges war er in Gebüschen bis an die Pforten des Gartens ihr gefolgt und dann auf dem Wege zurückgegangen. Wie er so ging, sah er vor seinen Füßen einen hellen Glanz. Er bückte sich danach und hob einen dunkelroten Stein auf, der auf einer Seite außerordentlich funkelte und auf der andern eingegrabene unverständliche Chiffren zeigte. Er erkannte ihn für einen kostbaren Karfunkel und glaubte ihn in der Mitte des Halsbandes an der Unbekannten bemerkt zu haben. Er eilte mit beflügelten Schritten nach Hause, als wäre sie noch dort, und brachte den Stein seinem Vater. Sie wurden einig, dass der Sohn den andern Morgen auf den Weg zurückgehn und warten sollte, ob der Stein gesucht würde, wo er ihn dann zurückgeben könnte; sonst wollten sie ihn bis zu einem zweiten Besuche der Unbekannten aufheben, um ihr selbst ihn zu überreichen. Der Jüngling betrachtete fast die ganze Nacht den Karfunkel und fühlte gegen Morgen ein unwiderstehliches Verlangen, einige Worte auf den Zettel zu schreiben, in welchen er den Stein einwickelte. Er wusste selbst nicht genau, was er sich bei den Worten dachte, die er hinschrieb:

Es ist dem Stein ein rätselhaftes Zeichen
Tief eingegraben in sein glühend Blut,

Er ist mit einem Herzen zu vergleichen,
In dem das Bild der Unbekannten ruht,
Man sieht um jenen tausend Funken streichen,
Um dieses woget eine lichte Flut.
In jenem liegt des Glanzes Licht begraben,
Wird dieses auch das Herz des Herzens haben?

Kaum dass der Morgen anbrach, so begab er sich schon auf den Weg und eilte der Pforte des Gartens zu.

Unterdessen hatte die Prinzessin abends beim Auskleiden den teuren Stein in ihrem Halsbande vermisst, der ein Andenken ihrer Mutter und noch dazu ein Talisman war, dessen Besitz ihr die Freiheit ihrer Person sicherte, indem sie damit nie in fremde Gewalt ohne ihren Willen geraten konnte.

Dieser Verlust befremdete sie mehr, als dass er sie erschreckt hätte. Sie erinnerte sich, ihn gestern bei dem Spazierritt noch gehabt zu haben, und glaubte fest, dass er entweder im Hause des Alten oder auf dem Rückwege im Walde verlorengegangen sein müsse; der Weg war ihr noch in frischem Andenken, und so beschloß sie, gleich früh den Stein aufzusuchen und ward bei diesem Gedanken so heiter, dass es fast das Ansehn gewann, als sei sie gar nicht unzufrieden mit dem Verluste, weil er Anlass gebe, jenen Weg sogleich noch einmal zu machen. Mit dem Tage ging sie durch den Garten nach dem Walde, und weil sie eilfertiger ging als gewöhnlich, so fand sie es ganz natürlich, dass ihr Herz lebhaft schlug und ihr die Brust beklomm. Die Sonne fing eben an, die Wipfel der alten Bäume zu vergolden, die sich mit sanftem Flüstern bewegten, als wollten sie sich gegenseitig aus nächtlichen Gesichtern erwecken, um die Sonne gemeinschaftlich zu begrüßen, als die Prinzessin durch ein fernes Geräusch veranlasst, den Weg hinunter und den Jüngling auf sich zueilen sah, der in demselben Augenblick ebenfalls sie bemerkte.

Wie angefesselt blieb er eine Weile stehn und blickte unverwandt sie an, gleichsam um sich zu überzeugen, dass ihre Erscheinung wirklich und keine Täuschung sei. Sie begrüßten sich mit einem zurückgehaltenen Ausdruck von Freude, als hätten sie sich schon lange gekannt und geliebt! Noch ehe die Prinzessin die Ursache ihres frühen Spazierganges ihm entdecken konnte, überreichte er ihr mit Erröten und Herzklopfen den Stein in dem beschriebenen Zettel. Es war, als ahndete die Prinzessin den Inhalt der Zeilen; sie nahm ihn stillschweigend mit zitternder Hand und hing ihm zur Belohnung für seinen glücklichen Fund beinah unwillkürlich eine goldne Kette um, die sie um den Hals trug. Beschämt kniete er vor ihr und konnte, da sie sich nach seinem Vater erkundigte, einige Zeit keine Worte finden. Sie sagte ihm halbleise und mit niedergeschlagenen Augen, dass sie bald wieder zu ihnen kommen und die Zusage des Vaters, sie mit seinen Seltenheiten bekannt zu machen, mit vieler Freude benutzen würde.

Sie dankte dem Jünglinge noch einmal mit ungewöhnlicher Innigkeit und ging hierauf langsam, ohne sich umzusehen, zurück. Der Jüngling konnte kein Wort vorbringen. Er neigte sich ehrfurchtsvoll und sah ihr lange nach, bis sie hinter den Bäumen verschwand. Nach dieser Zeit vergingen wenig Tage bis zu ihrem zweiten Besuche, dem bald mehrere folgten. Der Jüngling ward unvermerkt ihr Begleiter bei diesen Spaziergängen. Er holte sie zu bestimmten Stunden am Garten ab und brachte sie dahin zurück. Sie beobachtete ein unverbrüchliches Stillschweigen über ihren Stand, so zutraulich sie auch sonst gegen ihren Begleiter wurde, dem bald kein Gedanke in ihrer himmlischen Seele verborgen blieb. Es war, als flößte ihr die Erhabenheit ihrer Herkunft eine geheime Furcht ein. Der Jüngling gab ihr ebenfalls seine ganze Seele. Vater und Sohn hielten sie für ein vornehmes Mädchen vom Hofe. Sie hing an dem Alten mit der Zärtlichkeit einer Tochter. Ihre Liebkosungen gegen ihn waren die entzückenden Vorboten ihrer Zärtlichkeit gegen den Jüngling. Sie ward bald einheimisch in dem wunderbaren Hause, und wenn sie dem Alten und dem Sohne, der zu ihren Füßen saß, auf ihrer Laute reizende Lieder mit einer überirdischen Stimme vorsang und letzteren in dieser lieblichen Kunst unterrichtete: so erfuhr sie dagegen von seinen begeisterten Lippen die Enträtselung der überall verbreiteten Naturgeheimnisse. Er lehrte ihr, wie durch wundervolle Sympathie die Welt entstanden sei und die Gestirne sich zu melodischen Reigen vereinigt hätten. Die Geschichte der Vorwelt ging durch seine heiligen Erzählungen in ihrem Gemüt auf; und wie entzückt war sie, wenn ihr Schüler, in der Fülle seiner Eingebungen, die Laute ergriff und mit unglaublicher Gelehrigkeit in die wundervollsten Gesänge ausbrach. Eines Tages, wo ein besonders kühner Schwung sich seiner Seele in ihrer Gesellschaft bemächtigt hatte und die mächtige Liebe auf dem Rückwege ihre jungfräuliche Zurückhaltung mehr als gewöhnlich überwand, sodass sie beide, ohne selbst zu wissen wie, einander in die Arme sanken und der erste glühende Kuss sie auf ewig zusammenschmelzte, fing mit einbrechender Dämmerung ein gewaltiger Sturm in den Gipfeln der Bäume plötzlich zu toben an. Drohende Wetterwolken zogen mit tiefem nächtlichen Dunkel über sie her. Er eilte, sie in Sicherheit vor dem fürchterlichen Ungewitter und den brechenden Bäumen zu bringen; aber er verfehlte in der Nacht und voll Angst wegen seiner Geliebten den Weg und geriet immer tiefer in den Wald hinein. Seine Angst wuchs, wie er seinen Irrtum bemerkte. Die Prinzessin dachte an den Schrecken des Königs und des Hofes; eine unnennbare Ängstlichkeit fuhr zuweilen wie ein zerstörender Strahl durch ihre Seele, und nur die Stimme ihres Geliebten, der ihr unaufhörlich Trost zusprach, gab ihr Mut und Zutrauen zurück und erleichterte ihre beklommne Brust. Der Sturm wütete fort; alle Bemühungen, den Weg zu finden waren vergeblich, und sie priesen sich beide glücklich, bei der Erleuchtung eines Blitzes eine nahe Höhle an dem steilen Abhang eines waldigen Hügels zu entdecken, wo sie eine sichere Zuflucht gegen die Gefahren des Ungewitters zu finden hofften und eine Ruhestätte für ihre erschöpften Kräfte. Das Glück begünstigte ihre Wünsche. Die Höhle war trocken und mit reinlichem Moose bewachsen. Der Jüngling zündete schnell ein Feuer von Reisern und Moos an, woran sie sich trocknen konnten, und die beiden Liebenden sahen sich nun auf eine wunderbare Weise von der Welt entfernt, aus einem gefahrvollen Zustande gerettet und auf einem bequemen, warmen Lager allein nebeneinander.

Ein wilder Mandelstrauch hing mit Früchten beladen in die Höhle hinein, und ein nahes Rieseln ließ sie frisches Wasser zur Stillung ihres Durstes finden. Die Laute hatte der Jüngling mitgenommen, und sie gewährte ihnen jetzt eine aufheiternde und beruhigende Unterhaltung bei dem knisternden Feuer. Eine höhere Macht schien den Knoten schneller lösen zu wollen und brachte sie unter sonderbaren Umständen in diese romantische Lage. Die Unschuld ihrer Herzen, die zauberhafte Stimmung ihrer Gemüter und die verbindende, unwiderstehliche Macht ihrer süßen Leidenschaft und ihrer Jugend ließ sie bald die Welt und ihre Verhältnisse vergessen und wiegte sie unter dem Brautgesange des Sturms und den Hochzeitsfackeln der Blitze in den süßesten Rausch ein, der je ein sterbliches Paar beseligt haben mag. Der Anbruch des lichten blauen Morgens war für sie das Erwachen in einer neuen seligen Welt. Ein Strom heißer Tränen, der jedoch bald aus den Augen der Prinzessin hervorbrach, verriet ihrem Geliebten die erwachenden tausendfachen Bekümmernisse ihres Herzens. Er war in dieser Nacht um mehrere Jahre älter, aus einem Jünglinge zum Manne geworden. Mit überschwenglicher Begeisterung tröstete er seine Geliebte, erinnerte sie an die Heiligkeit der wahrhaften Liebe und an den hohen Glauben, den sie einflöße, und bat sie, die heiterste Zukunft von dem Schutzgeist ihres Herzens mit Zuversicht zu erwarten. Die Prinzessin fühlte die Wahrheit seines Trostes und entdeckte ihm, sie sei die Tochter des Königs und nur bange wegen des Stolzes und der Bekümmernisse ihres Vaters. Nach langen reiflichen Überlegungen wurden sie über die zu fassende Entschließung einig, und der Jüngling machte sich sofort auf den Weg, um seinen Vater aufzusuchen und diesen mit ihrem Plane bekannt zu machen. Er versprach, in kurzem wieder bei ihr zu sein und verließ sie beruhigt und in süßen Vorstellungen der künftigen Entwicklung dieser Begebenheiten. Der Jüngling hatte bald seines Vaters Wohnung erreicht, und der Alte war sehr erfreut, ihn unverletzt ankommen zu sehen. Er erfuhr nun die Geschichte und den Plan der Liebenden und bezeigte sich nach einigem Nachdenken bereitwillig, ihn zu unterstützen. Sein Haus lag ziemlich versteckt und hatte einige unterirdische Zimmer, die nicht leicht aufzufinden waren. Hier sollte die Wohnung der Prinzessin sein. Sie ward also in der Dämmerung abgeholt und mit tiefer Rührung von dem Alten empfangen. Sie weinte nachher oft in der Einsamkeit, wenn sie ihres traurigen Vaters gedachte; doch verbarg sie ihren Kummer vor ihrem Geliebten und sagte es nur dem Alten, der sie freundlich tröstete und ihr die nahe Rückkehr zu ihrem Vater vorstellte.

Unterdes war man am Hofe in große Bestürzung geraten, als abends die Prinzessin vermisst wurde. Der König war ganz außer sich und schickte überall Leute aus, sie zu suchen. Kein Mensch wusste sich ihr Verschwinden zu erklären. Keinem kam ein heimliches Liebesverhältnis in die Gedanken: und so ahndete man keine Entführung, da ohnedies kein Mensch weiter fehlte. Auch nicht zu der entferntesten Vermutung war Grund da. Die ausgeschickten Boten kamen unverrichteter Sache zurück, und der König fiel in tiefe Traurigkeit. Nur wenn abends seine Sänger vor ihn kamen und schöne Lieder mitbrachten, war es, als ließe sich die alte Freude wieder vor ihm blicken; seine Tochter dünkte ihm nah, und er schöpfte Hoffnung, sie bald wiederzusehen. War er aber wieder allein, so zerriss es ihm von neuern das Herz, und er weinte laut. Dann gedachte er bei sich selbst: Was hilft mir nun alle die Herrlichkeit und meine hohe Geburt. Nun bin ich doch elender als die andern Menschen. Meine Tochter kann mir nichts ersetzen. Ohne sie sind auch die Gesänge nichts als leere Worte und Blendwerk. Sie war der Zauber, der ihnen Leben und Freude, Macht und Gestalt gab. Wollt' ich doch lieber, ich wäre der geringste meiner Diener. Dann hätte ich meine Tochter noch; auch wohl einen Eidam dazu und Enkel, die mir auf den Knien säßen: dann wäre ich ein anderer König als jetzt. Es ist nicht die Krone und das Reich, was einen König macht. Es ist jenes volle, überfließende Gefühl der Glückseligkeit, der Sättigung mit irdischen Gütern, jenes Gefühl der überschwenglichen Genüge. So werd' ich nun für meinen Übermut bestraft. Der Verlust meiner Gattin hat mich noch nicht genug erschüttert. Nun hab' ich auch ein grenzenloses

Elend. So klagte der König in den Stunden der heißesten Sehnsucht. Zuweilen brach auch seine alte Strenge und sein Stolz wieder hervor. Er zürnte über seine Klagen; wie ein König wollte er dulden und schweigen. Er meinte dann, er leide mehr als alle anderen, und gehöre ein großer Schmerz zum Königtum; aber wenn es dann dämmerte und er in die Zimmer seiner Tochter trat und sah ihre Kleider hängen und ihre kleineren Habseligkeiten stehn, als habe sie eben das Zimmer verlassen: so vergaß er seine Vorsätze, gebärdete sich wie ein trübseliger Mensch und rief seine geringsten Diener um Mitleid an. Die ganze Stadt und das ganze Land weinten und klagten von ganzem Herzen mit ihm. Sonderlich war es, dass eine Sage umherging, die Prinzessin lebe noch und werde bald mit einem Gemahl wiederkommen. Kein Mensch wusste, woher die Sage kam, aber alles hing sich mit frohem Glauben daran und sah mit ungeduldiger Erwartung ihrer baldigen Wiederkunft entgegen. So vergingen mehrere Monden, bis das Frühjahr wieder herankam. ›Was gilt's‹, sagten einige in wunderlichem Mute, ›nun kommt auch die Prinzessin wieder.‹ Selbst der König war heiterer und hoffnungsvoller. Die Sage dünkte ihm wie die Verheißung einer gütigen Macht. Die ehemaligen Feste fingen wieder an, und es schien zum völligen Aufblühen der alten Herrlichkeit nur noch die Prinzessin zu fehlen. Eines Abends, da es gerade jährig wurde, dass sie verschwand, war der ganze Hof im Garten versammelt. Die Luft war warm und heiter; ein leiser Wind tönte nur oben in den alten Wipfeln, wie die Ankündigung eines fernen fröhlichen Zuges. Ein mächtiger Springquell stieg zwischen den vielen Fackeln mit zahllosen Lichtern hinauf in die Dunkelheit der tönenden Wipfel und begleitete mit melodischem Plätschern die mannigfaltigen Gesänge, die unter den Bäumen hervorklangen. Der König saß auf einem köstlichen Teppich, und um ihn her war der Hof in festlichen Kleidern versammelt. Eine zahlreiche Menge erfüllte den Garten und umgab das prachtvolle Schauspiel. Der König saß eben in tiefen Gedanken. Das Bild seiner verlornen Tochter stand mit ungewöhnlicher Klarheit vor ihm; er gedachte der glücklichen Tage, die um diese Zeit im vergangenen Jahre ein plötzliches Ende nahmen. Eine heiße Sehnsucht übermannte ihn, und es flossen häufige Tränen von seinen ehrwürdigen Wangen; doch empfand er eine ungewöhnliche Heiterkeit. Es dünkte ihm das traurige Jahr nur ein schwerer Traum zu sein, und er hob die Augen auf, gleichsam um ihre hohe, heilige, entzückende Gestalt unter den Menschen und den Bäumen aufzusuchen. Eben hatten die Dichter geendigt, und eine tiefe Stille schien das Zeichen der allgemeinen Rührung zu sein, denn die Dichter hatten die Freuden des Wiedersehns, den Frühling und die Zukunft besungen, wie sie die Hoffnung zu schmücken pflegt.

Plötzlich wurde die Stille durch leise Laute einer unbekannten schönen Stimme unterbrochen, die von einer uralten Eiche herzukommen schienen. Alle Blicke richteten sich dahin, und man sah einen Jüngling in einfacher, aber fremder Tracht stehen, der eine Laute im Arm hielt und ruhig in seinem Gesange fortfuhr, indem er jedoch, wie der König seinen Blick nach ihm wandte, eine tiefe Verbeugung machte. Die Stimme war außerordentlich schön, und der Gesang trug ein fremdes, wunderbares Gepräge: Er handelte von dem Ursprunge der Welt, von der Entstehung der Gestirne, der Pflanzen, Tiere und Menschen, von der allmächtigen Sympathie der Natur, von der uralten goldenen Zeit und ihren Beherrscherinnen, der Liebe und Poesie, von der Erscheinung des Hasses und der Barbarei und ihren Kämpfen mit jenen wohltätigen Göttinnen, und endlich von dem zukünftigen Triumph der letzteren, dem Ende der Trübsale, der Verjüngung der Natur und der Wiederkehr eines ewigen goldenen Zeitalters. Die alten Dichter traten, selbst von Begeisterung hingerissen, während des Gesanges näher um den seltsamen Fremdling her. Ein nie gefühltes Entzücken ergriff die Zuschauer, und der König selbst fühlte sich wie auf einem Strom des Himmels weggetragen. Ein solcher Gesang war nie vernommen worden, und alle glaubten, ein himmlisches Wesen sei unter ihnen erschienen, besonders da der Jüngling unterm Singen immer schöner, immer herrlicher und seine Stimme immer gewaltiger zu werden schien. Die Luft spielte mit seinen goldenen Locken. Die Laute schien sich unter seinen Händen zu beseelen, und sein Blick schien trunken in eine geheimere Welt hinüberzuschauen. Aber die Kinderunschuld und Einfalt seines Gesichts schien allen übernatürlich. Nun war der herrliche Gesang geendigt. Die bejahrten Dichter drückten den Jüngling mit Freudentränen an ihre Brust. Ein stilles, inniges Jauchzen ging durch die Versammlung. Der König kam gerührt auf ihn zu. Der Jüngling warf sich ihm bescheiden zu Füßen. Der König hob ihn auf, umarmte ihn herzlich und hieß ihn sich eine Gabe auszubitten. Da bat er mit glühenden Wangen den König, noch ein Lied gnädig anzuhören und dann über seine Bitte zu entscheiden. Der König trat einige Schritte zurück, und der Fremdling fing an:

Der Sänger geht auf rauhen Pfaden,
Zerreißt in Dornen sein Gewand;
Er muß durch Fluß und Sümpfe baden,
Und keins reicht hülfreich ihm die Hand.
Einsam und pfadlos fließt in Klagen
Jetzt über sein ermattet Herz;
Er kann die Laute kaum noch tragen,
Ihn übermannt ein tiefer Schmerz.

Ein traurig Los ward mir beschieden,
Ich irre ganz verlassen hier,
Ich brachte allen Lust und Frieden,
Doch keiner teilte sie mit mir.
Es wird ein jeder seiner Habe
Und seines Lebens froh durch mich;
Doch weisen sie mit karger Gabe
Des Herzens Forderung von sich.

Man läßt mich ruhig Abschied nehmen,
Wie man den Frühling wandern sieht;
Es wird sich keiner um ihn grämen,
Wenn er betrübt von dannen zieht.
Verlangend sehn sie nach den Früchten,
Und wissen nicht, daß er sie sät;

Ich kann den Himmel für sie dichten,
Doch meiner denkt nicht e i n Gebet.

Ich fühle dankbar Zaubermächte
An diese Lippen festgebannt.
O! knüpfte nur an meine Rechte
Sich auch der Liebe Zauberband.
Es kümmert keine sich des Armen,
Der dürftig aus der Ferne kam:
Welch Herz wird sein sich noch erbarmen
Und lösen seinen tiefen Gram?

Er sinkt im hohen Grase nieder,
Und schläft mit nassen Wangen ein;
Da schwebt der hohe Geist der Lieder
In die beklemmte Brust hinein:
»Vergiß anjetzt, was du gelitten,
In kurzem schwindet deine Last,
Was du umsonst gesucht in Hütten,
Das wirst du finden im Palast.

Du nahst dem höchsten Erdenlohne,
Bald endigt der verschlungne Lauf;
Der Myrtenkranz wird eine Krone,
Dir setzt die treuste Hand sie auf.
Ein Herz voll Einklang ist berufen
Zur Glorie um einen Thron;
Der Dichter steigt auf rauhen Stufen
Hinan und wird des Königs Sohn.«

Soweit war er in seinem Gesange gekommen, und ein sonderbares Erstaunen hatte sich der Versammlung bemächtigt, als während dieser Strophen ein alter Mann mit einer verschleierten weiblichen Gestalt von edlem Wuchse, die ein wunderschönes Kind auf dem Arme trug, das freundlich in der fremden

Versammlung umhersah und lächelnd nach dem blitzenden Diadem des Königs die kleinen Händchen streckte, zum Vorschein kamen und sich hinter den Sänger stellten; aber das Staunen wuchs, als plötzlich aus den Gipfeln der alten Bäume der Lieblingsadler des Königs, den er immer um sich hatte, mit einer goldenen Stirnbinde, die er aus seinen Zimmern entwandt haben musste, herabflog und sich auf das Haupt des Jünglings niederließ, sodass die Binde sich um seine Locken schlug. Der Fremdling erschrak einen Augenblick; der Adler flog an die Seite des Königs und ließ die Binde zurück. Der Jüngling reichte sie dem Kinde, das darnach verlangte, ließ sich auf ein Knie gegen den König nieder und fuhr in seinem Gesange mit bewegter Stimme fort:

Der Sänger fährt aus schönen Träumen
Mit froher Ungeduld empor;
Er wandelt unter hohen Bäumen
Zu des Palastes ehrnem Tor.

Die Mauern sind wie Stahl geschliffen,
Doch sie erklimmt sein Lied geschwind,
Es steigt von Lieb und Weh ergriffen
Zu ihm hinab des Königs Kind.

Die Liebe drückt sie fest zusammen,
Der Klang der Panzer treibt sie fort;
Sie lodern auf in süßen Flammen,
Im nächtlich stillen Zufluchtsort.

Sie halten furchtsam sich verborgen,
Weil sie der Zorn des Königs schreckt;
Und werden nun von jedem Morgen
Zu Schmerz und Lust zugleich erweckt.

Der Sänger spricht mit sanften Klängen
Der neuen Mutter Hoffnung ein;

Da tritt, gelockt von den Gesängen,
Der König in die Kluft hinein.

Die Tochter reicht in goldnen Locken
Den Enkel von der Brust ihm hin;
Sie sinken reuig und erschrocken,
Und mild zergeht sein strenger Sinn.

Der Liebe weicht und dem Gesange
Auch auf dem Thron ein Vaterherz,
Und wandelt bald in süßem Drange
Zu ewger Lust den tiefen Schmerz.

Die Liebe gibt, was sie entrissen,
Mit reichem Wucher bald zurück,
Und unter den Versöhnungsküssen
entfaltet sich ein himmlisch Glück.
Geist des Gesangs, komm du hernieder
Und steh auch jetzt der Liebe bei;
Bring die verlorne Tochter wieder,
Daß ihr der König Vater sei! –

Daß er mit Freuden sie umschließet
Und seines Enkels sich erbarmt,
Und wenn das Herz ihm überfließet,
Den Sänger auch als Sohn umarmt.

Der Jüngling hob mit bebender Hand bei diesen Worten, die sanft in den dunklen Gängen verhallten, den Schleier. Die Prinzessin fiel mit einem Strom von Tränen zu den Füßen des Königs und hielt ihm das schöne Kind hin. Der Sänger kniete mit gebeugtem Haupte an ihrer Seite. Eine ängstliche Stille schien jeden Atem festzuhalten. Der König war einige Augenblicke sprachlos und ernst; dann zog er die Prinzessin an seine Brust, drückte sie lange fest an sich und weinte laut. Er hob nun auch den Jüngling zu sich auf und umschloss ihn mit herzlicher

Zärtlichkeit. Ein helles Jauchzen flog durch die Versammlung, die sich dicht zudrängte. Der König nahm das Kind und reichte es mit rührender Andacht gen Himmel; dann begrüßte er freundlich den Alten. Unendliche Freudentränen flossen. In Gesänge brachen die Dichter aus, und der Abend ward ein heiliger Vorabend dem ganzen Lande, dessen Leben fortan nur ein schönes Fest war.

Kein Mensch weiß, wo das Land hingekommen ist. Nur in Sagen heißt es, dass Atlantis von mächtigen Fluten den Augen entzogen worden sei.

Ernst Theodor Amadeus Hoffmann (1776–1822),
Vereint glücklich und selig in Atlantis wohnen!
Der Student Anselmus hatte nun schon mehrere Tage bei dem Archivarius Lindhorst gearbeitet; diese Arbeitsstunden waren für ihn die glücklichsten seines Lebens, denn immer von lieblichen Klängen, von Serpentinas tröstenden Worten umflossen; ja oft von einem vorübergleitenden Hauche leise berührt, durchströmte ihn eine nie gefühlte Behaglichkeit, die oft bis zur höchsten Wonne stieg. Jede Not, jede kleinliche Sorge seiner dürftigen Existenz war ihm aus Sinn und Gedanken entschwunden, und in dem neuen Leben, das ihm wie im hellen Sonnenglanze aufgegangen, begriff er alle Wunder einer höheren Welt, die ihn sonst mit Staunen, ja mit Grausen erfüllt hatten. Mit dem Abschreiben ging es sehr schnell, indem es ihn immer mehr dünkte, er schreibe nur längst bekannte Züge auf das Pergament hin und dürfe kaum nach dem Original sehen, um alles mit der größten Genauigkeit nachzumalen. – Außer der Tischzeit ließ sich der Archivarius Lindhorst nur dann und wann sehen, aber jedesmal erschien er genau in dem Augenblick, wenn Anselmus eben die letzten Zeichen einer Handschrift vollendet hatte, und gab ihm dann eine andere, verließ ihn aber gleich wieder schweigend, nachdem er nur mit einem schwarzen Stäbchen die Tinte umgerührt und die gebrauchten Federn mit neuen, schärfer gespitzten vertauscht hatte. Eines Tages, als Anselmus mit dem Glockenschlag zwölf bereits die Treppe hinaufgestiegen, fand er die Tür, durch die er

gewöhnlich hineingegangen, verschlossen, und der Archivarius Lindhorst erschien in seinem wunderlichen, wie mit glänzen den Blumen bestreuten Schlafrock von der andern Seite. Er rief laut: »Heute kommen Sie nur hier herein, werter Anselmus, denn wir müssen in das Zimmer, wo Bhogovotgitas Meister unsrer warten.« Er schritt durch den Korridor und führte Anselmus durch dieselben Gemächer und Säle wie das erste Mal. – Der Student Anselmus erstaunte aufs neue über die wunderbare Herrlichkeit des Gartens, aber er sah nun deutlich, dass manche seltsame Blüten, die an den dunklen Büschen hingen, eigentlich in glänzenden Farben prunkende Insekten waren, die mit den Flügeln auf und nieder schlugen, und, durcheinander tanzend und wirbelnd, sich mit ihren Saugrüsseln zu liebkosen schienen. Dagegen waren wieder die rosenfarbnen und himmelblauen Vögel duftende Blumen, und der Geruch, den sie verbreiteten, stieg aus ihren Kelchen empor in leisen lieblichen Tönen, die sich mit dem Geplätscher der fernen Brunnen, mit dem Säuseln der hohen Stauden und Bäume zu geheimnisvollen Akkorden einer tiefklagenden Sehnsucht vermischten. Die Spottvögel, die ihn das erstemal so geneckt und gehöhnt, flatterten ihm wieder um den Kopf und schrien mit ihren feinen Stimmchen unaufhörlich: »Herr Studiosus, Herr Studiosus, eilen Sie nicht so – gucken Sie nicht so in die Wolken – Sie könnten auf die Nase fallen. – He, he! Herr Studiosus – nehmen Sie den Pudermantel um – Gevatter Schuhu soll Ihnen den Toupet frisieren.« – So ging es fort in allerlei dummem Geschwätz, bis Anselmus den Garten verlassen. Der Archivarius Lindhorst trat endlich in das azurblaue Zimmer; der Porphyr mit dem goldnen Topf war verschwunden, statt dessen stand ein mit violettem Samt behangener Tisch, auf dem die dem Anselmus bekannten Schreibmaterialien befindlich, in der Mitte des Zimmers, und ein ebenso beschlagener Lehnstuhl stand vor demselben. »Lieber Herr Anselmus«, sagte der Archivarius Lindhorst, »Sie haben nun schon manches Manuskript schnell und richtig zu meiner großen Zufriedenheit kopiert; Sie haben sich mein Zutrauen erworben; das Wichtigste bleibt aber noch zu tun übrig, und das ist das Abschreiben oder vielmehr Nachmalen gewisser in besonderen Zeichen geschriebener Werke, die ich hier in diesem Zimmer aufbewahre und die nur an Ort und Stelle kopiert werden können. – Sie werden daher künftig hier arbeiten, aber ich muss ihnen die größte Vorsicht und Aufmerksamkeit empfehlen; ein falscher Strich, oder, was der Himmel verhüten möge, ein Tintenfleck, auf das Original gespritzt, stürzt Sie ins Unglück.« – Anselmus bemerkte, dass aus den goldnen Stämmen der Palmbäume kleine smaragdgrüne Blätter herausragten; eins dieser Blätter erfasste der Archivarius, und Anselmus wurde gewahr, dass das Blatt eigentlich in einer Pergamentrolle bestand, die der Archivarius aufwickelte und vor ihm auf den Tisch breitete. Anselmus wunderte sich nicht wenig über die seltsam verschlungenen Zeichen, und bei dem Anblick der vielen Pünktchen, Striche und Züge und Schnörkel, die bald Pflanzen, bald Moose, bald Tiergestalten darzustellen schienen, wollte ihm beinahe der Mut sinken, alles so genau nachmalen zu können. Er geriet darüber in tiefe Gedanken. »Mut gefasst, junger Mensch!« rief der Archivarius, »hast du bewährten Glauben und wahre Liebe, so hilft dir Serpentina!« Seine Stimme tönte wie klingendes Metall, und als Anselmus in jähem Schreck aufblickte, stand der Archivarius Lindhorst in der königlichen Gestalt vor ihm, wie er ihm bei dem ersten Besuch im Bibliothekszimmer erschienen. Es war dem Anselmus, als müsse er, von Ehrfurcht durchdrungen, auf die Knie sinken, aber da stieg der Archivarius Lindhorst an dem Stamm eines Palmbaumes in die Höhe und verschwand in den smaragdenen Blättern. – Der Student Anselmus begriff, dass der Geisterfürst mit ihm gesprochen und nun in sein Studierzimmer hinaufgestiegen, um vielleicht mit den Strahlen, die einige Planeten als Gesandte zu ihm geschickt, Rücksprache zu halten; was nun mit ihm und der holden Serpentina geschehen solle. –«Auch kann es sein«, dachte er ferner, »dass ihn Neues von den Quellen des Nils erwartet oder dass ein Magus aus Lappland ihn besucht – mir geziemt es nun, emsig an die Arbeit zu gehen.« – Und damit fing er an, die fremden Zeichen der Pergamentrolle zu studieren. – Die wunderbare Musik des Gartens tönte zu ihm herüber und umgab ihn mit süßen lieblichen Düften, auch hörte er wohl die Spottvögel kichern, doch verstand er ihre Worte nicht, was ihm auch recht lieb war. Zuweilen war es auch, als rauschten die smaragdenen Blätter der Palmbäume und als strahlten dann die holden Kristallklänge, welche Anselmus an jenem verhängnisvollen Himmelfahrtstage unter dem Holunderbusch hörte, durch das Zimmer. Der Student Anselmus, wunderbar gestärkt durch dies Tönen und Leuchten, richtete immer fester und fester Sinn und Gedanken auf die Überschrift der Pergamentrolle, und bald fühlte er wie aus dem Innersten heraus, dass die Zeichen nichts anders bedeuten könnten als die Worte: Von der Vermählung des Salamanders mit der grünen Schlange. – Da ertönte ein starker Dreiklang heller Kristallglocken. – »Anselmus, lieber Anselmus«, wehte es ihm zu aus den Blättern, und o Wunder! an dem Stamm des Palmbaums schlängelte sich die grüne Schlange herab. – »Serpentina! holde Serpentina!« rief Anselmus wie im Wahnsinn des höchsten Entzückens, denn sowie er schärfer hinblickte, da war es ja ein liebliches herrliches Mädchen, die mit den dunkelblauen Augen, wie sie in seinem Innern lebten, voll unaussprechlicher Sehnsucht ihn anschauend, ihm entgegenschwebte. Die Blätter schienen sich herabzulassen und auszudehnen, überall sprossen Stacheln aus den Stämmen, aber Serpentina wand und schlängelte sich geschickt durch, indem sie ihr flatterndes, wie in schillernden Farben glänzendes Gewand nach sich zog, sodass es, sich dem schlanken Körper anschmiegend, nirgends hängenblieb an den hervorragenden Spitzen und Stacheln der Palmbäume.

Sie setzte sich neben den Anselmus auf denselben Stuhl, ihn mit dem Arm umschlingend und an sich drückend, sodass er den Hauch, der von ihren Lippen strömte, die elektrische Wärme ihres Körpers fühlte. »Lieber Anselmus«, fing Serpentina an, »nun bist du bald ganz mein, durch deinen Glauben, durch deine Liebe erringst du mich, und ich bringe dir den goldnen Topf, der uns beide beglückt immerdar.« – »O du holde, liebe Serpentina«, sagte Anselmus, »wenn ich nur dich habe, was kümmert mich sonst alles übrige; wenn du nur mein bist, so will ich gern untergehen in all dem Wunderbaren und Seltsamen, das mich befängt seit dem Augenblick, als ich dich sah.« – »Ich weiß wohl«, fuhr Serpentina fort, »dass das Unbekannte und Wunderbare, womit mein Vater oft nur zum Spiel seiner Laune dich umfangen, Grausen und Entsetzen in dir erregt hat, aber jetzt soll es, wie ich hoffe, nicht wieder geschehen, denn ich bin in diesem Augenblick nur da, um dir, mein lieber Anselmus, alles und jedes aus tiefem Gemüte, aus tiefer Seele haarklein zu erzählen, was dir zu wissen nötig, um meinen Vater ganz zu kennen und überhaupt recht deutlich einzusehen, was es mit ihm und mit mir für eine Bewandtnis hat.« – Dem Anselmus war es, als sei er von der holden, lieblichen Gestalt so ganz und gar umschlungen und umwunden, dass er sich nur mit ihr regen und bewegen könne, und als sei es nur der Schlag ihres Pulses, der durch seihe Fibern und Nerven zittere; er horchte auf jedes ihrer Worte, das bis in sein Innerstes hinein erklang und wie ein leuchtender Strahl die Wonne des Himmels in ihm entzündete. Er hatte den Arm um ihren schlanker als schlanken Leib gelegt, aber der schillernde, glänzende Stoff ihres Gewandes war so glatt, so schlüpfrig, dass es ihm schien, als könne sie, sich ihm schnell entwindend, unaufhaltsam entschlüpfen, und er erbebte bei dem Gedanken. »Ach, verlass mich nicht, holde Serpentina«, rief er unwillkürlich aus, »nur du bist mein Leben!« – »Nicht eher heute«, sagte Serpentina, »als bis ich alles erzählt habe, was du in deiner Liebe zu mir begreifen kannst. – Wisse also, Geliebter, dass mein Vater aus dem wunderbaren Geschlecht der Salamander abstammt und dass ich mein Dasein seiner Liebe zur grünen Schlange verdanke. In uralter Zeit herrschte in dem Wunderlande Atlantis der mächtige Geisterfürst Phosphorus, dem die Elementargeister dienten. Einst ging der Salamander, den er vor allen liebte (es war mein Vater), in dem prächtigen Garten, den des Phosphorus Mutter mit ihren schönsten Gaben auf das herrlichste geschmückt hatte, umher und hörte, wie eine hohe Lilie in leisen Tönen sang: ›Drücke fest die Äuglein zu, bis mein Geliebter, der Morgenwind dich weckt.‹ Er trat hinzu; von seinem glühenden Hauch berührt, erschloss die Lilie ihre Blätter, und er erblickte der Lilie Tochter, die grüne Schlange, welche in dem Kelch schlummerte. Da wurde der Salamander von heißer Liebe zu der schönen Schlange ergriffen, und er raubte sie der Lilie, deren Düfte in namenloser Klage vergebens im ganzen Garten nach der geliebten Tochter riefen. Denn der Salamander hatte sie in das Schloss des Phosphorus getragen und bat ihn: ›Vermähle mich mit der Geliebten, denn sie soll mein eigen sein immerdar.‹ – ›Törichter, was verlangst du!‹ sprach der Geisterfürst, ›wisse, dass einst die Lilie meine Geliebte war und mit mir herrschte, aber der Funke, den ich in sie warf, drohte sie zu vernichten, und nur der Sieg über den schwarzen Drachen, den jetzt die Erdgeister in Ketten gebunden halten, erhielt die Lilie, dass ihre Blätter stark genug blieben, den Funken in sich zu schließen und zu bewahren. Aber wenn du die grüne Schlange umarmst, wird deine Glut den Körper verzehren und ein neues Wesen, schnell emporkeimend, sich dir entschwingen.‹ Der Salamander achtete der Warnung des Geisterfürsten nicht; voll glühenden Verlangens schloss er die grüne Schlange in seine Arme, sie zerfiel in Asche, und ein geflügeltes Wesen, aus der Asche geboren, rauschte fort durch die Lüfte. Da ergriff den Salamander der Wahnsinn der Verzweiflung, und er rannte, Feuer und Flammen sprühend, durch den Garten und verheerte ihn in wilder Wut, dass die schönsten Blumen und Blüten verbrannt niedersanken und ihr Jammer die Luft erfüllte. Der hocherzürnte Geisterfürst erfasste im Grimm den Salamander und sprach: ›Ausgeraset hat dein Feuer – erloschen sind deine Flammen, erblindet deine Strahlen – sinke hinab zu den Erdgeistern, die mögen dich necken und höhnen und gefangenhalten, bis der Feuerstoff sich wieder entzündet und mit dir als einem neuen Wesen aus der Erde emporstrahlt.‹ Der arme Salamander sank erloschen hinab, aber da trat der alte mürrische Erdgeist, der des Phosphorus Gärtner war, hinzu und sprach: ›Herr! wer sollte mehr über den Salamander klagen als ich! Habe ich nicht all die schönen Blumen, die er verbrannt, mit meinen schönsten Metallen geputzt, habe ich nicht ihre Keime wacker gehegt und gepflegt und an ihnen manche schöne Farbe verschwendet? Und doch nehme ich mich des armen Salamanders an, den nur die Liebe, von der du selbst schon oft, o Herr, befangen, zur Verzweiflung getrieben, in der er den Garten verwüstet. – Erlasse ihm die harte Strafe!‹ – ›Sein Feuer ist für jetzt erloschen‹, sprach der Geisterfürst, ›in der unglücklichen Zeit, wenn die Sprache der Natur dem entarteten Geschlecht der Menschen nicht mehr verständlich sein, wenn die Elementargeister, in ihre Regionen gebannt, nur aus weiter Ferne in dumpfen Anklängen zu dem Menschen sprechen werden, wenn dem harmonischen Kreise entrückt, nur ein unendliches Sehnen ihm die dunkle Kunde von dem wundervollen Reiche geben wird, das er sonst bewohnen durfte, als noch Glaube und Liebe in seinem Gemüte wohnten – in dieser unglücklichen Zeit entzündet sich der Feuerstoff des Salamanders aufs neue, doch nur zum Menschen keimt er empor und muss, ganz eingehend in das dürftige Leben, dessen Bedrängnisse ertragen. Aber nicht allein die Erinnerung an seinen Urzustand soll ihm bleiben, sondern er lebt auch wieder auf in der heiligen Harmonie mit der ganzen Natur, er versteht ihre Wunder, und die Macht der verbrüderten Geister steht ihm zu Gebote. In einem Lilienbusch findet er dann die grüne Schlange wieder, und die Frucht seiner Vermählung mit ihr sind drei Töchter, die den Menschen in der Gestalt der Mutter erscheinen. Zur Frühlingszeit sollen sie sich in den dunklen Holunderbusch hängen und ihre lieblichen Kristallstimmen ertönen lassen. Findet sich dann in der dürftigen armseligen Zeit der innern Verstocktheit ein Jüngling, der ihren Gesang vernimmt, ja, blickt ihn eine der Schlänglein mit ihren holdseligen Augen an, entzündet der Blick in ihm die Ahnung des fernen wundervollen Landes, zu dem er sich mutig emporschwingen kann, wenn er die Bürde des Gemeinen abgeworfen, keimt mit der Liebe zur Schlange in ihm der Glaube an die Wunder der Natur, ja an seine eigne Existenz in diesen Wundern glutvoll und lebendig auf, so wird die Schlange sein. Aber nicht eher, bis drei Jünglinge dieser Art erfunden und mit den drei Töchtern vermählt werden, darf der Salamander seine lästige Bürde abwerfen und zu seinen Brüdern gehen.›Erlaube

Herr‹, sagte der Erdgeist, dass ich diesen drei Töchtern ein Geschenk mache, das ihr Leben mit dem gefundenen Gemahl verherrlicht. Jede erhält von mir einen Topf vom schönsten Metall, das ich besitze, den poliere ich mit Strahlen, die ich dem Diamant entnommen; in seinem Glanze soll sich unser wundervolles Reich, wie es jetzt im Einklang mit der ganzen Natur besteht, in blendendem herrlichen Widerschein abspiegeln, aus seinem Innern aber in dem Augenblick der Vermählung eine Feuerlilie entsprießen, deren ewige Blüte den bewährt befundenen Jüngling süß duftend umfängt. Bald wird er dann ihre Sprache, die Wunder unseres Reichs verstehen und selbst mit der Geliebten in Atlantis wohnen.‹ – Du weißt nun wohl, lieber Anselmus, dass mein Vater eben der Salamander ist, von dem ich dir erzählt. Er musste, seiner höheren Natur ungeachtet, sich den kleinlichsten Bedrängnissen des gemeinen Lebens unterwerfen, und daher kommt wohl oft die schadenfrohe Laune, mit der er manche neckt. Er hat mir oft gesagt, dass für die innere Geistesbeschaffenheit, wie sie der Geisterfürst Phophorus damals als Bedingnis der Vermählung mit mir und meinen Schwestern aufgestellt, man jetzt einen Ausdruck habe, der aber nur zu oft unschicklicherweise missbraucht werde; man nenne das nämlich ein kindliches poetisches Gemüt. – Oft finde man dieses Gemüt bei Jünglingen, die der hohen Einfachheit ihrer Sitten wegen, und weil es ihnen ganz an der sogenannten Weltbildung fehle, von dem Pöbel verspottet würden. Ach, lieber Anselmus! Du verstandest ja unter dem Holunderbusch meinen Gesang – meinen Blick – du liebst die grüne Schlange, du glaubst an mich und willst mein sein immerdar! – Die schöne Lilie wird emporblühen aus dem goldnen Topf, und wir werden vereint glücklich und selig in Atlantis wohnen! – Aber nicht verhehlen kann ich dir, dass im grässlichen Kampf mit den Salamandern und Erdgeistern sich der schwarze Drache loswand und durch die Lüfte davonbrauste. Phosphorus hält ihn zwar wieder in Banden, aber aus den schwarzen Federn, die im Kampfe auf die Erde stäubten, keimten feindliche Geister empor, die überall den Salamandern und Erdgeistern widerstreben. Jenes Weib, das dir so feindlich ist, lieber Anselmus, und die, wie mein Vater recht gut weiß, nach dem Besitz des goldenen Topfes strebt, hat ihr Dasein der Liebe einer solchen aus dem Fittich des Drachen herabgestäubten Feder zu einer Runkelrübe zu verdanken. Sie erkennt ihren Ursprung und ihre Gewalt, denn in dem Stöhnen, in den Zuckungen des gefangenen Drachen werden ihr die Geheimnisse mancher wunderbaren Konstellation offenbar, und sie bietet alle Mittel auf, von außen hinein ins Innere zu wirken, wogegen sie mein Vater mit Blitzen, die aus dem Innern des Salamanders hervorschießen, bekämpft. Alle die feindlichen Prinzipe, die in schädlichen Kräutern und giftigen Tieren wohnen, sammelt sie und erregt, sie mischend in günstiger Konstellation, manchen bösen Spuk, der des Menschen Sinne mit Grauen und Entsetzen befängt und ihn der Macht jener Dämonen, die der Drache, im Kampfe unterliegend, erzeugte, unterwirft. Nimm dich vor der Alten in acht, lieber Anselmus, sie ist dir feind, weil dein kindlich frommes Gemüt schon manchen ihrer bösen Zauber vernichtet. – Halte treu – treu – an mir, bald bist du am Ziel!« – »O meine – meine Serpentina!« – rief der Student Anselmus, wie sollte ich denn nur von dir lassen können, wie sollte ich dich nicht lieben ewiglich!« – Ein Kuss brannte auf seinem Munde, er erwachte wie aus einem tiefen Traume, Serpentina war verschwunden, es schlug sechs Uhr, da fiel es ihm schwer aufs Herz, dass er nicht das Mindeste kopiert habe; er blickte voll Besorgnis, was der Archivarius wohl sagen werde, auf das Blatt, und o Wunder! – die Kopie des geheimnisvollen Manuskripts war glücklich beendigt, und er glaubte, schärfer die Züge betrachtend, die Serpentinas Erzählung von ihrem Vater, dem Liebling des Geisterfürsten Phosphorus im Wunderlande Atlantis, abgeschrieben zu haben. Jetzt trat der Archivarius Lindhorst in seinem weißgrauen Überrock, den Hut auf dem Kopfe, den Stock in der Hand, herein; er sah in das von dem Anselmus beschriebene Pergament, nahm eine große Prise und sagte lächelnd: »Das dacht ich wohl! – nun, hier ist der Speziestaler, Herr Anselmus, jetzt wollen wir noch nach dem Linkeschen Bade gehen – nur mir nach!« – Der Archivarius schritt rasch durch den Garten, in dem ein solcher Lärm von Singen, Pfeifen, Sprechen durcheinander war, dass der Student Anselmus ganz betäubt wurde und dem Himmel dankte, als er sich auf der Straße befand. Kaum waren sie einige Schritte gegangen, als sie dem Registrator Heerbrand begegneten, der freundlich sich anschloss. Vor dem Tore stopften sie die mitgenommenen Pfeifen; der Registrator Heerbrand beklagte, kein Feuerzeug bei sich zu tragen, da rief der Archivarius Lindhorst ganz unwillig: »Was Feuerzeug! Hier ist Feuer, soviel Sie wollen!« Und damit schnippte er mit den Fingern, aus denen große Funken strömten, die die Pfeifen schnell anzündeten. »Sehen Sie das chemische Kunststückchen«, sagte der Registrator Heerbrand, aber der Student Anselmus dachte nicht ohne inneres Erbeben an den Salamander. – Im Linkeschen Bade trank der Registrator Heerbrand so viel starkes Doppelbier, dass er, sonst ein gutmütiger stiller Mann, anfing, in einem quäkenden Tenor Burschenlieder zu singen, jeden hitzig fragte, ob er sein Freund sei oder nicht, und endlich von dem Studenten Anselmus zu Hause gebracht werden musste, als der Archivarius Lindhorst schon längst auf und davon war.

Friedrich Rückert (1788–1866)
Atlantis ruht in deinem Schweigen

O Wieg', aus der die Sonnen steigen, o heiliges Meer!
O Grab, in das die Sonnen neigen, o heiliges Meer!
O du im Duft der Nacht entfaltend den Spiegel, darein
Vom Himmel Luna schaut mit Schweigen, o heiliges Meer!
O du in stillen Mitternächten mit Wogengesang
Einklingend in der Sterne Reigen, o heiliges Meer!
Die Morgen- und die Abendröten erblühen aus dir,
Zwei Rosen deinem Garten eigen, o heiliges Meer!
Atmender Busen Amphitrites, der nieder und auf
Die Wogen sinken läßt und steigen, o heiliges Meer!
Schoß, mütterlicher, Aphrodites! gebäre dein Kind,
Um deinen Glanz der Welt zu zeigen, o heiliges Meer!

Spreng' auf den Frühlingskranz der Erde den perlenden Tau!
Denn alle Perlen sind dein eigen, o heiliges Meer!
Du sammelst alle dir entstammten Najaden der Flur
Zurück zum Nereidenreigen, o heiliges Meer!
Die Schiffe der Gedanken segeln und sinken in dir;
Atlantis ruht in deinem Schweigen, o heiliges Meer!
Der Götterbecher, der gefallen vom hohen Olymp,
Hängt tief an den Korallenzweigen, o heiliges Meer!
Ein Taucher in das Meer der Liebe ist Freimunds Gesang,
Der deinen Glanz der Welt will zeigen, o heiliges Meer!
Als wie der Mond will ich mit Sehnen mich stürzen in dich;
Laß mich aus dir als Sonne steigen, o heiliges Meer!

Percy Bysshe Shelley (1792–1822)
An der Insel Atlantis

Und von Gestalten, die der Zaub'rer Wind
Aus Nebeln formt, die auf- und niederwallen.
Und oben hoch die stolzen Berge schleudern,

Mit scharfen Zacken in den Himmel bohrend,
Von eis'gen Gipfeln ab den Strahlenkranz
Des jungen Tags, wie blendend weißer Schaum,
Um Inseln der Atlantis aufgewirbelt,
Die Luft durchsprüht mit flimmernd hellen Tropfen.
Von ihrem Walle ist das Thal umgürtet
Und ein Geheul von Katarakten dröhnt
Aus ihrem wild zerklüfteten Gestein
Und schwängert rings die lauschend leisen Winde
Mit einem Ton, der weit im Rund erschallt
Und feierlich, wie hehre Stille ist. –
O horch! Es rauscht der Schnee! – Der

Zweite Szene.

Die Mündung eines großen Flusses an der Insel Atlantis. – Okeanos lehnt am Ufer. Apollo steht neben ihm.

OKEANOS.
Er fiel, so sagst du, schon vom Blick des Siegers
Getroffen hin?
APOLLO.
Ja, als der Kampf zu Ende,
Der selbst das Glanzgestirn, das ich regiere,
Getrübt und schütterte die festen Sterne,
Durchbrach der Schreckblick seines Auges noch,
Den weiten Himmel blutigroth erhellend,
Den Saum der Finsterniß, die ihn verschlang.
So schießt der letzte rothe Strahl des Tags,
Der stirbt, aus feueriger Wolken Riß
Und loht empor aus sturmdurchwühlter Tiefe.
OKEANOS.
Der Schlund verschlang ihn? – Leere Finsterniß?
APOLLO.
So sieht ein Aar sich plötzlich in der Wolke,
Die berstend losbricht über'n Kaukasus:
Im Wirbelwind das Flügelpaar verfangen,
Das donnernde vom Donner übertäubt,
Das Aug', das kühn dem Sonnenblink getrotzt.

August Graf von Platen (1796–1835)
Der Atlantis frühverlorne Küste

Klage nicht, wenn auch die Seele duldet,
Klage nicht, dir ist ein Trost bereit:
Was du leidest, litt ich unverschuldet,
Und Colombo nannte mich die Zeit.

Ich zuerst durchschnitt die Wasserwüste,
Über der du deine Zähren weinst,
Der Atlantis frühverlorne Küste,
Dieser Fuß betrat zuerst sie einst.

Nun erglänzt in heller Morgenstunden
Auferstehung jenes teure Land,
Das der Menschheit ich zum Heil gefunden,
Nicht zum Frondienst einem Ferdinand!

Heinrich Heine (1797–1856)
Sie erzählten mir Geschichten von Atlantis
Die Eidechsen sind ein ironisches Geschlecht und betören gern die anderen Tiere. Aber sie waren gegen mich so demütig, sie seufzten so ehrlich, sie erzählten mir Geschichten von Atlantis, die ich nächstens aufschreiben will, zu Nutz und Frommen der Welt. Es ward mir so innig zumute bei den kleinen Wesen, die gleichsam die geheimen Annalen der Natur aufbewahren. Sind es etwa verzauberte Priesterfamilien, gleich denen des alten Ägyptens, die ebenfalls naturbelauschend in labyrinthischen Felsengrotten wohnten? Auf ihren Köpfchen, Leibchen und Schwänzchen blühen so wunderbare Zeichenbilder wie auf ägyptischen Hieroglyphenmützen und Hierophantenröcken.

Meine kleinen Freunde haben mich auch eine Zeichensprache gelehrt, vermittelst welcher ich mit der stummen Natur zu sprechen vermag. Dieses erleichtert mir oft die Seele, besonders gegen Abend, wenn die Berge in schaurig-süßen Schatten gehüllt stehen und die Wasserfälle rauschen und alle Pflanzen duft und hastige Blitze hin und her zucken –

O Natur! du stumme Jungfrau! wohl verstehe ich dein Wetterleuchten, den vergeblichen Redeversuch, der über dein schönes Antlitz dahinzuckt, und du dauerst mich so tief, dass ich weine. Aber alsdann verstehst du auch mich, und du heiterst dich auf und lachst mich an aus goldnen Augen. Schöne Jungfrau, ich verstehe deine Sterne, und du verstehst meine Tränen!

Henry David Thoreau (1817–1862)

Ein günstiger Wind

Ich lege dieses Buch aus der Hand und gehe an meine Quelle, um Wasser zu schöpfen, und siehe – ich begegne dort dem Dichter Brahmins, dem Priester Brahmas, Vischnus und Indras, der auch heute noch in seinem Tempel am Ganges sitzt und im Veda liest oder mit seiner Brotrinde und dem Wasserkrug am Fuße des Baumes haust. Ich begegne seinem Diener, der kommt, um Wasser für seinen Herrn zu holen, und unsere Gefäße reiben sich gleichsam aneinander im selben Brunnen. Das reine Wasser des Waldensees ist mit dem heiligen Wasser des Ganges vermengt. Ein günstiger Wind trägt es an der sagenhaften Insel Atlantis und an den Hesperiden vorbei, an dem Periplus Hannos, vorüber an Ternato und Tidore und dem Persischen Golf, bis es in den tropischen Winden des Indischen Ozeans aufgeht und in Häfen landet, die Alexander nur dem Namen nach kannte.

Franz von Dingelstedt (1814–1881)

Durch der Atlantis blaue Wogen

(An Nikolaus Lenau Geschrieben zu Ischl, Juli 1841)

Du bist es, Schwan der Magyaren,
Du mit der liederreichen Kehle?
Mann, schwarz von Augen, schwarz von Haaren,
Schwarz in der schmerzenreichen Seele?
Ja, das sind die Mephisto-Falten,
Die auf der Stirn zusammenlaufen,
Aus diesen Blicken flammt verhalten

Savonarolas Scheiterhaufen!
Und darum bist Du fortgeschwommen
Durch der Atlantis blaue Wogen,
Darum verwundet heimgekommen,
Wohin Dein Herz Dich heiß gezogen,
Daß hier im stillen Alpentale
Dein volles Leben sich verblute

Und – kaum geküßt vom Sonnenstrahle,
Hinab ins Meer des Todes flute?

Was willst Du in den engen Bergen,
Auf diesen Seen voll Grabesfrieden,
Genüber jenen Menschen-Zwergen,
Von Deines Gleichen abgeschieden?
Du selbst ein Gletscher, ragest mächtig

Gottfried Keller (1819–1890)
Zu der Atlantis hin!
(An einen auswandernden Freund, Dr. Christian Heußer 1856)

Von Berg und grünen Weiden
Steigt nieder der Genoß,
Und wieder heißt es meiden,
Was treue Lieb umschloß!
Die letzten Jugendtage
Sind eben nun verrauscht,
Mit rauhem Flügelschlag
Der Wind ein Segel bauscht.

So geh zu Schiff, Geselle
Und fahre deine Bahn!
Das mutige Wehen schwelle
Dir alle Segel an!
Doch stet, wie deine Ehre,
Und treulich, wie dein Sinn,
So tragen dich die Meere
Zu der Atlantis hin!

An Weltmeers Silberschäumen,
Durch fernes Palmengrün
Such nicht in wehem Träumen
Der Heimat Firnenglühn!
Doch siehst du bang sich sehnen

Verlaßnes Schweizerblut,
Da hilf und still die Tränen:
Das steht den Schweizern gut!

So schreite fest, umwandre
Die Welt an Wundern reich
Kehr einst und find uns andre,
Will's Gott, uns selber gleich!
Du kennst die besten Bande,
Die Altes binden neu:
Bleib treu dem Vaterlande,
So bleibst dir selber treu!

Jules Verne (1828–1905)
Und schrieb dieses einzige Wort: ATLANTIS
Aber welcher Teil der Erdkugel war hier in einer Katastrophe untergegangen? Wer hatte diese Felsen in Stein wie Dolmen der Frühzeit aufgehäuft? Wo war ich, wohin hatte mich die Laune Kapitän Nemos entführt?

Ich hätte ihn gerne gefragt, doch da ich dies nicht konnte, blieb ich stehen und ergriff seinen Arm. Doch er schüttelte nur den Kopf, und indem er auf die Spitze des Berges wies, schien er zu sagen:

»Komm! Komm nur! Komm mit!«

Ich folgte ihm zu einer letzten Anstrengung, und einige Minuten darauf hatte ich den Gipfel bewältigt, der zehn Meter über die Felsmasse hinausragte.

Ich schaute hinunter auf den Weg, den wir zurückgelegt hatten. Der Berg erhob sich nur etwa sieben- bis achthundert Fuß über die Ebene; aber auf seiner andern Seite ragte er in doppelter Höhe über den Boden eines tiefer gelegenen Teiles des Atlantik auf. Meine Blicke schweiften in die Ferne und gewahrten eine große, von einem starken Schein beleuchtete Fläche. Der Berg war in Wirklichkeit ein Vulkan! Fünfzig Fuß unter dem Gipfel, inmitten eines Regens von Steinen und Schlacke, spie ein großer Krater Ströme von Lava aus, die sich als feurige Kaskade in die Wassermassen ergoss. Der Vulkan erhellte wie eine riesige Fackel die Ebene bis zu den letzten Grenzen des Horizonts.

Ich habe gesagt, der Unterwasserkrater habe Lava ausgespien, doch er spie keine Flammen. Für Flammen bedarf es des Sauerstoffs in der Luft, sie können unter Wasser nicht entstehen; aber weißglühende Lavaströme entwickeln eine derartige Hitze, dass sie das nasse Element besiegen, sodass es bei der Berührung verdampft. Die dabei entstehenden Gase verteilten sich, und die Lava strömte ungehindert den Berg hinunter bis zur Ebene, wie die Auswürfe des Vesuvs auf Torre del Greco.

Und tatsächlich, dort, unter meinen Augen, erschien eine verwüstete, untergegangene Stadt, mit eingestürzten Dächern, zerstörten Tempeln, eingefallenen Toren, gebrochenen Säulen, aus denen man noch die gediegenen Proportionen einer Art toskanischer Architektur erahnte; etwas weiter entfernt die Reste eines gigantischen Aquädukts; hier die verschlammte Erhebung einer Akropolis mit den fließenden Formen eines Parthenon, dort Spuren einer Mole, als hätte ein antiker Hafen an den Gestaden eines verschwundenen Ozeans den Kauffahrteischiffen und Kriegstriremen ehemals Schutz geboten; noch weiter hinten zeichneten sich die langen Linien eingefallener Mauern und breiter, verlassener Straßen ab – ein ganzes versunkenes Pompeji, das Kapitän Nemo vor meinen Augen aufsteigen ließ! Wo war ich? Wo war ich nur? Ich wollte es um jeden Preis wissen, ich wollte reden, ich wollte die Kupferkugel abreißen, die meinen Kopf umschloss.

Aber Kapitän Nemo trat auf mich zu und gebot mir mit einer Gebärde Einhalt. Dann bückte er sich, hob ein Stück Kreidestein auf, ging auf einen schwarzen Basaltfelsen zu und schrieb dieses einzige Wort:

ATLANTIS

Wie ein Blitz durchfuhr mich die Erkenntnis! Atlantis, die alte Hauptstadt von König Theopompes, das Atlantis Platos, dieser Kontinent, der geleugnet wird von Origenes, Porphyrios, Iamblichos, d'Anville, Malte-Brun, Humboldt, die seinen Untergang ins Reich der Sagen wiesen; Atlantis, an das Possidonius, Plinius,

Tertullian, Ammianus Marcellinus, Engel, Sherer, Tournefort, Buffon, d'Avezac glaubten – dieses Atlantis hatte ich vor Augen, und es trug noch die unwiderleglichen Spuren seiner Katastrophe! In dieser versunkenen Landschaft außerhalb Europas, Asiens, Libyens, jenseits der Säulen des Herkules, hatte das mächtige Volk der Atlantiden gelebt, gegen das das alte Griechenland seine ersten Kriege geführt hatte.

Der Historiker, der in seinen Schriften die großen Taten jener heroischen Zeiten schildert, ist Plato selbst. Sein Dialog von Timaios und Critias entstand sozusagen unter der Inspiration des Solon, Dichter und Gesetzgeber.

Eines Tages unterhielt sich Solon mit einigen weisen Alten von Sais, der damals schon achthundert Jahre alten Stadt in Ägypten, wie aus den auf die heilige Wand ihrer Tempel eingeritzten Annalen hervorging. Einer dieser Alten erzählte die Geschichte einer anderen Stadt, die noch um tausend Jahre älter war. Diese erste der Athene geweihte Stadt war, als sie neunhundert Jahre bestanden hatte, von den Atlantiden überfallen und teilweise zerstört worden. Diese Atlantiden, so sagte der Alte, kamen von einem riesigen Kontinent, der größer war als Afrika und Asien zusammen und sich vom zwölften bis zum vierzigsten Grad nördlicher Breite erstreckte. Ihre Herrschaft reichte bis Ägypten. Sie wollten sie auch auf Griechenland ausdehnen, mussten sich aber angesichts des erbitterten Widerstands der Hellenen zurückziehen. Jahrhunderte verstrichen, Dann trat die Katastrophe ein mit Überschwemmungen und Erdbeben. Ein Tag und eine Nacht genügten, den atlantischen Kontinent untergehen zu lassen; seine höchsten Erhebungen: Madeira, die Azoren, die Kanarischen Inseln und die Inseln von Kap Verde, ragen noch aus den Fluten.

Das waren die historischen Erinnerungen, die die Inschrift des Kapitäns Nemo in meinem Geist erweckte. So hatte ich also, durch eine seltsame Fügung des Schicksals, Fuß gesetzt auf einen der Berge dieses sagenumwobenen Kontinents! Ich berührte mit der Hand die Ruinen, die Hunderttausende von Jahren alt waren und der Frühzeit entstammten! Ich wandelte ebendort, wo die

Zeitgenossen des ersten Menschen geweilt hatten! Ich zermalmte unter meinen schweren Sohlen die Skelette von Tieren aus der Vorzeit, Tieren, denen diese jetzt in Erz verwandelten Bäume einst Schatten gespendet hatten!

Ach, warum fehlte es mir an Zeit! Wie gern wäre ich die steilen Hänge dieses Berges hinuntergestiegen, um diesen ganzen riesigen, Kontinent zu untersuchen, der zweifellos Afrika mit Amerika verband, und seine großen Städte, die aus der Zeit vor der Sinflut stammten, zu besuchen. Dort vielleicht, unter meinen Blicken, erstreckten sich Machimos, die Kriegerische, Eusebes, die Fromme, deren riesenhafte Einwohner über hundert Jahre alt wurden und mit der Kraft ihrer Arme diese Blöcke türmten, die bis auf den heutigen Tag der Zerstörung durch das Wasser widerstanden hatten. Eines Tages vielleicht würde eine Eruption diese versunkenen Ruinen an die Oberfläche des Meeres bringen. Man weiß von zahlreichen Unterwasservulkanen in diesem Teil des Ozeans, und manches Schiff hat ungewöhnliche Stöße verspürt, als es über diesen unruhigen Boden fuhr. Die einen haben dumpfen Lärm gehört, der den Kampf der Elemente ankündigte, die andern sahen vulkanische Asche, die aus dem Meer emporgeschleudert wurde. Der ganze Boden bis zum Äquator wird jetzt noch aufgewühlt durch die vulkanischen Kräfte. Und wer weiß, ob nicht in einer fernen Zeit, gehoben durch Ausbrüche und Ablagerungen von Lava, die Gipfel feuerspeiender Berge über dem Spiegel des Atlantik auftauchen!

Während ich so vor mich hin träumte und mir alle Einzelheiten dieser grandiosen Landschaft einzuprägen suchte, verharrte Kapitän Nemo, an eine moosbedeckte Stelle gelehnt, unbeweglich und wie versteinert in stummer Ekstase. Dachte er an die verschwundenen Generationen und fragte er sie nach dem Geheimnis des menschlichen Schicksals? Kam dieser seltsame Mann hierher, um sich in die Erinnerungen der Geschichte zu vertiefen und ins Leben der Antike, er, der nichts wissen wollte vom modernen Leben? Was hätte ich nicht alles darum gegeben, seine Gedanken zu kennen, sie zu teilen, sie zu verstehen!

Wir blieben eine ganze Stunde da und betrachteten die weite

Ebene im Lavaglanz, der von Zeit zu Zeit erstaunlich intensiv wurde. Die unterirdischen Wallungen brachten den Boden unter unseren Füßen zum Beben. Die Geräusche aus der Tiefe, klar übertragen durch das Wasser, vervielfachten sich in majestätischer Klangfülle.

In diesem Augenblick ward der Mond kurz durch die Wassermassen sichtbar und warf seinen bleichen Schein auf den versunkenen Kontinent. Es war nur ein schwacher Schimmer, doch die Wirkung war unbeschreiblich. Der Kapitän erhob sich und warf einen letzten Blick auf die unendliche Ebene; dann machte er mir mit der Hand ein Zeichen, ihm zu folgen.

Wir stiegen rasch den Berg hinunter. Als wir den ehernen Wald hinter uns hatten, bemerkte ich das Licht des Nautilus, das wie ein Stern funkelte. Der Kapitän ging geradewegs darauf zu, als der erste Schein der Morgendämmerung den Ozean erhellte, waren wir zurück an Bord.

Carl Bleibtreu (1859–1928)
Fraß an der Atlantis Leiche

Unterm sonnengoldnen Wasser schläft die Burg der
  Riesenzeit,
Heut vom Blumenmeer ummauert und vom Kraut
  Vergänglichkeit.
Und in grünen Einsamkeiten welkt der Urwelt Riesenblatt
Maulwurf in Abgrundtiefe, wühlst du denn nimmermatt?
Fraß an der Atlantis Leiche sich nur der Haifisch satt?
Unter rollenden Fluten begraben weltentief,
Tote Jahrtausende ruhten, taub wie das Chaos schlief …
All, birgst du im Schoße andere, innere Welt,
Reglos geheimnisgroße, ewig unerhellt?
Wo sich Korallen spreiten, modert da Blatt an Blatt
In schwärzlichen Einsamkeiten, was blühend genossen
  hat?

Gustav Fröding (1860–1911)
Atlantis

Summt von der Stadt zum Gestade
Brausendes Kampfgelärm dröhnend und schwer –
Hell aus der dumpfen Kaskade
Schrillt es wie Schreie dann her!
Hier ist es stille,
Ruhen die Wasser
Stumm in der Bucht an dem Meer.

Einsamkeit atmen die Räume
Fern von der Wirklichkeit wirrendem Tand:
Luftiger Zauber der Träume
Webt sich um Wellen und Land.
Lehne dein Köpfchen
Mir an die Schulter,
Schau übern schaukelnden Rand!

Tief auf dem Grunde das Flimmern
Sind keine Riffe, von Wogen umschwellt –
Siehst die Paläste du schimmern,
Prangend das Prunkschloß erhellt?
Sagen-Atlantis,
Traumes-Atlantis
Ist's, die versunkene Welt!

Blendend mit weißen Fassaden
Leuchtet die herrschende Marmorburg her,
Hebt sich manch Bild voller Gnaden –
Aber die Straßen sind leer,
Einsam und öde:
Und durch die Stadt hin
Wandelt Erinnerung schwer.

Gold ward Tyrann, und die Drohnen,
Jene Zehntausend, die vornehm und reich,
Stahlen das Glück von Millionen,
Schlemmten und zechten sich bleich,
Siegten durch Klugheit:
Jammer und Elend
Wuchs mit den Siegen zugleich.

Mitten im Glanze gerichtet
Schwand und versank die atlantische Macht:
Volk, das sich selber vernichtet,
Wurde zu Grabe gebracht
Herrlich an Gaben,
Tief doch verkommen
Taucht es in dämmernde Nacht.

Und mit den schönsten Korallen
Schmückte das Meer die erstorbene Stadt:
Funken des Sonnenlichts fallen
Über das Totenfeld matt,
Und um die Säulen
Wuchernd und grünend
Windet die Alge sich glatt.

Einmal, ja einmal für uns auch
Wird die Stunde gekommen sein:
Einmal, ja einmal uns auch
Schläfert die Dämmerung ein,
Decken uns Wellen
Leuchtet durch Fluten
Matter der sonnige Schein.

Summende Stadt an dem Strande,
Lehm ist dein Grund und verschlingender Schlamm!
Fessellos einst in dem Lande
Wirft sich das Meer übern Damm:

Über uns summen,
Über uns schaukeln
Völker von anderem Stamm.

Gerhart Hauptmann (1862–1946)
Die versunkene Atlantis
Friedrich stand hinten bei der Logleine, die in der breiten zerquirlten Kielstraße nachschleifte. Auch in dieser gespenstischen Vormorgenstunde verfolgten hungrige Möwen das Schiff, manchmal sich nähernd, manchmal zurückbleibend und immer wieder mit dem trostlosen Schrei verdammter Seelen ins Kielwasser stoßend. Dies war nicht Traum, und doch wusste es Friedrich davon kaum zu sondern. Noch von dem Wunderlichen und Befremdlichen des Traumerlebnisses durchdrungen, empfand er nun, überreizt wie er war, die fremde und wogende Ödenei des Weltmeers nicht minder wunderbar. So hatte es seine Wasserberge unter den blinden Augen von Jahrmillionen einhergewälzt, nicht minder blind als die Jahrmillionen. So war es gewesen, nicht anders, seit dem ersten Schöpfungstag: am Anfang schuf Gott Himmel und Erde, und die Erde war finster und leer, und der Geist Gottes schwebte auf dem Wasser. Friedrich fror. Hatte er je mit etwas anderem als mit dem Geist und Geistern, das heißt mit Gespenstern gelebt? Und befand er sich nicht im Augenblick mehr als je von dem geschieden, was ihm unter dem Namen Wirklichkeit als unerschütterlich fester Boden gegolten hatte? Glaubte er nicht in diesem Zustand an Ammenmärchen und Schiffergeschichten? an den fliegenden Holländer und den Klabautermann? Was verbarg dieses seine Wogenzüge grenzenlos wälzende Meer? War nicht alles aus ihm hervorgestiegen? Alles wieder in seine Tiefen hinabgetaucht? Warum sollte nicht irgendeine Macht Friedrichen einen Geisterblick in die versunkene Atlantis eröffnet haben?
Friedrich durchlebte tiefe und rätselvolle Minuten einer furchtbaren und doch auch beglückenden Bangigkeit: da war das Meer, auf dem das scheinbar verlassene Schiff, klein in dieser Unendlichkeit, vorwärts taumelte: vor ihm kein sichtbares Ziel, hinter ihm kein

sichtbarer Ausgangspunkt. Da war der Himmel, der es trüb und grau belastete. Da war er selber, Friedrich, als der Vierte im Bunde, allein, und was nicht tot war in dieser Ode, hatte sich in Visionen, Besuche von Schatten und Schemen in seinem Innern umgebildet. Der Mensch ist dem Unerforschlichen immer allein gegenübergestellt: das gibt ihm die Empfindung von Größe zugleich mit der, der Verlassenheit. Da stand ein Mensch am Hintersteven eines Schiffs, in der weichenden Urnacht des dämmernden Morgens durch unsichtbare, glühende Fäden seines Geschickes mit zwei Erdteilen fest verknüpft, und erwartete die neue, weniger quälende Form des Lebens von der Sonne, einem fremden, viele Millionen Meilen von dem Planeten Erde entfernten Gestirn. Dies alles war ihm in einem fast vernichtenden Sinne wunderbar. So, als sei er in Wunder eingekerkert.

Und es wandelte ihn, in einer plötzlichen Hoffnungslosigkeit, jemals aus dem erstickenden Zwange der Rätsel und Wunder befreit zu sein, die Versuchung an, sich über die Reling hinabzustürzen. Und schon überkam ihn die Scheu eines Menschen, der ein böses Gewissen hat. Er blickte sich um, wie wenn er fürchte, ertappt zu werden. Die Brust war ihm schwer, als hätte er niederziehendes Blei darin.

In diesem Augenblick hörte er sich mit einem kräftigen »Guten Morgen!« ansprechen. Es war der Steuermann Herr von Halm, der zur Brücke ging. Und sogleich, vor der gesunden Schönheit des Sprachlautes, wich der Spuk, und Friedrichens Seele ward dem Dasein zurückgegeben. »Wollten Sie Tiefseeforschungen machen?« fragte Herr von Halm. Friedrich lachte: »Jawohl, es fehlte nicht viel,« sagte er, »so hätte ich eine Lotung nach der versunknen Atlantis unternommen.«

Wilhelm Arent (1864 – Todesjahr n.e.)

Atlantis

Heilige Zukunftsschaaren, des Sängers Gruß euch!
Einen Wurfspeer schleudert er, voller Ahnung,
Durch das Nachtgraun, lichtere Schimmer sehend,
Seinen Gesang hin!

Laßt der Weisheit düstere Rabenstimme
Von dem niemals endenden Elend krächzen,
Was so hoffnungsfröhlich das Herz durchzittert,
Muß sich entfalten.

Still und langsam windet sich hin die Raupe,
Aber heimlich spüret sie schon die Flügel,
Die sie einst als schillernden Falter tragen
Ueber die Auen.

Ja, nur ein Ziel leuchte den Erdensöhnen!
Ha, nur ein Ziel singet, ihr heil'gen Dichter:
»Edler Freiheit flüchtig gewährte, goldne
Fülle hienieden!«

Nimmermehr auf anderen Lichtgefilden,
Welche noch kein sterblicher Blick durchmessen,
Sollst du aufblühn, süßester Traum der Menschheit,
Sonnig Atlantis!
Unter uns vom perlenden Thau des Aethers
Wonnesanft umschmeichelt, erblüh' den Enkeln,
Welche fromm wie wandelnde Blumen leben,
Bilden und schaffen!

Aber ihr, o glückliche Länder, denen
Wir den fernher leuchtenden Port gewiesen,
Weiht dann uns manch schäumendes Glas, Dankthränen
Himmlischer Freude!

Hans Dominik (1872–1945)

Atlantis, die Siegerin

Die Hauptstadt Atlantia. Das Gewirr der Häuser, von unzähligen Straßen durchzogen. Buntes Leben und Treiben darin. Die geöffneten Basare, Magazine, Lagerhäuser. Alle Waren der Welt boten ihre Auslagen den Käufern, die das Land, die Welt sandte.

Die Menschen aller Rassen, aller Farben. Im Hafen lagen Tausende von Schiffen, die aus Osten und Westen, aus Norden und Süden hier gelandet, um Handel zu treiben.

Vom Osten her nahend eine große Flotte. Die Menge am Hafen sie begrüßend, Tücher schwenkend, jubelnd. Die Königin Kleito erwartend, die vom siegreichen Krieg zurückkehrte. Die phönizische Macht gebrochen, ihre Besitzungen im westlichen Europa und Afrika in der Hand von Atlantis.

Die Tore der siebenfachen Mauer um die Stadt durchbrochen, erweitert für den Einzug der siegreichen Königin.

Bei Marsilia die große Schlacht. Ungeheure Beute brachten die Schiffe mit. Der Triumphzug der Sieger zum Sonnentempel ... zum siebentorigen Haus der Welt.

In der Mitte des Zuges die Königin, getragen von den Fürsten der Besiegten. Die Stadt, das ganze Land ein Jubel ... ein Siegestaumel. Der letzte, der schlimmste Aufstand bezwungen. Ost und West zu Füßen des siegreichen Atlantis. Von Norden und Süden ankommend die Sendlinge der Mächtigen, die freiwillig Tribut boten.

Atlantis, die Siegerin, die Herrscherin der Welt. Kein Feind, der ihr widerstand. Ein einziges mächtiges Reich von Peru bis Ägypten. Der Sonnentempel, nie sah er so viel Blut zu Ehren der Gottheit fließen wie an diesem Tage.

Im Festglanz der tausend Fackeln der Palast der Königin. Auf dem goldenen Thron die Herrscherin, geschmückt mit Perlen und Edelsteinen. Das kühle, stolze Antlitz hoch aufgereckt, die Augen in der Runde, zu den Helden, die vor ihr knieten.

David Herbert Lawrence (1885–1930)

Es gab eine Zeit

Es gab eine Zeit als die Wasser der Welt sich in gigantischen Gletschern hoch, hoch auf den Polen auftürmten, die großen Ebenen wie Atlantis und der versunkene polynesische Kontinent sich weit in die Ozeane hinaus erstreckten, sodass die Meere nichts anderes waren als große Seen, und die sanften, dunkeläugigen Menschen jener Welt um die Erde wandern konnten.

Antonin Artaud (1896–1948)

Der Ritus der Könige von Atlantis

Am 16. September, dem Tag des mexikanischen Unabhängigkeitsfestes, habe ich in Norogachic, tief in der Sierra Tarahumara, den Ritus der Könige von Atlantis gesehen, den Platon im Kritias beschreibt. Platon spricht von einem seltsamen Ritus, den die Könige von Atlantis vollzogen, wenn ihre Rasse in eine verzweifelte Lage geraten war.

Wie mythisch die Existenz von Atlantis auch sein mag, Platon beschreibt die Bewohner von Atlantis als eine Rasse magischen Ursprungs. Bei den Tarahumaras, die meiner Meinung nach die direkten Nachkommen der Bewohner von Atlantis sind, gibt es noch heute diesen Kult magischer Riten.

Wer mir das nicht glaubt, soll in die Sierra Tarahumara gehen: er wird erleben, dass in diesem Land, in dem Gestalt und Schichtung der Felsen etwas Märchenhaftes haben, die Legende Realität wird und dass für Realität außerhalb dieses Märchenhaften kein Platz ist. Ich weiß, dass das Leben der Indianer dem Geschmack der heutigen Welt nicht entspricht; doch wir können angesichts einer solchen Rasse einen Vergleich ziehen, der zeigt, dass gerade das moderne Leben in gewisser Hinsicht im Rückstand ist, dass also nicht die Tarahumara-Indianer im Rückstand sind in bezug auf die Gegenwart.

Sie wissen, dass jeder Fortschritt, jede Erleichterung, die durch das Vorherrschen einer rein materiellen Zivilisation erreicht wird, auch einen Verlust, einen Rückschritt mit sich bringt. Man kann also sagen, dass das Problem des Fortschritts sich angesichts jeder authentischen Tradition nicht stellt. Echte Traditionen kennen keinen Fortschritt, weil sie den äußersten Punkt aller Wahrheit darstellen. Und der einzige Fortschritt, der zu verwirklichen ist, besteht dann, dass Form und Kraft dieser Traditionen bewahrt werden. Die Tarahumaras haben es verstanden, über Jahrhunderte hinweg ihre Vitalität zu bewahren.

Also, um auf Platon und die echten esoterischen Traditionen zurückzukommen, die in seinen Schriften enthalten sind, ich habe im Tarahumara-Gebirge den Ritus dieser sagenhaften, verzweifelten Könige gesehen.

Platon erzählt, dass sich die Könige von Atlantis bei Sonnenuntergang vor einem geopferten Stier versammelten. Und während Diener den Stier in Stücke zerlegten, hoben andere die Stücke auf und gossen das Blut in Schalen. Die Könige tranken dieses Blut und berauschten sich, wobei sie eine Art düstere Melodie sangen, bis am Himmel nichts mehr als der Kopf der sterbenden Sonne und auf der Erde nichts mehr als der Kopf des geopferten Stieres war. Dann streuten die Könige sich Asche aufs Haupt. Ihre düstere Melodie wechselte, und sie bildeten gleichzeitig einen engeren Kreis. Jede Anrufung der Sonne wurde eine Art bitterer Vorwurf, wirkte wie eine öffentliche Buße, wie Gewissensbisse, die die Könige in allseitigem Einverständnis bis zum Augenblick, wo die Nacht voll hereingebrochen war, zum Ausdruck brachten.

So etwa beschreibt Platon diesen Ritus. Die Indianer nun führten kurz vor Sonnenuntergang einen Ochsen auf den Dorfplatz von Norogachic, und nachdem sie ihm die Beine gefesselt hatten, fingen sie an, ihm die Brust aufzuschlitzen. Das frische Blut wurde in großen Krügen aufgefangen. Ich werde das schmerzliche Grinsen des Ochsen, als ihm das Messer eines Indianers die Eingeweide zerfetzte, nicht so bald vergessen. Die matachines-Tänzer versammelten sich vor dem Stier, und als er ganz tot war, begannen sie mit ihren Blumentänzen. Die Indianer tanzen nämlich zu diesem Gemetzel Blumentänze, Libellentänze, Vogeltänze und Tänze vieler anderer Dinge, und es war wirklich ein seltsamer Anblick, als zwei Indianer auf den toten Stier stiegen, das Blut heraussprudeln ließen und ihn mit Axthieben in Stücke hackten, während die anderen Indianer, als Könige verkleidet und mit einer Spiegelkrone auf dem Kopf, ihre Libellentänze, Vogeltänze, Windtänze, Tänze der Dinge und Blumentänze aufführten.

Am Tanz der matachines kann ein ganzes Dorf teilnehmen; aber es gibt in allen Phasen des Tanzes einen König. Und die Könige der matachines lösen einander ab. Jeder tanzt seiner Stimmung gemäß.

An diesem Tag gab es nur einen einzigen Musiker; er saß auf dem Boden und spielte Geige. Doch das vollzählige Orchester bestand aus einer Gitarre, einer kleinen Trommel, Glöckchen und Eisenstäben. Die kleine Trommel ist ein Musikinstrument, das im Krieg verwendet wird, ihr Klang hallt von Gipfel zu Gipfel.

Die Könige des Tanzes tragen eine Spiegelkrone, die dreieckige Freimaurerschürze und einen großen rechteckigen Umhang über der Schulter. Sie haben auch besondere Hosen an, die etwas unterhalb der Knie in ein Dreieck auslaufen.

Bei den matachines handelt es sich nicht um einen sakralen Ritus, sondern um einen profanen Volkstanz, den die Spanier nach Mexiko gebracht haben, doch die Tarahumaras haben ihn auf indianische Weise umgeformt, er ist von ihrem Geist geprägt. Sogar wenn diese Tänze im Grunde die Bewegung der äußeren Natur nachahmen: den Wind, die Bäume, einen Ameisenhaufen, einen reißenden Fluss, bekommen sie bei den Tarahumaras einen ganz und gar kosmogonischen Sinn, und mir war, als hätte ich es mit Planetenameisen zu tun und sähe ihrem Gewimmel im Takt einer Sphärenmusik zu. Sie tanzen zum Klang einer kindlichen, raffinierten Musik, die nichts ist für europäische Ohren: man hört scheinbar immer den gleichen, immer im selben Rhythmus skandierten Ton; doch mit der Zeit wecken diese stets identischen Töne und dieser Rhythmus in uns etwas wie eine Erinnerung an einen großen Mythos; sie beschwören das Bewusstsein einer geheimnisvollen, verwickelten Geschichte. Der Vortänzer verrenkte sich in einem bestimmten Rhythmus, und sein Tanz ahmte die Gangart einer winzigen, torkelnden Ameise nach; der Tänzer sackte zusammen, wand sich mit den unregelmäßigen Bewegungen eines zu stark aufgeblähten Frosches; in der rechten Hand hielt er geschickt einen Flaschenkürbis voller Ringe hartgeworden er Raupen, die die Konsistenz von Glas gewonnen hatten, und die linke Hand spielte mit einem Blumenfächer.

Die Musik der Tarahumaras lässt eine sehr beschränkte Anzahl von Rhythmen erkennen, die sich endlos wiederholen. Und jedesmal, wenn der Rhythmus sich ändert, wechselt der

Vortänzer seinen Standort, verlässt er den Platz, wo er sich bewegt und verrenkt hat, und umkreist die andern Tänzer.

Diese Tänzer sind in zwei Gruppen aufgeteilt, und jeder einzelne, einer nach dem andern, zeigt dem Vortänzer sein Gesicht. Er zeigt es wie ein gewappneter Ritter mit dem Glanz des in seine Rüstung gehüllten antiken Kriegers, dann dreht er sich wieder in die entgegengesetzte Richtung. Wenn der Vortänzer alle Tänzer umkreist hat, kehrt er stampfend auf seinen Platz zurück. Und eine Phase des Tanzes ist zu Ende. Doch andere schließen sich an, und das Toben nimmt wieder zu und dauert eine ganze Nacht, vom Augenblick, wo die Sonne untergeht, bis zur Morgenröte, ohne dass die Tänzer jemals müde würden.

In einer Reihe stehend und schräg gegen die Wand gelehnt, also nicht mit dem Rücken zur Wand, sondern so, dass bald die linke, bald die rechte Seite sichtbar ist, stoßen ein paar junge Männer ab und zu einen eisigen Schrei aus, der ähnlich klingt wie ein Jagdhorn im Wald, und ihre Stimme erinnert an den schmerzlichen Schrei einer Hyäne, eines kranken Hundes oder eines Hahnes, dem man den Hals umdreht. Sie stoßen diesen Schrei nicht ununterbrochen, sondern in gewissen Abständen aus; er geht von Mund zu Mund wie eine menschliche Tonleiter, die im Dunkeln etwas von einer Anrufung hat.

So tanzten sie bis zum Sonnenuntergang, und während sie tanzten, sammelten andere Indianer Stück für Stück den Stierkadaver auf, und gerade im Augenblick, als nur noch der Kopf auf dem Boden lag, ging am Himmel der Kopf der Sonne unter. Da hielten die Vortänzer inne, und die andern Tänzer bildeten einen Kreis um sie. Und sie stimmten alle wieder eine Art düstere Melodie an. Eine Melodie der Gewissensbisse, der religiösen Buße, eine geheime Anrufung irgendwelcher dunkler Mächte, irgendeines Jenseits, das gegenwärtig war. Dann gingen sie und ließen sich vor einem großen Feuer nieder, das sich an einer vom vorigen Schauplatz weit entfernten Stelle befand, verborgen und unzugänglich wie die Nacht selbst, denn der zweite Teil des Ritus sollte dartun, dass er geheim war. In diesem Augenblick nun setzte man ihnen die Schalen mit frischem Blut vor.

Und der Tanz, der die ganze Nacht dauern sollte, begann von neuern.

Die Stücke des Ochsens waren in vier Schüsseln gesammelt worden, und über den Schüsseln bildeten die Frauen ein großes Kreuz. Alle tranken von dem warmen Blut und hüpften immer und immer wieder wie Frösche herum. Manchmal schliefen alle. Dann stimmte die Geige ihre Melodie an, und der Tanz setzte wieder ein. Und die Männer, die sich ab und zu unter die andern mengten, stießen diesen erstickten Schakalsschrei aus.

Soll man doch halten, was man will, von dem Vergleich, den ich da ziehe. Da Platon nie in Mexiko war und ihn die Tarahumara-Indianer nie gesehen haben, muss man jedenfalls zugeben, dass die Idee dieses sakralen Ritus aus der gleichen mythischen, prähistorischen Quelle kommt. Und das habe ich hier andeuten vollen.

Albert Vigolais Thelen (1903–1989)
Atlantis

Die Schwalbe gibt schon auf das Jahr,
Da feilschen Sängler noch um spare Ähren.
Muß auch sie der Neige wehren,
Weil die Fülle war?

Es lockt der Ferne heißere Lasur.
Der Zug. Das Meer. Und urverwunschener Weise
Zieht ein Heimweh blinde Kreise
Auf versunkener Spur.

Bald blaut der Schwalbe neuer Sphären Licht.
Der Hungerrechen giert nach feister Schnitterstunde.
Nur der Insel auf dem Grunde
Schlägt die Stunde nicht.

Eleanor Donelly (*1911)
Atlantis, die versunkene Insel

»Mutter! ich war an den Klippen draußen
Dort, wo die Brandung im Wirbel sich dreht,
Und blickte hinaus in die leuchtende Ferne,
Wo die Sonne am Abend zur Rüste geht.

Der Himmel erglühte im wogenden Feuer
Rosig und grünlich und purpurn und blau,
Massige Strahlen aus flüssigem Golde
Tauchten hinab in's düstere Grau.

Dort sah ich es liegen, das Land der Götter,
Weit, weit hinweg, in den Wassern tief:
Dort lag es mit glänzenden Türmen und Schlössern,
Tief unten am Grunde und träumte und schlief.«

«Still! still mein Kind! Deine Pulse fiebern,
Dein Haar ist feucht vom Nebelthau!
– (Um Gott! Du sahst das Land der Toten
Dort draußen unter den Wassern blau!) –«

«Ja, Mutter! Dort draußen am Abendhimmel,
Dort steigt es herauf aus der goldigen Glut
Verklärt ist dort alles in leidloser Jugend,
Es winkt mir hinab in die spiegelnde Flut.

Denn dort giebt es weder Sehnen noch Thränen,
Die Seligen wandeln im ewigen Licht,
Dort ist ja die Ruhe der friedlosen Pilger,
Erinnerung kennt dort die Wehmut nicht!«

Hoch droben am Leuchtturm der treue Wächter,
Er hört in der Nacht einen gräßlichen Schrei, –

Drunten im Hüttlein, die einsame Wittwe
Träumt bangenden Herzens den Morgen herbei.

Da schlürft es herein wie mit Geisterschritten,
Wie Seetang hängt's wirr ihm ums triefende Haar,
Das Meer gab ihn wieder, den toten Vater,
in den Armen bringt er den Sohn ihr dar!

Aus brandender See, über silberne Brücken
Hat ihm gewinkt des Vaters Hand, –
Nun ist er verklärt in leidloser Jugend,
Nun hat er erreicht das goldene Land.

Marion Zimmer Bradley (*1930)

Das Lied auf dem Sternenfeld

»Ich werde den Vers singen«, entschied Riveda und forderte das Mädchen erneut zum Singen auf, dieses Mal in einem Ton, der keine weiteren Ausflüchte duldete.

Das Mädchen schlang die Arme um die mageren Knie und wandte das Gesicht zum Himmel. In klarem, ruhigem Sopran begann sie zu singen:

An einem Tag, längst vergessen,
Hielten Sieben Wächter
Wache am Himmel.
Ein schwarzer Tag war's,
Als sieben Sterne
Ihren Platz verließen,
Den Schwarzen Stern des Unheils zu bewachen.

Sieben Sterne
Stahlen sich leise
Als Sieben Wächter
Von ihren Plätzen
Unter der Deckung
Des schützenden Himmels.

Der Schwarze Stern wartet
Stumm im Schatten,
Schleicht durch die Schatten
Und wartet der Nacht,
aber dem Berg
Hängt er, schwebt er,
Dunkel, ein Rabe
In roter Wolke.

Leise wie Schatten
Fallen die Sieben,
Sonnenlicht macht sie
Unsichtbar.
Flammend fallen
Sieben Sterne
Auf den Schwarzen Unheilsstern!

Andere Menschen, die sich auf dem Sternenfeld versammelt hatten, um die Himmelszeichen zu beobachten, wurden von dem Gesang angezogen. Still und voller Bewunderung kamen sie näher. Jetzt fiel, in einem strengen Rhythmus, Rivedas tiefer, klingender Bariton ein und begleitete Deoris' silbrige Stimme mit unheimlichen Harmonien.

Der Berg bebt!
Donner erschüttert
Die Dämmerung!
Als Sieben Wächter
Niederstürzen,
Ein Regen aus
Kometenfeuer,
Auf den Schwarzen Stern!
Der Ozean wogt vor Qual,
Berge bersten und bröckeln!
Ertrunken liegt der Schwarze Stern,
Und das Unheil ist tot!

Mit gedämpfter, glockenreiner Stimme sang Deoris die Klage:

Sieben Sterne fielen,
Fielen vom Himmel,
Ertranken, wo tot
Der Schwarze Stern liegt!

Manoah der Gnädige, Herr des Glanzes,
Hob die Ertrunkenen auf,
Verbannte den Schwarzen
Für endlose Zeiten,
Bis er von neuem
Aufgeht im Licht.
Die Guten Wächter
Erhob er zu Ehren,
Zur Krone des Bergs.

Hoch über dem Sternenberg
Leuchten die Sieben,
Die Sieben Bewacher
Von Erde und Himmel.

Das Lied erstarb in der Nacht; ein leiser Wind flüsterte und verstummte. Die Leute, die sich versammelt hatten, ein paar Akoluthen und zwei oder drei Priester, murmelten ein paar anerkennende Worte und schlenderten, in eine leise Unterhaltung vertieft, wieder von dannen.

Kapitel 5

Die Anderen
oder
Atlantis ist überall

Märchen, Mythen und Erzählungen von versunkenen Städten und Kontinenten

Der lockende Traum, der uns umtanzt,
Von welchem immer die Menschen reden,
Als Eldorado, Atlantis, Eden –
Er ward uns in die Seele gepflanzt,
Daß wir d'ran hangen und d'ran glauben;
Nicht Noth,
Nicht Tod
Soll dieses himmlischste Kleinod rauben.
Wilhelm Arent (1864–Todesjahr n.e.)

Ludovico Ariost (1474–1533)
Thule

Desmond führt weißes Feld mit rotem Streifen,
Und bei Kildare steht eine Ficht' in Brand.
Für Kaiser Karl die Waffen jetzt ergreifen
Nicht Schottland bloß, Irland und Engelland –
Norweger, Schweden auch die Schwerter schleifen,
Thule und Island, der entfernte Strand.

Johann Christoph Gottsched (1700–1766)
Wo Sodom vormals stund

Wo Sodom vormals stund, steht itzt der todte See.
Im Mittelmeere stieg manch Eyland in die Höh.
Trinakrien ward einst von Wälschland abgerissen,
Und von Britannien will man ein gleiches wissen.
Atlantis sank ins Meer, dieß macht uns Plato kund:
Und in der Schweiz verschlang so Stadt als Berg ein Schlund.
Auf hohen Alpen ist der Fische Rest vorhanden:
Und neue Berge sind in Wälschland schon entstanden.

Johann Peter Hebel (1760–1826)
Sodom und Gomorra.
Als Abraham von ungefähr seine Augen aufhob, sah er drei unbekannte Männer gegen sein Zelt herkommen. Die sind anzusehen als höhere Wesen, welche in Menschengestalt den frommen Abraham besuchen und ihm Zukünftiges sagen wollten. Abraham ging ihnen sogleich entgegen, er bewillkommte sie nach morgenländischer Sitte und bat sie, dass sie bei ihm einkehrten und eine Erquickung annähmen. Denn das war eine von den schönsten Tugenden des Abraham, sein ehrenhaftes Betragen gegen fremde Leute. Während als sie bei ihm vor dem Zelte saßen und aßen, sagte einer von den dreien, der Vornehmste: »Ehe als ein Jahr vergeht, wirst du Vater eines Sohnes sein.« Abraham und Sara wollten es anfänglich nicht glauben, denn sie hatten schon

zu lange vergeblich auf Nachkommenschaft gewartet. Aber der Unbekannte sagte nur mit wenigen Worten: »Sollte Gott etwas unmöglich sein?« Als die drei wieder fortgingen, begleitete sie Abraham; aber ehe sie voneinander schieden, sagte ihm noch der eine, dass jetzt Sodom, wegen der Gottlosigkeit seiner Einwohner würde zerstört werden. Abraham redete zu dem Herrn: Willst du denn den Gerechten mit dem Gottlosen lassen umkommen? Es möchten vielleicht um der fünfzig Gerechten willen? Das sei ferne von dir, dass du dem Gerechten wie dem Ungerechten tust, der du aller Welt Richter bist. Du wirst nicht also richten.« Abraham hatte den rechten Glauben. Gott verschont oft um weniger frommer Menschen willen viele Gottlose. Aber der Herr sprach endlich, als Abraham lange mit ihm geredet hatte: »Wenn ich zehn Gerechte darinnen finde, so will ich es nicht tun. »Zwei von den dreien gingen hierauf nach Sodom, dass sie den Lot erretteten. Lot saß an dem Tore der Stadt, als sie ankamen, und obgleich er sie ebenfalls nicht kannte, wer sie waren, bat er sie doch, die Nachtherberge bei ihm anzunehmen, denn es war Abend. Sie verkündeten dem Lot, dass Gott diese Stadt wegen ihrer Sünden werde untergehen lassen, und befahlen ihm, aus derselben mit seinen Angehörigen fortzuziehen. Lot hatte eine Frau und zwei Töchter. Er wollte auch noch zwei junge Männer retten, die mit seinen Töchtern versprochen waren. Als sie aber seine Rede vernommen hatten, war es ihnen lächerlich, was er sagte. So weit kann ein Mensch die Vermessenheit treiben. Wenn die göttlichen Strafgerichte schon vor der Türe sind, so lacht sie noch und verachtet die letzten Warnungen, welche noch vorausgehen. Kaum war die Morgenröte aufgegangen, so nötigten die zwei den Lot, mit den Seinigen die Stadt zu verlassen: »Eile, rette deine Seele, rette dein Leben.«

Eine fürchterliche Gewitterwolke stellte sich über das Tal Sittim. Die Blitze fingen an zu leuchten, Feuer und Schwefel regnete vom Himmel. In dem Tal Sittim waren viele Adern von Erdharz. Das Erdharz fing Feuer. Das ganze schöne Tal Sittim stand in Flammen. Vier Städte, Sodom, Gomorra, Adama und Zeboim gingen zu Grunde, Abraham sah in der Ferne schwarze

Rauchwolken aufsteigen. Das war der Brand von Sodom. Das ganze Tal verwandelte sich in einen großen Wasserpfuhl, der das Salzmeer genannt wurde. Er ist noch zu sehen und heißt jetzt das Tote Meer. Lot hatte glücklich das Städtchen Zoar erreicht, welches verschont blieb. Seine Frau verunglückte unterwegs. In der Folge zog er in das Gebirg und wurde nachher ein Stammvater der zwei Völker Moab und Ammon.

Gustav Schwab (1792–1850)

Philemon und Baucis

Auf einem Hügel im Lande Phrygien steht eine tausendjährige Eiche und dicht neben ihr eine Linde von gleichem Alter, beide von einer niedrigen Mauer umgeben. Mancher Kranz ist an den Ästen des nachbarlichen Paares aufgehängt. Nicht weit davon breitet ein sumpfiger See die seichte Flut; wo vordem bewohntes Erdreich war, da flattern jetzt nur Taucher und Fischreiher umher. Einst kam in diese Gegend Vater Zeus mit seinem Sohne Hermes, der nur den Stab, nicht aber den Flügelhut trug. In menschlicher Gestalt wollten sie die Gastlichkeit der Menschen versuchen; darum klopften sie an tausend Türen, um ein Obdach für die Nacht bittend. Aber hart und selbstsüchtig war der Sinn der Bewohner, sodass die Himmlischen nirgends Einlass fanden.

Siehe, da stand ein Hüttchen am Ende des Dorfes, niedrig und klein nur, mit Stroh und Sumpfrohr gedeckt; aber im ärmlichen Hause wohnte ein glückliches Paar, der biedre Philernon und Baucis, sein gleichaltriges Weib. Dort hatten sie zusammen die frohe Jugend durchlebt, dort waren sie zu weißhaarigen Alten geworden. Sie machten keinen Hehl aus ihrer Armut, aber leicht ertrugen sie ihr dürftiges Los, heiter und freundlich, in herzlicher Liebe, wenn auch kinderlos, schalteten sie in dem niedrigen Häuschen, das sie allein miteinander bewohnten.

Als nun die hohen Gestalten der beiden Götter diesem ärmlichen Dache sich nahten und die niedere Pforte mit gebücktem Haupte durchschritten, kam ihnen das wackre Paar mit herzlichem Gruße entgegen, der Greis stellte die Sessel zurecht, die

Baucis mit grobem Gewebe bedeckte, und bat die Gäste, sich auszuruhen. Das Mütterchen eilte geschäftig zum Herde, stöberte in der lauen Asche nach einem glimmenden Funken, häufte trocknes Holz und Reisig und blies aus dem Qualm mit schwachem Atem die Flamme an. Drauf trug sie gespaltenes Holz herzu und schob es unter den kleinen Kessel, der über dem Feuer hing. Unterdessen hatte Philemon Kohl aus dem wohlbewässerten Gärtchen geholt, den die Alte eifrig entblätterte, hob mit der zweizinkigen Gabel einen geräucherten Schweinsrücken von der rußigen Decke des Gemaches (lange hatten sie ihn zu festlicher Gelegenheit aufgespart) und schnitt ein mäßiges Stück von der Schulter, um es ins siedende Wasser zu werfen. Damit nun aber den Fremdlingen die Weile nicht lang werde, bemühten sie sich, durch harmloses Gespräch sie zu unterhalten. Auch gossen sie Wasser in die hölzerne Wanne, auf dass jene am Fußbad sich erquickten. Freundlich lächelnd nahmen die Götter das liebreich Gebotene an, und während sie die Füße behaglich ins Wasser streckten, richteten die guten Wirte das Ruhebett. Dieses stand inmitten der Stube, mit Teichschilf waren die Polster gestopft, von Weidengeflecht die Füße und das Gestell; aber Philemon brachte Teppiche geschleppt, die sonst nur an festlichen Tagen hervorgeholt wurden – ach, auch sie waren alt und schlecht, und dennoch legten die göttlichen Gäste sich gern darauf, um nun das fertige Mahl zu genießen. Denn jetzt stellte das Mütterchen, geschürzt und mit zitternden Händen, den dreibeinigen Tisch vor das Lager, und da er nicht fest stehen wollte, schob sie dem zu kurzen Fuß eine Scherbe unter; darauf rieb sie die Platte mit frischer Krauseminze und trug die Speisen auf. Da waren Oliven, herbstliche Kornelkirschen, eingemacht in klarem, dicklichtem Safte, auch Rettich, Endivien und trefflicher Käse und Eier, in warmer Asche gesotten. Alles das brachte Baucis auf irdenem Geschirr, und dabei prangte der bunte tönerne Mischkrug und zierliche Becher aus Buchenholz, innen mit gelbem Wachs geglättet. Weder von hohem Alter noch gar zu süß war der Wein, den der redliche Wirt einschenkte. Jetzt aber sandte der Herd die warmen Gerichte, und die Becher wurden zur Seite geschoben, damit es an Platz nicht mangle für den Nachtisch. Nüsse, Feigen und runzlichte Datteln wurden herbeigetragen, auch zwei Körbchen mit Pflaumen und duftenden Äpfeln; selbst Trauben vom purpurnen Weinstock fehlten nicht, und in der Mitte der Tafel prangte eine weißliche Honigscheibe. Die schönste Würze des Mahles aber waren die guten freundlichen Gesichter der wackern Alten, aus denen Freigebigkeit und treuherziger Sinn sprachen.

Während nun alle an Speise und Trank sich labten, bemerkte Philemon, dass der Mischkrug trotz der immer von neuern gefüllten Becher sich nicht leeren wollte und stets der Wein wieder bis zum Rande emporwuchs. Da erkannte er mit Staunen und Furcht, wen er beherbergte; ängstlich flehte er samt seiner greisen Genossin mit emporgehobenen Armen und demütig gesenkten Augen, dass sie gnädig auf das dürftige Mahl schauten und ob der schlechten Bewirtung nicht zürnten. Ach, was sollen sie nur den himmlischen Gästen bieten? Richtig, da fällt ihnen ein: draußen im Ställchen ist ja die einzige Gans, die wollen sie sogleich opfern! Beide eilen hinaus, aber die Gans ist schneller als sie; mit Geschrei und flatternden Flügeln entwischt sie den keuchenden Alten und lockt sie bald hier-, bald dorthin. Zuletzt gar rannte sie ins Haus hinein und verkroch sich hinter den Gästen, als ob sie die Unsterblichen um Schutz flehte. Und er ward ihr gewährt; die Gäste wehrten dem Eifer der beiden Alten und sprachen mild lächelnden Mundes also: »Wir sind Götter! der Menschen Gastlichkeit zu erforschen, stiegen wir nieder zur Erde. Eure Nachbarn fanden wir ruchlos, und sie sollen der Strafe nicht entrinnen. Ihr aber verlasst dieses Haus und folget uns hinauf auf die Höhe des Berges, damit ihr nicht unschuldig mit den Schuldigen leidet.« Die beiden gehorchten; auf Stäbe gestützt, strebten sie mühsam den steilen Berg hinan. Noch einen Pfeilschuss waren sie vom höchsten Gipfel entfernt, da wandten sie ängstlich den Blick und sahen die ganze Flur in einen wogenden See verwandelt, nur einzig ihr Häuschen war von allen Gebäuden noch übrig. Während sie noch staunten und das Schicksal der andern beweinten, siehe, da ward die alte ärmliche Hütte zum ragenden Tempel; von Säulen getragen, schimmerte das goldne Dach, Marmor deckte den Boden. Und jetzt wandte sich Zeus mit gütigem Antlitz zu den zitternden Alten und sprach: »Saget mir, du redlicher Greis und du, des Redlichen würdige Gattin, was wünschet ihr euch?« Nur wenige Worte wechselte Philernon mit seinem Weibe, dann sprach er: »Eure Priester möchten wir sein! Vergönnet uns, jenes Tempels zu pflegen. Und weil wir so lange in Eintracht miteinander gelebt haben, o so lasset uns beide in einer Stunde dahinsterben; dann schau ich niemals das Grab des lieben Weibes, noch muss mich jene bestatten.« Ihr Wunsch ward erfüllt. Sie hüteten beide des Tempels, solange ihnen das Leben gegönnt ward. Und als sie einst, von Alter und Jahren aufgelöst, zusammen vor den heiligen Stufen standen, des wundervollen Geschickes gedenkend, da sah Baucis ihren Philemon und Philemon seine Baucis in grünem Laube verschwinden; schon wuchsen um beider Antlitz schattige Wipfel in die Höhe. »Leb wohl, du Trauter!« –«Leb wohl, du Liebe!« so sprachen sie beide wechselnd, solang sie noch zu reden vermochten. So endigte das ehrwürdige Paar; er ward, zur Eiche, sie zur Linde, und noch im Tode stehen sie traulich zusammen, wie sie im Leben unzertrennlich waren. Fromme sind den Göttern wert; Ehre wird denen zuteil, die Ehre erweisen.

Gustav Schwab (1792–1850)

Deukalion und Pyrrha

Als das eherne Menschengeschlecht auf Erden hauste und Zeus, dem Weltbeherrscher, schlimme Sage von seinen Freveln zu Ohren gekommen, beschloss er, selbst in menschlicher Bildung die Erde zu durchstreifen. Aber allenthalben fand er das Gerücht noch geringer als die Wahrheit. Eines Abends in später Dämmerung trat er unter das ungastliche Obdach des Arkadierkönigs Lykaon, welcher durch Wildheit berüchtigt war. Er ließ durch einige Wunderzeichen merken, dass ein Gott gekommen sei; und die Menge hatte sich auf die Knie geworfen. Lykaon jedoch spottete über diese frommen Gebete. »Lasst uns sehen«, sprach er,

»ob es ein Sterblicher oder ein Gott sei!« Damit beschloss er im Herzen, den Gast um Mitternacht, wenn der Schlummer auf ihm lastete, mit ungeahntem Tode zu verderben. Noch vorher aber schlachtete er einen armen Geisel, den ihm das Volk der Molosser gesandt hatte, kochte die halb lebendigen Glieder in siedendem Wasser oder briet sie am Feuer und setzte sie dem Fremdling zum Nachtmahle auf den Tisch. Zeus, der alles durchschaut hatte, fuhr vom Mahle empor und sandte die rächende Flamme über die Burg des Gottlosen. Bestürzt entfloh der König ins freie Feld. Der erste Wehlaut, den er ausstieß, war ein Geheul, sein Gewand wurde zu Zotteln, seine Arme wurden zu Beinen: er war in einen blutdürstigen Wolf verwandelt.

Zeus kehrte in den Olymp zurück, hielt mit den Göttern Rat und gedachte das ruchlose Menschengeschlecht zu vertilgen. Schon wollte er auf alle Länder die Blitze verstreuen; aber die Furcht, der Äther möchte in Flammen geraten und die Achse des Weltalls verlodern, hielt ihn ab. Er legte die Donnerkeile, welche ihm die Zyklopen geschmiedet, wieder beiseite und beschloss, über die ganze Erde Platzregen vom Himmel zu senden und so unter Wolkengüssen die Sterblichen aufzureiben. Auf der Stelle ward der Nordwind samt allen andern die Wolkenverscheuchenden Winden in die Höhlen des Äolos verschlossen und nur der Südwind von ihm ausgesendet. Dieser flog mit triefenden Schwingen zur Erde hinab, sein entsetzliches Antlitz bedeckte pechschwarzes Dunkel, sein Bart war schwer von Gewölk, von seinem weißen Haupthaare rann die Flut, Nebel lagerten auf der Stirne, aus dem Busen troff ihm das Wasser. Der Südwind griff an den Himmel, fasste mit der Hand die weit umherhangenden Wolken und fing an, sie auszupressen. Der Donner rollte, gedrängte Regenflut stürzte vom Himmel; die Saat beugte sich unter dem wogenden Sturm, darnieder lag die Hoffnung des Landmanns, verdorben war die langwierige Arbeit des ganzen Jahres. Auch Poseidon, des Zeus Bruder, kam ihm bei dem Zerstörungswerke zu Hilfe, berief alle Flüsse zusammen und sprach: »Lasst euren Strömungen alle Zügel schießen, fallt in die Häuser, durchbrechet die Dämme!« Sie vollführten seinen Befehl, und

Poseidon selbst durchstach mit seinem Dreizack das Erdreich und schaffte durch Erschütterung den Fluten Eingang. So strömten die Flüsse über die offene Flur hin, bedeckten die Felder, rissen Baumpflanzungen, Tempel und Häuser fort. Blieb auch wo ein Palast stehen, so deckte doch bald das Wasser seinen Giebel, und die höchsten Türme verbargen sich im Strudel. Meer und Erde waren bald nicht mehr unterschieden; alles war See, gestadelose See. Die Menschen suchten sich zu retten, so gut sie konnten; der eine erkletterte den höchsten Berg, der andere bestieg einen Kahn und ruderte nun über das Dach seines versunkenen Landhauses oder über die Hügel seiner Weinpflanzungen hin, dass der Kiel an ihnen streifte. In den Ästen der Wälder arbeiteten sich die Fische ab; den Eber, den eilenden Hirsch erjagte die Flut; ganze Völker wurden vom Wasser hinweggerafft, und was die Welle verschonte, starb den Hungertod auf den unbebauten Heidegipfeln.

Ein solcher hoher Berg ragte noch mit zwei Spitzen im Lande Phokis über die alles bedeckende Meerflut hervor. Es war der Parnassos. An ihn schwamm Deukalion, des Prometheus Sohn, den dieser gewarnt und ihm ein Schiff erbaut hatte, mit seiner Gattin Pyrrha im Nachen heran. Kein Mann, kein Weib war je erfunden worden, die an Rechtschaffenheit und Götterscheu diese beiden übertroffen hätten. Als nun Zeus, vom Himmel herabschauend, die Welt von stehenden Sümpfen überschwemmt und von den vielen tausendmal Tausenden nur ein einziges Menschenpaar übrig sah, beide unsträflich, beide andächtige Verehrer der Gottheit, da sandte er den Nordwind aus, sprengte die schwarzen Wolken und hieß ihn die Nebel entführen; er zeigte den Himmel der Erde und die Erde dem Himmel wieder. Auch Poseidon, der Meeresfürst, legte den Dreizack nieder und besänftigte die Flut. Das Meer erhielt wieder Ufer, die Flüsse kehrten in ihr Bett zurück; Wälder streckten ihre mit Schlamm bedeckten Baumwipfel aus der Tiefe hervor, Hügel folgten, endlich breitete sich auch wieder ebenes Land aus, und zuletzt war die Erde wieder da.

Deukalion blickte um sich. Das Land war verwüstet und in Grabesstille versenkt. Tränen rollten bei diesem Anblick über seine Wangen, und er sprach zu seinem Weibe Pyrrha: »Geliebte, einzige Lebensgenossin! So weit ich in die Länder schaue, nach allen Weltgegenden hin, kann ich keine lebende Seele entdecken. Wir zwei bilden miteinander das Volk der Erde, alle andern sind in der Wasserflut untergegangen. Aber auch wir sind unsres Lebens noch nicht mit Gewissheit sicher. Jede Wolke, die ich sehe, erschreckt meine Seele noch. Und wenn auch alle Gefahr vorüber ist, was fangen wir Einsamen auf der verlassenen Erde an? Ach, dass mich mein Vater Prometheus die Kunst gelehrt hätte, Menschen zu erschaffen und geformtem Tone Geist einzugießen!« So sprach er, und das verlassene Paar fing an zu weinen; dann warfen sie vor einem halb zerstörten Altar der Göttin Themis sich auf die Knie nieder und begannen zu der Himmlischen zu flehen: »Sag uns an, o Göttin, durch welche Kunst stellen wir unser untergegangenes Menschengeschlecht wieder her? O hilf der versunkenen Welt wieder zum Leben!«

»Verlasset meinen Altar«, tönte die Stimme der Göttin, »umschleiert euer Haupt, löset eure gegürteten Glieder und werfet die Gebeine eurer Mutter hinter den Rücken.«

Lange verwunderten sich beide über diesen rätselhaften Götterspruch. Pyrrha brach zuerst das Schweigen. »Verzeih mir, hohe Göttin«, sprach sie, »wenn ich zusammenschaudre, wenn ich dir nicht gehorsame und meiner Mutter Schatten nicht durch Zerstreuung ihrer Gebeine kränken will!« Aber dem Deukalion fuhr es durch den Geist wie ein Lichtstrahl. Er beruhigte seine Gattin mit dem freundlichen Worte: »Entweder trügt mich mein Scharfsinn, oder die Worte der Götter sind fromm und verbergen keinen Frevel! Unsere große Mutter, das ist die Erde, ihre Knochen sind die Steine; und diese, Pyrrha, sollen wir hinter uns werfen!«

Beide misstrauten indessen dieser Deutung noch lange. Jedoch, was schadet die Probe, dachten sie. So gingen sie denn seitwärts, verhüllten ihr Haupt, entgürteten ihre Kleider und warfen, wie ihnen befohlen war, die Steine hinter sich. Da ereignete sich ein großes Wunder: das Gestein begann seine Härtigkeit und Spröde abzulegen, wurde geschmeidig, wuchs, gewann eine Gestalt; menschliche Formen traten an ihm hervor, doch noch nicht deutlich, sondern rohen Gebilden oder einer in Marmor vom Künstler erst aus dem Groben herausgemeißelten Figur ähnlich. Was jedoch an den Steinen Feuchtes oder Erdichtes war, das wurde zu Fleisch an dem Körper; das Unbeugsame, Feste ward in Knochen verwandelt; das Geäder in den Steinen blieb Geäder. So gewannen mit Hilfe der Götter in kurzer Frist die vom Manne geworfenen Steine männliche Bildung, die vom Weibe geworfenen weibliche.

Diesen seinen Ursprung verleugnet das menschliche Geschlecht nicht, es ist ein hartes Geschlecht und tauglich zur Arbeit. Jeden Augenblick erinnert es daran, aus welchem Stamm es erwachsen ist.

Wilhelm Müller (1794–1827)
Vineta

Aus des Meeres tiefem, tiefem Grunde
Klingen Abendglocken dumpf und matt,
Uns zu geben wunderbare Kunde
Von der schönen alten Wunderstadt.

In der Fluthen Schooß hinabgesunken,
Blieben unten ihre Trümmer stehn.
Ihre Zinnen lassen goldne Funken
Widerscheinend auf dem Spiegelsehn.

Und der Schiffer, der den Zauberschimmer
Einmal sah im hellen Abendroth,
Nach derselben Stelle schifft er immer,
Ob auch rings umher die Klippe droht.

Aus des Herzens tiefem, tiefem Grunde
Klingt es mir, wie Glocken, dumpf und matt.
Ach, sie geben wunderbare Kunde
Von der Liebe, die geliebt es hat.

Eine schöne Welt ist da versunken,
Ihre Trümmer blieben unten stehn,
Lassen sich als goldne Himmelsfunken
Oft im Spiegel meiner Träume sehn.

Und dann möcht' ich tauchen in die Tiefen,
Mich versenken in den Wiederschein,
Und mir ist, als ob mich Engel riefen
In die alte Wunderstadt herein.

Alfred Lord Tennyson (1809–1892)

Das untergegangene Lyonesse

An den äußersten westlichen Grenzen im Land Lyonesse. wo mit Ausnahme der felsigen Scilly-Inseln jetzt nur noch die wilde See tobt. erhob sich der heilige Berg Camelot. Es war der schönste Berg der Welt, einmal voller Grün und morgendlicher Frische in den Strahlen der aufgehenden Sonne, dann wieder voller Glanz. gehüllt in die goldenen Nebelschleier des Westens. Doch darunter war er hohl und die Berge erbebten. wenn die See mit Getöse durch die Porphyrhöhlen brauste. Und es war prophezeit worden. dass eines stürmischen Morgens der Berg in den Abgrund stürzen und nie mehr gesehen würde.

Edgar Allen Poe (1809–1849)

Traumland

Auf Pfaden, dunkel, voller Grausen,
Wo nur böse Engel hausen,
Wo ein Dämon, Nacht genannt,
Auf schwarzem Thron die Flügel spannt,
Aus letztem düsterm Thule fand
Ich jüngst erst her in dieses Land
Aus Zauberreich, so wild und weit,
Fern von Raum, fern von Zeit.

Ewig bodenlose Schlünde,

Klüfte, Schlüfte ohne Gründe,
Unbegrenzte Wassermassen,
Die sich nie in Ufer fassen,
Wälder, die kein Ende nehmen,
Die – titanenhafte Schemen –
Tropfend stehn in Nebeltau,
Endlos wuchtend, endlos grau!
Berge, endlos niederfallend,
Meere, in kein Ufer wallend,
Meere, die urewig fluten,
Himmel, die urewig gluten,
Weiher, die unendlich breit
Stummer Wasser Einsamkeiten,
Die in Tod und Stille liegen
Und den Schnee der Lilie wiegen.

Bei den Weihern, die da breiten
Stummer Wasser Einsamkeiten,
Die in Tod und Trauer liegen
Und den Schnee der Lilie wiegen;
Bei den Bergen, bei den Flüssen,
Die so ruhlos murmeln müssen;
Bei den Wäldern, bei den Sümpfen,
Wo bei schwarzverfaulten Stümpfen
Molch und Kröte lauernd schleichen;
Bei den Pfuhlen und den Teichen,
Wo gefräßige Dämonen
Gierig bei den Leichen wohnen;
Bei den trüben Sündenquellen,
Die in giftigen Dünsten schwellen –
Trifft der Wandrer voller
Alles, was schon lang vergangen:
Totenhemden, die sich blähen,
Schemen, die aus Schatten spähen,
Freunde, lang schon aus dem Leben,
Erd – und Himmel übergeben.

Für das Herz voll tausend Wehen
Ist es hier ein friedvoll Gehen –
Für den Geist, den Schatten bannt,
Ist's ein paradiesisch Land!
Doch wer wandert durch dies Grauen,
Wage niemals aufzuschauen,
Nie den schwachen Blick zu heben
In das Weben und das Beben,
Senke das bewimpert Lid,
Daß es kein Geheimnis sieht.
So des Königs Machtbefehle.
Und so darf die trübe Seele
Hier nur im Vorübergehen
Durch getrübte Gläser sehen.

Auf Pfaden, dunkel, voller Grausen,
Wo nur böse Engel hausen,
Wo ein Dämon, Nacht genannt,
Auf schwarzem Thron die Flügel spannt –
Aus jenem letzten Thule fand
Ich jüngst erst heim in dieses Land.

Adolf Friedrich von Schack (1815–1894)
Von Thule bis nach Taprobane

So rief die düstre Macht mir Halt,
Mit der umsonst die Menschen ringen!
Hätt' ich's vermocht, die Allgewalt
Der Welttyrannen zu bezwingen,
Zu Füßen läg' euch alles Land
Von Thule bis nach Taprobane,
Ja selbst an der Atlantis Strand
Hätt' ich gepflanzt Karthagos Fahne.

Karl Gerok (1815–1890)
Das tote Meer
1 Mose 19,24

Da ließ der Herr Schwefel und Feuer
regnen von dem Herrn vom Himmel
herab auf Sodom und Gomorra.

Komm, Pilger, steig auf diese Felsenhöh
Und schau hinab in jenen düstern See.

Wie traurig hängt, gewitterschwül und schwer,
Ein grauer Himmel ob dem grauen Meer!

Wie schaurig schließt ein ödes Felsgestein
Des trüben Sees verfluchtes Becken ein!

Kein Palmbaum wiegt sein Haupt im Windeshauch,
Kein Blümlein blüht, kein Beerlein reift am Strauch.

Kein Lüftlein kräuselt diese schwere Flut,
Kein Fischlein spielt im Wasser wohlgemut.

Und fliegt ein Vogel oben durch die Luft:
Er stürzt betäubt hinab zur nassen Gruft.

Und glänzt ein Apfel purpurn durch das Laub:
Du rührst ihn an – und er zerstiebt in Staub.

Einst blühte hier ein Paradies voll Pracht,
Hier ward gebuhlt, gesungen und gelacht.

Aus Marmorhallen, aus dem Rosenhain
Erklangen üppig Flöten und Schalmei'n.

Im wilden Rausch der Lust vergaß man Gott

Und trieb verrucht mit seinen Engeln Spott.

Zehn Fromme nicht im weiten Sündenpfuhl!
Da stieg der Frevel bis vor Gottes Stuhl.

Da fuhr vom Himmel sein gezückter Blitz
Und Feuer fraß den alten Lastersitz.

Da that sich auf der Hölle heißer Mund
Und schlang den Greul in seinen Flammenschlund.

Und Stadt und Land und Flur und Wald umher
Gerann zum Schwefelpfuhl, zum toten Meer.

Theodor Storm (1817–1888)
Rungholt
»Sie müssen dorthin blicken«, sagte ich, »wo nach Senecas Ausspruch alle Erdendinge am sichersten verwahrt sind!«

»Und wo wäre das, mein Lieber?«

»In der Vergangenheit; – in diesem sicheren Lande liegt auch Rungholt. Einst zu König Abels Zeiten, und auch später, noch, stand es oben im Sonnenlichte mit seinen stattlichen Giebelhäusern, seinen Türmen und Mühlen. Auf allen Meeren schwammen die Schiffe von Rungholt und trugen die Schätze aller Weltteile in die Heimat; wenn die Glocken zur Messe läuteten, füllten sich Markt und Straßen mit blonden Frauen und Mädchen, die in seidenen Gewändern in die Kirche rauschten; zur Zeit der Äquinoktialstürme stiegen die Männer, wenn sie von ihren Gelagen heimkehrten, vorerst noch einmal auf ihre hohen Deiche, hielten die Hände in den Taschen und riefen hohnlachend auf die anbrüllende See hinab: ›Trotz nu, blanke Hans!‹ Aber das rotwangige Heidentum, das hier noch in uns allen spukt –«

»Ich bitte doch, mich freundlich auszunehmen!« schob die Geheimrätin mit etwas strammem Lächeln dazwischen.

Ich verbeugte mich zustimmend. »Es bäumte sich noch einmal auf gegen den blassen aufgedrungenen Christengott; die

Männer von Rungholt – so wenigstens haben es die geistlichen Chronisten aufgeschrieben – beriefen eines Tages einen Priester und hießen ihn einer kranken Sau das Abendmahl geben. Da ergrimmte der Herr und ließ wie zu Noä Zeiten seine Wasser steigen; und über die Deiche und Mühlen und Türme schwollen sie; und Rungholt mit seinen blonden Frauen und seinen trotzigen Männern« – und ich wies mit dem Finger rückwärts, wo noch vom Kiel unseres Schiffes das Wasser in der Sonne strudelte –, »dort steht es unten, unsichtbar und verschollen auf dem Boden des Meeres. Nur zuzeiten bei hellem Wetter, wenn in der einsamen Mittagsstunde die Wimpel schlaff am Mast herunterhängen und die Schiffer in der Koje schnarchen, dann – wie die Leute sagen – ›dühnt es auf‹. – Wer dann mit wachen Augen über Bord ins Wasser schaut, kann gewahren, wie Türme mit goldnen Gockelhähnen aus der grünen Dämmerung aufsteigen; vielleicht mag er sogar die Dächer der alten Häuser erkennen, und wie zwischen dem Seetang, der sie überstrickt hat, seltsam schwerfälliges Getier umherkriecht, oder zwischen den zackigen Giebeln in die Enge der Gassen hinabschauen, wo Muschelwerk und Bernstein die Tore der Häuser verbaut hat und der nie rastende Flut- und Ebbstrom mit den Schätzen versunkener Schiffe spielt. – Aber auch die Schiffer unter Deck erwachen und richten sich auf, denn unter sich aus der Tiefe hören sie es läuten; das sind die Glocken von Rungholt.«

Susanne war indes herangetreten und hatte mit großen Augen zugehört; aber sie bedurfte für diese Seegeschichte eines sachkundigeren Gewährsmannes.

»Läuten sie wirklich, Schiffer?« fragte sie. »Haben Sie es selbst gehört?«

Das klang so allerliebst, dass auch die Backen der alten Teerjacke sich zu einem Lächeln verzogen; und er spie weit ins Meer hinaus, bevor er antwortete. »Ick hevt min Dag nich hört.«

Und weiter fuhren wir über Rungholt. Aber trotz der kühlen Antwort des Schiffers blickte Susanne noch ein paarmal verstohlen über Bord ins Wasser; begann doch auch jetzt die Mittagseinsamkeit sich brütend auf das Meer zu legen. Und als sie sich von mir ertappt sah, errötete sie nur leicht und lächelte; denn meine Augen mochten es den ihren schon verraten haben, wie gern auch ich an Wunder glaubte.

Jonas Jochemsen (1817–1874)
Der Untergang der Stadt Ys
(Eine bretonische Sage)

Keiner weiß, ob die Stadt Ys ein Geschenk des Königs an seine Tochter war oder ob sie sie mit Hilfe böser Geister über Nacht herbeigezaubert hatte. Denn man erzählt, dass die sieben Todsünden bei Hofe ihr Unwesen trieben. Tage und Nächte waren ein einziges orgiastisches Fest. jede Nacht hatte die Prinzessin einen anderen Liebhaber, dessen Körper dann beim Morgengrauen in die Hölle von Plogoff hinabgeworfen wurde. Der heilige Gwennole wetterte in leidenschaftlichen Predigten vergeblich dagegen. Spott war sein einziger Lohn. Er beschwor den alten König, doch Gradion – der König – war nur noch ein schwaches Abbild seiner einstigen Stärke. Unaufhörlich dröhnten die Festtrommeln, und die Stadt Ys trieb langsam dem Verderben entgegen.

Eines Abends erschien ein geheimnisvoller Prinz mit feurigem Blick, von dem niemand wusste, woher er kam, und eroberte das Herz der Prinzessin im Sturm, indem er ihr Geheimnisse unbekannter Laster offenbarte. »Meine Schöne, wenn Du mich wirklich liebst, dann gib mir ein sicheres Zeugnis Deiner Liebe!« – »Mein Herr und Geliebter, was könnte ich Dir geben, das Du nicht schon von mir bekommen hast?« – »Den Schlüssel zur Schleuse!« – »Aber das ist der Schlüssel des meines Vaters, die Seegeister gaben ihn allein König Gradion in Obhut! Mein Vater trägt ihn stets um den Hals.« – »Dein Vater ist alt, er schläft und Deine Hand ist so zärtlich ...«

Dahut raubte also den Schlüssel, und der feurige Prinz öffnete die Schleusen. Kaum war dies geschehen, schon fiel das Meer wie ein reißendes Tier in die Stadt Ys ein. Es überflutete in atemraubender Schnelle die Straßen, riss mit ungeheuren

Wellen die Häuser nieder, zerschmetterte die Flüchtenden und erstickte jeden Schrei des Entsetzens. Der alte König kämpfte sich auf seinem Wasserross Morvarc'h an der Seite des heiligen Gwennole durch die Fluten und versuchte, das Festland zu erreichen. Doch das Pferd ermüdete schnell unter der doppelten Last. »Gradion, wirf das Ungeheuer, das Dich umklammert hält, ins Wasser!« rief ihm Gwennole, der Heilige zu. – »Aber, das kann ich nicht, Gwennole, das ist doch meine Tochter, ich kann sie doch nicht sterben lassen.« – »Nur Du sollst gerettet werden, Du allein!« Schweren Herzens befreite sich der weinende Gradion aus den Armen seiner Tochter, und mit einem markerschütternden Schrei stürzte diese in die Fluten. Befreit von der schweren Last, schnellte des Königs Pferd voran und erreichte bald festen Boden unter den Füßen. Kaum hatten sich der König und Gwennole an Land gere tet, da beruhigte sich das Meer und zurück blieb nur noch ein funkelnder See.

Karl Müllenhoff (1818–1884)
Rungholt
In Rungholt auf Nordstrand wohnten weiland reiche Leute; sie bauten große Deiche und wenn sie einmal darauf standen, sprachen sie: »Trotz nu, blanke Hans!« –

Ihr Reichtum verleitete sie zu allerlei Übermut. Am Weihnachtsabend des Jahres 1300 machten in einem Wirtshause die Bauern eine Sau betrunken, setzten ihr eine Schlafmütze auf und legten sie ins Bett. Darauf ließen sie den Prediger ersuchen, er möchte ihrem Kranken das Abendmahl reichen, und verschwuren sich dabei, dass wenn er ihren Willen nicht würde erfüllen, sie ihn in den Graben stoßen wollten. Wie aber der Prediger das heilige Sakrament nicht so greulich wollte missbrauchen, besprachen sie sich untereinander, ob man nicht halten sollte, was man geschworen. Als der Prediger daraus leichtlich merkte, dass sie nichts Gutes mit ihm im Sinne hätten, machte er sich stillschweigends davon. Indem er aber wieder heimgehen wollte und ihn zween gottlose Buben, so im Kruge gesessen, sahen, beredeten sie sich, dass so er nicht zu ihnen hereingehen würde, sie ihm die Haut voll schlagen wollten. Sind darauf zu ihm hinausgegangen, haben ihn mit Gewalt ins Haus gezogen und gefragt, wo er gewesen. Und wie er's ihnen geklaget, wie man mit Gott und ihm geschimpfet habe, haben sie ihn gefragt, ob er das heilige Sakrament bei sich hätte, und ihn gebeten, dass er ihnen dasselbige zeigen möchte. Darauf hat er ihnen die Büchse gegeben, darin das Sakrament gewesen, welche sie voll Biers gegossen und gotteslästerlich gesprochen, dass so Gott darinnen sei, so müsse er auch mit ihnen saufen. Wie der Prediger auf sein freundliches Anhalten die Büchse wiederbekommen, ist er damit zur Kirche gegangen und hat Gott angerufen, dass er diese gottlosen Leute strafe. In der folgenden Nacht ward er gewarnet, dass er aus dem Lande, so Gott verderben wollte, gehen sollte; er stand auf und ging davon. Und sogleich erhob sich ein ungestümer Wind und ein solches Wasser, dass es vier Ellen hoch über die Deiche stieg und das ganze Land Rungholt, der Flecken und sieben andre Kirchspiele dazu, unterging, und niemand ist davon gekommen als der Prediger und zwo, oder wie andre setzen, seine Magd und drei Jungfrauen, die den Abend zuvor von Rungholt aus nach Bopschlut zur Kirchmess gegangen waren, von welchen Bake Boisens Geschlecht auf Bopschlut entsprossen sein soll, dessen Nachkommen noch heute leben. Die Ulversbüller Kirche hat noch eine alte Kirchentür von Rungholt.

Nun gibt es eine alte Prophezeiung, dass Rungholt vor dem jüngsten Tage wieder aufstehen und zu vorigem Stande kommen wird. Denn der Ort und das Land steht mit allen Häusern ganz am Grunde des Wassers und seine Türme und Mühlen tun sich oft bei hellem Wetter hervor und sind klar zu sehen. Von Vorüberfahrenden wird Glockenklang und dergleichen gehört. – Imgleichen wird bei der Süderog am Hamburger Sand ein Ort gezeigt, welcher Süntkalf geheißen und es ist ein Sprichwort:

Wenn upstaan wert Süntkalf,
So werd Strand sinken half.

Hermann Rollett (1819–1904)
Wellenzauber

Woher das Klingen, wunderbar,
Im Abenddämmerschein,
Das manchmal schon zu hören war
Am Ufer bei Höftein –?

Ein Summen ist's, ein Schall und Hall,
Wie's tönt von einer Stadt,
In der des Jahrmarkts lust' ger Schwall
Sich eingefunden hat.

Woher mag nur der Klang und Braus
Am Donau-Ufer sein?
Längst ging das letzte Licht doch aus
Im Dörflein, das so klein! –

Ein Wand'rer einst vorüber ging
Nach Sonnenuntergang,
Der sah und hört' manch' Wunderding,
Der weiß, woher der Klang.

Der sah in duft'ger Dämmerung
Wohl eine Stadt ersteh'n,
Sah hohe Thürme, Glockenschwung,
Sah Lust und Fahnenweh'n.

Daher das Klingen, das Gebraus
Im Abenddämmerschein! –
Und heut' noch gräbt man Trümmer aus
Der alten Stadt Höftein. –

Detlev von Liliencron (1844–1909)
Trutz, Blanke Hans

Heut bin ich über Rungholt gefahren,
Die Stadt ging unter vor sechshundert Jahren.
Noch schlagen die Wellen da wild und empört,
Wie damals, als sie die Marschen zerstört.
Die Maschine das Dampfers schütterte, stöhnte,
Aus den Wassern rief es unheimlich und höhnte:
Trutz, Blanke Hans.

Von der Nordsee, der Mordsee, vom Festland geschieden
Liegen die friesischen Inseln im Frieden.
Und Zeugen weltenvernichtender Wut,
Taucht Hallig auf Hallig aus fliehender Flut.
Die Möwe zankt schon auf wachsenden Watten,
Der Seehund sonnt sich auf sandigen Platten.
Trutz, Blanke Hans.

Mitten im Ozean schläft bis zur Stunde
Ein Ungeheuer, tief auf dem Grund.
Sein Haupt ruht dicht vor Englands Strand,
Die Schwanzflosse spielt bei Brasiliens Sand.
Es zieht, sechs Stunden, den Atem nach innen
Und treibt ihn, sechs Stunden, wieder von hinnen.
Trutz, Blanke Hans.

Doch einmal in jedem Jahrhundert entlassen
Die Kiemen gewaltige Wassermassen.
Dann holt das Untier tiefer Atem ein,
Und peitscht die Wellen und schläft wieder ein.
Viel tausend Menschen im Nordland ertrinken,
Viel reiche Länder und Städte versinken.
Trutz, Blanke Hans.

Rungholt ist reich und wird immer reicher,

Kein Korn mehr faßt selbst der größeste Speicher.
Wie zur Blütezeit im alten Rom,
Staut hier täglich der Menschenstrom.
Die Sänften tragen Syrer und Mohren,
Mit Goldblech und Flitter in Nasen und Ohren.
Trutz, Blanke Hans.

Auf allen Märkten, auf allen Gassen
Lärmende Leute, betrunkene Massen.
Sie ziehn am Abend hinaus auf den Deich:
Wir trotzen dir, Blanker Hans, Nordseeteich!
Und wie sie drohend die Fäuste ballen,
Zieht leis aus dem Schlamm der Krake die Krallen.
Trutz, Blanke Hans.

Die Wasser ebben, die Vögel ruhen,
Der liebe Gott geht auf leisesten Schuhen.
Der Mond zieht am Himmel gelassen die Bahn,
Belächelt der protzigen Rungholter Wahn.
Von Brasilien glänzt bis zu Norwegs Riffen
Das Meer wie schlafender Stahl, der geschliffen.
Trutz, Blanke Hans.

Und überall Friede, im Meer, in den Landen.
Plötzlich wie Ruf eines Raubtiers in Banden:
Das Scheusal wälzte sich, atmete tief,
Und schloß die Augen wieder und schlief.
Und rauschende, schwarze, langmähnige Wogen
Kommen wie rasende Rosse geflogen.
Trutz, Blanke Hans.

Ein einziger Schrei – die Stadt ist versunken,
Und Hunderttausende sind ertrunken.
Wo gestern noch Lärmmund lustiger Tisch,
Schwamm andern Tags der stumme Fisch.
Heut bin ich über Rungholt gefahren,

Die Stadt ging unter vor sechshundert Jahren.
Trutz, Blanke Hans.

Selma Lagerlöf (1856–1940)
Vineta

Als Herr Ermenrich sich auf die Erde hinabsinken ließ und anhielt, war es dem Jungen, als sei erst eine unbegreiflich kurze Zeit vergangen; und doch hatte der Storch einen ganz bedeutenden Weg zurückgelegt, denn in demselben Augenblick, als er den Jungen auf die Erde setzte, sagte er: »Dies ist Pommern. Jetzt bist du in Deutschland, Däumling.« Der Junge war über die Nachricht, dass er sich in einem fremden Lande befinde, ganz verdutzt. Das hätte er nie gedacht. Schnell sah er sich um. Er stand auf einem einsamen, mit weichem, feinem Sand bedeckten Meeresstrand. Auf der Landseite lief eine lange Reihe oben mit Strandhafer bewachsener Dünenhügel hin, die zwar nicht sehr hoch waren, dem Jungen aber die Aussicht ins Land hinein vollständig versperrten.

Herr Ermenrich stieg auf einen Sandhügel hinauf, zog das eine Bein in die Höhe und legte den Hals zurück, um den Schnabel unter die Flügel zu stecken. »Während ich mich ausruhe, kannst du eine Weile am Strande umherwandern«, sagte er zu Däumling. »Aber verlaufe dich nicht, damit du mich wiederfinden kannst.«

Der Junge wollte zuerst einen der Dünenhügel erklettern, um zu sehen, wie das Land dahinter aussehe. Aber kaum hatte er ein paar Schritte gemacht, als er mit der Spitze seines Holzschuhs an etwas Hartes stieß. Er bückte sich, und da sah er auf dem Sande eine kleine, von Grünspan durch und durch zerfressene, dünne Kupfermünze. Sie war so schlecht, dass sie ihn nicht einmal des Aufhebens wert deuchte, und er schleuderte sie mit dem Fuße weg.

Aber als sich der Junge wieder aufrichtete, wie grenzenlos überrascht war er da! Keine zwei Schritte vor ihm erhob sich eine dunkle Mauer mit einem großen turmgekrönten Tor.

Vor einem Augenblick, als er sich nach der Münze bückte,

hatte sich das Meer noch glänzend und glitzernd vor ihm ausgebreitet, jetzt aber war es durch eine lange Mauer mit Zinnen und Türmen verdeckt. Und gerade vor dem Jungen, wo vorher nur einige Tangbänke gewesen waren, öffnete sich das große Tor in der Mauer.

Der Junge war sich ganz klar darüber, dass dies eine Art Geisterspuk sein musste. Aber er dachte, davor brauche er sich wahrlich nicht zu fürchten. Was er sah, war ja gar nicht unheimlich oder grauenhaft. Die Mauern und Türme waren prächtig gebaut, und jetzt regte sich auch gleich der Wunsch in ihm, zu sehen, was dahinter sei. »Ich muss untersuchen, was das ist«, dachte er, und damit ging er durchs Tor.

Unter dem kleinen Torgewölbe saßen in bunten, gepufften Anzügen, langstielige Streitäxte neben sich, die Wächter und spielten Würfel. Sie waren ganz in ihr Spiel vertieft und gaben nicht auf den Jungen acht, der hastig an ihnen vorbeieilte.

Dicht am Tor war ein freier, mit glatten Steinfliesen gepflasterter Platz. Ringsum standen hohe, prachtvolle Häuser, und zwischen diesen öffneten sich lange, schmale Straßen.

Auf dem Platz vor dem Tor wimmelte es von Menschen. Die Männer trugen lange, pelzverbrämte Mäntel über seidenen Unterkleidern, federngeschmückte Barette saßen ihnen schräg auf dem Scheitel, und über die Brust herunter hingen ihnen wunderschöne Ketten. Alle waren herrlich gekleidet; es hätten lauter Fürsten sein können. Die Frauen trugen spitze Hauben und lange Gewänder mit engen Ärmeln. Sie waren auch prächtig geschmückt, aber ihr Staat konnte sich bei weitem nicht mit dem der Männer messen.

Dies alles glich ja ganz den Bildern in dem alten Märchenbuch, das Mutter ab und zu einmal aus ihrer Truhe holte und ihm zeigte. Der Junge wollte seinen Augen nicht trauen.

Aber noch viel merkwürdiger als die Männer und die Frauen war die Stadt selbst. Jedes Haus hatte einen Giebel nach der Straße zu, und diese Giebel waren so reich verziert, dass man hätte glauben können, sie wollten miteinander wetteifern, welcher von ihnen am schönsten geschmückt sei.

Wer rasch viel Neues zu sehen bekommt, kann sich nachher nicht mehr an alles erinnern. Aber der Junge erinnerte sich später doch noch, dass er ausgezackte Giebel gesehen hatte, auf deren verschiedenen Absätzen die Figuren von Christus und den Aposteln standen, Giebel, die an beiden Seiten hinauf mit Figuren geschmückte Nischen hatten, dann wieder solche, die mit buntem Glas oder mit weißem und schwarzem Marmor eingelegt waren und die ihm gewürfelt und gestreift entgegenschimmerten.

Doch während der Junge alles dies bewunderte, wurde er von einer ihm selbst unbegreiflichen Hast überfallen. »So etwas haben meine Augen noch nie gesehen. So etwas werde ich meiner Lebtage nicht wieder sehen«, sagte er sich. Und er begann in die Stadt hineinzulaufen, Straße auf, Straße ab, ohne anzuhalten. Die Straßen waren eng und schmal, aber durchaus nicht leer und düster wie in den Städten, die er bis jetzt gesehen hatte. Überall waren Menschen; alte Weiber saßen vor ihren Türen und spannen ohne Spinnrädchen, nur an der Kunkel. Die Warenlager der Kaufleute waren wie Marktbuden nach der Straße zu offen. An einem Platz wurde Tran gekocht, an einem andern wurden Häute gegerbt, ein Stück weiter gab es eine Seilerbahn.

Wenn der Junge nur Zeit gehabt hätte, ja dann hätte er hier alles mögliche lernen können! Er sah, wie die Waffenschmiede dünne Brustharnische hämmerten, wie die Goldschmiede Edelsteine in Ringe und Armbänder einsetzten, wie die Drechsler ihre Dreheisen handhabten, wie die Schuhmacher weiche rote Schuhe sohlten, wie der Goldspinner Goldfäden drehte und wie die Weber Seide und Gold in ihr Gewebe hineinwoben.

Aber der Junge hatte keine Zeit zum Verweilen. Er stürmte nur immer vorwärts, um soviel als möglich zu sehen, ehe alles wieder verschwinden würde.

Die Stadtmauer ging rund um die ganze Stadt herum und umschloss sie, gerade wie in Schweden die Steinmäuerchen die Äcker einfrieden. Am Ende jeder Straße sah man die Mauer turm- und zinnengekrönt hervorschauen. Und oben darauf wanderten Kriegsknechte umher in glänzendem Harnisch und blankem Helm.

Als der Junge die ganze Stadt durchquert hatte, kam er wieder an ein Stadttor. Da draußen lag das Meer und der Hafen. Hier sah der Junge altertümliche Schiffe mit Ruderbänken in der Mitte und mit hohen Aufbauten vorn und hinten. Lastträger und Kaufleute liefen eifrig hin und her. Überall war Leben, und alle hatten es eilig.

Aber auch hier erlaubte ihm seine innere Unruhe nicht, sich aufzuhalten. Er eilte wieder in die Stadt hinein und kam jetzt auf den großen Marktplatz. Hier lag die Domkirche mit drei hohen Türmen und tiefen, mit steinernen Figuren geschmückten Toren. Die Wände waren mit Bildhauerarbeit so reich verziert, dass auch nicht ein einziger Stein zu sehen war, der nicht seinen Schmuck gehabt hätte. Und welch eine Pracht schimmerte durch das offne Portal heraus! Goldene Kruzifixe, mit vergoldeter Schmiedearbeit verzierte Altäre und Priester in goldnen Messgewändern! Der Kirche gegenüber stand ein Haus mit Zinnen auf dem Dach und mit einem einzigen schlanken himmelhohen Turm. Das war wohl das Rathaus. Und von der Kirche bis zum Rathaus, rings um den ganzen Markt herum, standen die schönsten Giebelhäuser mit den mannigfaltigsten Verzierungen.

Der Junge hatte sich warm und müde gelaufen; er dachte, er habe nun so ziemlich das Wichtigste gesehen, und ging deshalb etwas langsamer weiter. Die Straße, in die er eben eingebogen war, war wohl die, wo die Stadtbewohner ihre prächtigen Kleider kauften. Die Leute drängten sich vor den kleinen Läden, wo die Kaufleute auf ihren Tischen starre, geblümte Seidenstoffe, dicken Goldbrokat, schillernden Samt, leichte, flockig gewobene seidene Tücher und spinnwebdünne Spitzen ausbreiteten.

Vorher, als der Junge so rasch gelaufen war, hatte niemand auf ihn achtgegeben. Die Leute hatten gewiss geglaubt, es springe nur eine graue Ratte vorbei. Aber jetzt, wo er ganz langsam durch die Straße dahinwandelte, gewahrte ihn einer der Kaufleute, und sogleich begann er ihm zu winken.

Der Junge wurde zuerst ängstlich und wollte davonlaufen; aber der Kaufmann winkte ihm nur, lachte ihm zu und breitete ein herrliches Stück Seidensamt auf seinen Tische aus, als ob er ihn damit herbeilocken wollte.

Der Junge schüttelte den Kopf. »Ich werde in meinem ganzen Leben nicht so reich sein, um auch nur einen Meter von diesem Stoff kaufen zu können«, dachte er.

Aber jetzt hatte man ihn die ganze Straße entlang von jedem Laden aus bemerkt. Wohin er auch sah, überall stand ein Krämer und winkte ihm. Sie ließen ihre reichen Kunden stehen und dachten nur noch an ihn. Er sah, wie sie in den verstecktesten Winkel des Ladens liefen, um das Beste, was sie zu verkaufen hatten, hervorzuholen, und wie ihnen, während sie es auf den Tisch legten, vor Hast und Eifer die Hände zitterten.

Als der Junge nicht anhielt, sondern weiterging, sprang einer der Kaufleute über seinen Tisch weg, hielt ihn fest und breitete Silberbrokat und in allen Farben schillernde gewebte Tapeten vor ihm aus. Der Junge konnte nicht anders, als den guten Mann auslachen. Er hätte ihm doch ansehen müssen, dass ein so armer Schlucker wie er keine solchen Waren kaufen konnte. Er blieb stehen und streckte dem Krämer seine beiden leeren Hände hin, um den Leuten zu zeigen, dass er nichts besaß und dass sie ihn in Ruhe lassen sollten.

Da hob der Kaufmann einen Finger auf, nickte ihm zu und schob ihm den ganzen Haufen von herrlichen Waren hin.

»Kann er meinen, er wolle dies alles für ein einziges Geldstück verkaufen?« fragte sich Däumling.

Der Kaufmann zog ein kleines abgegriffenes, schlechtes Geldstück heraus, das geringste, das es überhaupt gibt, und hielt es dem Däumling hin. Und in seinem Eifer, zu verkaufen, legte er noch zwei große silberne Becher auf den Haufen.

Da begann der Junge in seinen Taschen zu suchen. Er wusste zwar wohl, dass er nicht einen einzigen roten Heller besaß, aber unwillkürlich sah er doch nach.

Alle die andern Kaufleute sahen eifrig zu, wie der Handel ablaufen würde, und als sie den Jungen in seinen Taschen suchen sahen, sprangen sie über ihre Tische, ergriffen so viel Gold- und Silberschmuck, als ihre Hände zu fassen vermochten, und boten es ihm an. Und alle machten ihm Zeichen, dass sie als Bezahlung nichts weiter verlangten als einen einzigen Heller.

Aber der Junge drehte seine Westen- und Hosentaschen um und um; er besaß nichts, gar nichts. Da traten allen diesen stattlichen Kaufleuten, die doch soviel reicher waren als er, die Tränen in die Augen, und der Junge fühlte sich seltsam bewegt, denn sie sahen gar so ängstlich aus. Er besann sich, ob er ihnen denn nicht auf irgendeine Weise helfen könnte, und da fiel ihm plötzlich die grünspanige Kupfermünze ein, die er vorhin am Strand gesehen hatte.

Sofort lief er in größter Eile die Straße hinunter; und er hatte Glück, denn er kam an dasselbe Tor, durch das er zuerst gegangen war. Er stürzte hinaus und suchte nach der Kupfermünze, die vorhin hier gelegen hatte.

Und richtig, da lag sie; aber als er sie aufgehoben hatte und mit ihr in die Stadt zurückeilen wollte, sah er nur noch das Meer vor sich. Keine Stadtmauer, kein Tor, keine Wächter, keine Straßen, keine Häuser waren mehr zu sehen, nichts, nichts als das Meer!

Unwillkürlich traten dem Jungen die Tränen in die Augen. Von Anfang an hatte er ja alles, was er gesehen hatte, für eine Täuschung gehalten, aber nachher hatte er dies ganz vergessen und nur noch daran gedacht, wie schön alles sei; und jetzt, wo die Stadt verschwunden war, fühlte er sich aufs tiefste betrübt.

In demselben Augenblick erwachte Herr Ermenrich und ging zu Däumling hin. Aber der Junge hörte ihn nicht, und der Storch musste ihn mit dem Schnabel anstoßen, um sich bemerklich zu machen. »Ich glaube, du hast ebenso fest geschlafen wie ich«, sagte er.

»Ach, Herr Ermenrich«, sagte Däumling. »Was war das für eine Stadt, die eben hier stand?«

»Hast du eine Stadt gesehen?« erwiderte der Storch. »Du hast geschlafen und geträumt, ich hab' es ja gesagt.«

»Nein, ich habe nicht geschlafen«, sagte Däumling. Und er erzählte dem Storch alles, was er erlebt hatte.

Da sagte Herr Ermenrich: »Was mich selbst anbetrifft, so

glaube ich doch, dass du hier am Strande geschlafen und alles, dies geträumt hast. Aber ich will dir nicht verschweigen, dass Bataki, der Rabe, der gelehrteste aller Vögel, mir einmal erzählt hat, hier habe einst eine Stadt gestanden namens Vineta. Diese Stadt sei über die Maßen reich und schön gewesen, und keine einzige Stadt auf der Welt habe sich mit ihr vergleichen können. Aber unglückseligerweise seien ihre Einwohner hochmütig und prunksüchtig geworden. Und«, fuhr der Storch fort, »Bataki sagt, zur Strafe dafür sei Vineta von einer Sturmflut überschwemmt und ins Meer hinab versenkt worden. Seine Einwohner aber dürften nicht sterben und auch ihre Stadt nicht zerstören. Nur alle hundert Jahre einmal dürfe diese in all ihrer Pracht aus dem Meere aufsteigen und liege dann genau eine Stunde lang auf dem Festlande.«

»Ja, das muss wahr sein«, sagte Däumling, »denn ich habe sie gesehen.«

»Aber wenn die Stunde vorübergegangen und es während dieser Zeit niemand in Vineta gelungen sei, irgend etwas an ein lebendiges Wesen zu verkaufen, dann versinke die Stadt wieder ins Meer. Wenn du, Däumling, auch nur ein einziges, noch so ärmliches Geldstück gehabt hättest, um den Kaufmann zu bezahlen, dann hätte Vineta am Strande liegenbleiben dürfen, und seine Menschen hätten wie andre Menschen leben und sterben dürfen.«

»Ach, Herr Ermenrich«, sagte der Junge, »jetzt weiß ich, warum Sie mitten in der Nacht gekommen sind und mich geholt haben. Sie glaubten, ich könne die alte Stadt retten. Ach, Herr Ermenrich, ich bin tief betrübt, dass es mir nicht gelungen ist!«

Er verbarg sein Gesicht in den Händen und weinte; und man hätte kaum sagen können, welcher von den beiden betrübter aussah, der Junge oder Herr Ermenrich.

Maria Janitschek (1859–1927)
Gomorra

Das Feuer schleicht durch die Gassen
mit leisem Raubtierschritt,
die schönen Töchter, die blassen –
vernehmen nicht seinen Schritt.

Sie ruhn auf weichen Fellen,
müde von Tanz und Gelag,
ihre jungen Brüste schwellen
entgegen dem künftigen Tag.

Sie träumen von dunklen Freuden,
von heimlicher Harfen Klang,
von königlichen Vergeuden
und lachendem Überschwang.

Sie träumen von Cherubsflügeln –
da stoßen die Wächter ins Horn,
rot über Straßen und Hügeln
lodert Jehovas Zorn.

Arno Holz (1863–1929)
Und versunkne Städte läuten

Längst versoffne Seemannsprime
Wälzt es gleichfalls tief im Bauch rum,
Und die Traumwelt der Atlantis
Hart, bedeckt von Gold und Seetang,
Ihrer künftgen Auferstehung.

Um den Wendekreis des Krebses
Wälzt der Teifun vor sich her
Chinas räuberische Dschunken,
Und am Strand von Norderney

Baden Deutschlands Aphroditen
Ihre semmelblonden Glieder.

Ja, ein Künstler ist der Weltgeist
Und das Meer sein Meisterwerk!

Silbergrau durch seine rothen,
Brennenden Corallenwälder
Tummelt sich der flinke Stör,
Und versunkne Städte läuten
Oft aus seinen blauen Fluthen
Ihre träumerischen Glocken
Märchenhaft ins Abendroth.

Doch zur Zeit der Aequinoctien
Wird es hungrig wie ein Wärwolf,
Und die jungen Fischerfrauen
Schrein dann nächtlich oft im Traum auf.

Börries von Münchhausen (1874–1945)
Gomorras Untergang

Wo der Dornstrauch im Wehen des Glutwinds sich beugt,
An dem Rande der Wüste, da ward er gezeugt.

Und sie riefen ihn Enak und fragten den Flug
Des Geiers, der droben die Fittiche schlug

Da sprachen die Priester: »Ein Reich zerschellt! –
Seine Hand wird die Sichel der Völker der Welt

Wider alle die Hand, aller Hand wider ihn,
So wird er im Sturme die Erde durchziehn!« –

Und sein Kleid ward das Eisen, das Schwert seine Macht,
Hinsanken die Völker im Donner der Schlacht.

Seine Heimat der Sattel, sein Lager der Sand,
Seine Fackel auflodernder Dörfer Brand.

Die Ruh schuf ihm Fieber, heiß brannte sein Mund,
Doch im Prasseln der Pfeile, da ward er gesund. –

Und es wälzte die Woge des tobenden Kriegs
Sich gegen Gomorra, gewärtig des Siegs.

Wild jauchzten Drommeten, dumpf dröhnte das Horn
Als die Stadt sie umfloß, und der König ritt vorn.

Aufglühte am Abend der Wachtfeuer Brand,
Und es schreckte das Brausen der Völker das Land,

Und des Artheroth Wasser abwuschen ihr Blut,
Und den Durst ihrer Lippen kühlt Artheroths Flut. –

Doch der Fürst der Araber saß einsam und fern,
Da trat in sein Kriegszelt der Engel des Herrn:

»Auf, Enak, und fliehe mitsamt deinem Stamm,
Euch drohet der Tod in des Lasters Schlamm!

Leicht stürzt du die Mauern und sprengst das Gebälk,
Doch im Pfuhle der Lust wird die Seele dir welk,

Und schlugst du bei Tage die Stadt in der Schlacht,
So schlägt dir die Sünde dein Kriegsvolk bei Nacht!

Und die Stadt wird vergehn, wenn der Morgen erst tagt,
Doch: ›Mein sei die Rache!‹ hat Jahve gesagt!«

Und der Engel verschwand, und der Fürst sprang empor,
Wild klang ihm der Priester Verheißung im Ohr:

»Wider alle sein Schwert, aller Schwert wider ihn!« –
Doch er dachte des Volkes und sprach: »Laßt uns ziehn!«

Und sie gürteten sich mit der Schärfe des Schwerts
Und zertraten die Kohlen des glimmenden Herds,

Und zäumten die Rosse, die heiß noch vom Tag,
Und vom Brechen der Zelte herdröhnte der Schlag,

Und der Führerruf klang und das Stierhorn zumal,
Und die Scharen der Reiter durchstoben das Tal.

Doch Gomorra fuhr auf, aus dem Schlafe geschreckt,
Als der König die Scharen der Streiter geweckt.

Wild jauchzten sie auf, als die Flucht sie erschaut,
Und die Nacht ward zum Tag, und die Stille ward laut,

Gell lockten die Zimbeln zu Reigen und Tanz,
Hell glühten die Fackeln auf Mauer und Kranz,

Und laut scholl ihr Höhnen und laut ihr Gesang,
Schrill klirrte das Erz, das die Tänzerin schwang.

Aufrauschte im Nachtwind viel Purpurgewand,
Und der Weihrauch zog schwül übers dunkele Land,

Und sein Duft schlich durchs Heer, und dumpf grollte ihr Zorn,
Doch sie sahen auf Enak, und Enak ritt vorn.

Fern verklangen die Hörner, das Lärmen erstarb,
Matt graute der Tag, der Gomorra verdarb.

Doch das reinere Volk, ohne Heimat und Haus,
Zog stolz in die nächtliche Wüste hinaus.

Börries von Münchhausen (1874–1945)
Sodoms Ruinen

Oben am Berge ziehen
Dunkel die Wolken dahin,
Von Usdum bis zum Masada – Teich
Wallen und wogen die Nebel bleich
Über die Stätte von Sodom.

Von fern rauscht plätschernd die Woge
Des Salzmeeres eintönig her,
Drunten, tief unter dem feuchten Gras,
Liegen die Kinder Hevilas,
Liegen die Trümmer von Sodom.

Zerbrochene Säulen und Stufen,
Scherben von Becher und Krug, –
Der Geier, der droben den Fittich spannt,
Nie berührt er je das verfluchte Land,
Die verfluchte Stätte von Sodom.

Thomas Mann (1875–1955)
Die ›Lemuria‹ genannte Festlandinsel
Die Sintflut spielte also am Euphrat, aber in China spielte sie auch. Um das Jahr 1300 vor unserer Zeitrechnung gab es dort eine fürchterliche Ausschreitung des Hoang-Ho, die übrigens zur Regulierung des Stromes Anlass gab, und in der die große Flut wiederkehrte, welche ungefähr tausendundfünfzig Jahre früher, unter dem fünften Kaiser, stattgefunden hatte und deren Noah Yau hieß, die aber, zeitlich genommen, noch lange nicht die wahre, die erste Sintflut war, denn die Erinnerung an diesen Originalvorgang ist den Völkern gemeinsam. Genau wie die babylonische Fluterzählung, die Joseph kannte, nur eine Nachschrift älterer und immer älterer Originale war, ebenso ist das Fluterlebnis selbst auf immer entlegenere Urbilder zurückzuführen, und besonders gründlich glaubt man zu sein, wenn man

als letztes und wahres Original das Versinken des Landes Atlantis in den Meeresfluten bezeichnet, wovon die grauenvolle Kunde in alle einst von dorther besiedelten Gegenden der Erde gedrungen sei und sich als wandelbare Überlieferung für immer im Gedächtnis der Menschen befestigt habe. Das ist jedoch nur ein Scheinhalt und vorläufiges Wegesziel. Eine chaldäische Berechnung ergibt, dass zwischen der Sintflut und der ersten geschichtlichen Dynastie des Zweistromlandes ein Zeitraum von 39 180 Jahren lag. Folglich kann der Atlantis-Untergang, nur neuntausend Jahre vor Solon gelegen und unter dem erdgeschichtlichen Gesichtswinkel betrachtet eine sehr junge Katastrophe, bei weitem nicht die Sintflut gewesen sein. Auch er war nur eine Wiederholung, das Gegenwärtigwerden von etwas tief Vergangenem, eine fürchterliche Gedächtnisauffrischung; und der Geschichte eigentlicher Ursprung ist mindestens bis zu dem unberechenbaren Zeitpunkt zurückzuverlegen, wo die ›Lemuria‹ genannte Festlandinsel, die ihrerseits nur ein Überrest des alten Gondwanakontinentes war, in den Wogen des Indischen Ozeans verschwand.

Was uns beschäftigt, ist nicht die bezifferbare Zeit. Es ist vielmehr ihre Aufhebung im Geheimnis der Vertauschung von Überlieferung und Prophezeiung, welche dem Worte ›Einst‹ seinen Doppelsinn von Vergangenheit und Zukunft und damit seine Ladung potentieller Gegenwart verleiht.

Pearl S. Buck (1892–1973)

Der Untergang von Sodom und Gomorra

Unter den fünf Städten des Tals von Siddim am Toten Meer übertrafen Sodom und Gomorra die anderen an Niedertracht. Dennoch war Lot aus freien Stücken nach Sodom gezogen; er rechnete hier mit einem guten Auskommen, weil er die Städter mit frischem Fleisch von seinen Herden versorgen konnte, und er glaubte nicht, dass ihre Verderbtheit ihn beeinflussen werde. Bei aller Gemeinheit hatten die Leute von Sodom doch so viel Achtung vor Lot, dass er für sie ein wichtiger Mann wurde, und nach Jahren sahen sie ihn allmählich als Richter oder als Weisen an. Und als weiser Mann gewöhnte er sich daran, sich am Haupttor der Stadt niederzulassen, wo die Leute, deren Streitigkeiten er schlichten sollte, ihn leicht finden konnten.

Am Abend des Tages, an dem Abraham die beiden Engel und den Herrn bewirtet hatte, saß Lot wieder auf seinem gewohnten Platz am Tor von Sodom. Zwei Fremde näherten sich. Lot wusste, wie die Leute von Sodom mit Fremden umzugehen pflegten: Statt sie freundlich willkommen zu heißen, machten sie sich einen Spaß mit ihnen, und statt ihnen Unterkunft und eine Mahlzeit anzubieten, behandelten sie Fremde grob und roh. Deshalb stand Lot jetzt rasch auf, ging den beiden Männern entgegen und verneigte sich, ohne zu wissen, dass es Engel des Herrn waren, bis zur Erde vor ihnen. »Ich grüße euch, ihr Herren«, sagte er. »Kommt in mein Haus, ich bitte euch darum. Stärkt euch bei mir und ruht über Nacht aus. Morgen früh mögt ihr dann früh aufstehen und die Reise fortsetzen, doch heute abend solltet ihr nicht in die Stadt hineingehen.«

»Wir danken dir«, antworteten die Männer, »doch wir wollen die Nacht auf der Straße zubringen.«

»Nein, ihr Herren«, beharrte Lot, »ihr sollt nicht auf der Straße bleiben«« Lot wusste, dass die Fremden nur in seinem Haus vor den Sodomitern in Sicherheit wären. »Ich bitte euch sehr, mich in mein Haus zu begleiten.« Als sich die Männer umsahen, den Schmutz auf der Straße, die lauernden Gesichter der zusammengelaufenen Menge wahrnahmen, hielten sie es für besser, Lots Einladung zu folgen. Doch sie waren ja gekommen, um Sodom kennenzulernen; nun beobachteten sie scharf die Leute, die sie neugierig anstarrten und aufgeregt miteinander tuschelten, wie sie die Fremden berauben und angreifen könnten.

Lot trieb zur Eile, er bestand auf seinem Vorschlag; sie müssten mit ihm kommen, sagte er. Schließlich nickten sie. Lot führte sie in sein Haus, und die Stadt lag schon im Dunkeln, als sie ihre reisemüden Füße waschen konnten. Lot bereitete ihnen ein Festmahl, das sie dankbar genossen, bevor sie sich schlafen legten. –

Doch ehe sie noch Ruhe fanden, wurde laut an die Tür geklopft. In der ganzen Stadt hatte sich die Nachricht verbreitet, dass Lot Fremde beherbergte, und nun versprachen sich die Sodomiter ein Vergnügen, wenn sie die Fremden quälten. Aus allen Stadtvierteln rannte jung und alt zu Lots Haus. Sie verlangten, dass er sie einlassen oder ihnen seine Gäste überantworten sollte, damit sie ihren abscheulichen Spaß mit ihnen treiben konnten. »Wo sind die Männer, die heute abend in dein Haus kamen?« schrien sie und trommelten gegen Türen und Fenster. »Bring sie uns heraus!«

Lot verließ sein Haus, allein. Er stellte sich mit dem Rücken gegen die Mauer.

»Ich bitte euch, meine Brüder«, begann er ruhig, »lasst eure Bosheit. Gönnt diesen Männern Ruhe. Mir und meiner Familie dürft ihr antun, was ihr wollt, doch die Gäste unter meinem Dach müsst ihr schonen. Sie haben sich unter meinen Schutz gestellt, und Schutz sollen sie bei mir haben.« Doch das brachte die Sodomiter nur noch mehr auf. »Du sollst dich heraushalten«, schrien sie. »Du selbst bist ja nur ein Fremder, und dabei hast du dich zu unserem Richter aufgeworfen. Wenn du uns nicht den Weg freigibst, wird es dir noch viel schlimmer gehen als diesen Leuten da!« Sie drangen auf ihn ein, stießen ihn und schlugen gegen die Tür. Da streckten die beiden Männer, die im Hause waren, die Hand aus, zogen Lot hinein und schlossen fest zu.

Die Tür bebte und krachte unter dem wilden Ansturm der Sodomiter. Doch plötzlich schlug ihr Wutgeheul in Wehgeschrei um: Jeder einzelne von ihnen, die Großen, die Kleinen, war plötzlich blind geworden! Eine Macht, die sie nicht erkannten, hatte ihnen das Sehvermögen genommen, und sie fanden nicht einmal die Tür, die sie sprengen wollten. Lot merkte jetzt endlich, dass er Engel beherbergte, deren Kraft die Menge draußen mit Blindheit geschlagen hatte. »Die Boten des Himmels hatten erkannt, dass Lot ein guter Mann war, der auch sein eigenes Leben wagte, um sie zu retten, aber es schien ihnen sehr ungewiss, dass sie neun weitere anständige Menschen in dieser schrecklichen Stadt finden würden.

Sie fragten Lot: »Hast du Angehörige in dieser Stadt, Söhne, Töchter, Schwiegersöhne oder sonst einen Menschen? Dann schick sie fort, denn diese Stadt wird zerstört werden. Sie ist durch und durch verderbt, und der Herr hat uns zu ihrer Vernichtung ausgesandt.« Lot eilte zu seinen Schwiegersöhnen: »Steht auf! Macht euch fort von hier! Hört auf mich, brecht sofort auf, denn der Herr wird die Stadt vernichten!«

Es gelang ihm aber nicht, sie von der drohenden Gefahr zu überzeugen, sie wollten nicht glauben, dass Sodom zerstört werden könne, sie lachten und blieben.

Sehr früh am Morgen, als die Sonne den Saum des Himmels berührte, trieben die Engel Lot zur Eile an. »Steh auf!« drängten sie, »Nimm deine Frau und deine beiden Töchter, die bei dir leben, geh rasch aus der Stadt, wenn du nicht untergehen willst.«

Es kam Lot hart an, Sodom war seine Heimat seit vielen Jahren. Wenn er so unvorbereitet auf die Flucht ging, musste er vieles aufgeben, Haus, Land, Besitz, sogar einen Teil seiner Familie. Deshalb zögerte er und warf schmerzliche Blicke auf die Dinge, die er nicht verlieren wollte. Während er noch zögerte, nahmen die Engel des Herrn ihn, seine Frau und seine Töchter an der Hand und drängten sie vorwärts, bis sie weit draußen vor der Stadt waren. »Jetzt lauft um euer Leben«, befahl ihnen der Herr durch den Mund seiner Engel. »Seht euch nicht um, bleibt nicht hier im Flachland. Geht ins Bergland, rettet euch ins Gebirge, sonst kommt ihr um mit allen Bewohnern der Ebene.«

»Nicht ins Gebirge«, bat Lot. »Herr, du hast mir große Gnade erwiesen, weil du mein Leben schonst. Ich bitte dich, sei noch einmal gnädig gegen mich. Ich kann nicht ins Gebirge fliehen, denn dort könnte mich eine Krankheit befallen, und ich würde sterben. Hier in der Nähe liegt eine kleine Stadt, in die wir uns flüchten können. Sie ist viel näher als das Gebirge, und sie ist nur so klein, dass sie sicherlich nicht sehr verderbt sein kann und leicht zu retten ist. Ist die Stadt nicht wirklich sehr klein? Verschone die kleine Stadt, Herr, ich bitte dich darum, damit wir uns dahin retten und dort leben können.« Er meinte die Stadt Zoar, die zu den fünf Städten am Toten Meer gehörte.

Obwohl auch ihr Treiben nicht gut war, beschloss der Herr, Zoar zu retten, und erleichterte Lot damit die Flucht.

Und durch einen seiner Engel versprach er Lot: »Ich will deine Bitte erfüllen und Zoar nicht vernichten. Doch du musst dich beeilen. Flieh schnell dorthin, verschwende nicht eine Minute mit einem Blick zurück. Es ist keine Zeit mehr zu verlieren.«

Lot eilte nach der kleinen Stadt. Er erreichte sie mit seinen Töchtern, als die Sonne aufging, und im selben Augenblick begann die Erde zu zittern und zu beben, der Himmel rötete sich in einem schrecklichen Leuchten. Hinter ihnen riss die Erde auf, mit einem Gepolter lauter als der ärgste Donner, und das flache Land bäumte sich auf. Vom Himmel selbst schienen Feuer und Schwefel zu regnen, das Wasser des Salzmeeres schäumte und kochte. Häuser bebten und flogen auseinander, die Erde zersprang in Stücke. Heiße Asche, loderndes Feuer, Schwefel und Ströme von kochendem Wasser ergossen sich über Sodom und Gomorra und ihre Nachbarstädte auf der Ebene, der Herr vertilgte diese Städte mit ihren Bewohnern. Die Ebene selbst wurde so überschwemmt mit Feuer von oben und mit kochenden Wogen, die das schäumende Meer an Land schleuderte, dass alles, was auf ihr lebte und wuchs, vernichtet wurde. Nichts blieb im Flachland am Toten Meer unzerstört außer der kleinen Stadt Zoar, deren Einwohnern nichts geschah. Lot war mit seinen Töchtern in Sicherheit.

Nicht aber Lots Frau! Als die Familie aus der Stadt floh, war Lots Frau die letzte, weil sie sich so schwer von der Stadt losriss, die so lange ihre Heimat gewesen war. Als die Erde zu beben und zu dröhnen begann, lief sie immer noch hinter den anderen – und sie schaute sich um. Einen kleinen Augenblick zu lange blickte sie zurück. Und dort im Tal des Toten Meeres wurde sie von dem Wasser verschlungen, das unter dem finsteren Himmel kochte und quirlte. Auf der Ebene wurde sie erfasst, sie wurde zur Säule aus Salz.

An diesem Morgen verließ Abraham früh sein Zelt, um den Platz aufzusuchen, wo er vor dem Herrn gestanden und für Lot und die Menschen von Sodom gebetet hatte. In der Ferne zeigte der Himmel eine sonderbare Färbung, der Wind trug ihm Schwefelgeruch zu. Es waren also keine zehn guten Menschen zu finden gewesen, erkannte Abraham.

Doch Gott hatte sich Abrahams erinnert und Lot sicher mitten aus dem schrecklichen Aufruhr herausgeführt, der immer noch über der Ebene wütete. Als Abraham über das flache Land in die Richtung von Sodom und Gomorra blickte, sah er den Rauch vom Land ringsum aufsteigen wie Rauch aus einem Ofen. Sein Herz war schwer wegen all der Menschen, mochten sie auch böse gewesen sein. Traurig sah er eine Weile zu und ging dann zu seinem Zelt unter den Bäumen beim friedlichen Hebron zurück.

Lot war in Zoar nicht wohl zumute; er fühlte sich in dieser zerstörten Landschaft nicht mehr sicher und beschloss voller Angst, die Stadt zu verlassen. Mit seinen beiden Töchtern wanderte er in das Gebirge, das er früher gemieden hatte, und die drei lebten dort in einer Höhle und ohne all die Annehmlichkeiten, an die sie seit langem gewöhnt gewesen waren. Verloren waren Vieh und Schafe, verloren Hab und Gut, verloren auch die Frau und die Schwiegersöhne; und das alles, weil sich Lot vor vielen Jahren einmal entschieden hatte, seine Zelte in der Nähe von Sodom aufzuschlagen. Doch immerhin hatte er das Leben behalten.

Nach Jahren bekam Lots älteste Tochter einen Sohn, den sie Moab nannten und der zum Stammvater der Moabiter wurde; Lots jüngere Tochter gebar ebenfalls einen Sohn. Er bekam den Namen Ben-Ammi, und von ihm stammen die Ammoniter ab. Viel später gerieten Moabiter und Ammoniter in Auseinandersetzungen mit den Hebräern im Lande Kanaan. Doch bis dahin geschah noch viel.

Kapitel 6

Epilog
oder
Atlantis steigt wieder auf

Es wird im späten Weltenalter eine Zeit kommen, in der der Ozean seinen Griff über das, was er hält, lockern wird. und es wird Land in seiner ganzen Herrlichkeit auftauchen. Thetis (das Meer) wird neue Kontinente enthüllen und Thule wird nicht länger das Ende der Welt sein.

Seneca (4 v. Chr.–65 n. Chr.)

Frau Th. H. aus Dresden (1920)

Eine Vision

Um 1925 herum erfolgt das Erschienen eines Kometen, der erst als kleines Wölkchen am Himmel bemerkt, eine riesenhafte Ausdehnung annimmt und auch tagsüber sichtbar ist. Dieser Komet wird's derselbe sein, der zur Zeit, als der Erlöser geboren wurde, über dem Stall von Bethlehem stand und von den heiligen drei Königen aus den Bergen Habeschs und den Wüsten Irans zur Wiege des Heilands leuchtete. Alle 2000 Jahre kehrt er wieder und ist auf Erden sichtbar.

Gewaltige Erdbeben und Unwetter kündigen das Erscheinen des Himmelsboten an. Teile der französischen, belgischen und deutschen Küste werden überschwemmt. Ganz England versinkt unter furchtbaren Seebeben ins Meer. In Deutschland sinkt ein Teil von Hamburg unter Wasser. Beim Zusammenbruch des berühmten Elbtunnels kommen viele Menschen um Lebens. Gleichzeitig Auftauchen eines großen Kontinents in der Gegend der Azoren. Dort werden Spuren einer alten Kultur gefunden, für die es nur eine okkulte Erklärung gibt.

Hans Dominik, (1872–1945)

Atlantis, der uralte, war neugeboren

Im Saal des Palastes König und Königin. Die Abgesandten der Welt zu ihren Füßen. An der Schwelle des Saales drei Männer, fremd an Gesicht, fremd an Gewand. Aus fernen Osten, wo der Sonne Lauf beginnt. Ihre Hand, Gaben bringend, die niemand in Atlantis kannte.

Da … Weltuntergang! Weltwende! Die Meersfluten, vom Hafen, von allen Seiten herstürzend über Atlantia, die Stadt, über Atlantis, das Land … begrabend alles in wildem Stürmen und Tosen … Weltuntergang? … Eine Wiege in goldenem Glanz, schaukelnd im Toben der Elemente …

Eis riesenhafter Vogel, von Osten kommend, sich zu ihr niedersenkend, sie deckend in dunklen Schatten.

Stürzende Wellen … verschwunden die Wiege, der Erbe von Atlantis … Inkarnation …

Über das Toben der Elemente hinaus der schwingende Flug eines Adlers ... Erbe der versunkenen Welt ... der versunkenen Nacht ... aufsteigend in steilem Flug der Sonne zu, der Spenderin neuen Lebens, neuer Macht ... weiterlebend in neuer Inkarnation.

Er da oben im Flugzeug die letzte Inkarnation ... Nirwana ... letztes Paradies ... Ruhe ... Die Schultern befreit von der schweren Last.

Zurück zu denen, die ihm die Kraft gegeben. Zu denen, die einst die drei Ringe trugen. Die Macht zurückgegeben dem Schicksal, dem Allmächtigen, bis dass er sie wieder in die Hände Sterblicher lege ... in andere. Er frei! Sein Werk vollendet!

Sein Auge ging in die Tiefe. Da lag es, was Schicksals Macht durch seine Hand schuf. Wo seit Menschengedenken die Fluten des Meeres die Kontinente trennten, lag neues Festland. Ein sechster Kontinent, Atlantis, der uralte, war neugeboren, wiedererstanden, die Brücke zwischen Alter und Neuer Welt.

Die taumelnden Schiffe in taumelnder Flut des Atlantiks sah er nicht. Sah nicht die strudelnden Wogen, die das auftauchende Land nach allen Richtungen im Kreis der Windrose von sich warf, sah nur das vollendete Werk.

Und zwischen dem neuen Atlantis und der Neuen Welt das breite, blaue Wasser des Golfstromes ...

Die Welt, wie sie einst war, als älteste Sage begann ...

Leah Levine (*1961)

Atlantis steigt auf

Immer wieder ist in den Geschichten und Legenden vom Wiederauftauchen von Atlantis die Rede. Viele Menschen warten darauf, dass sich die Fluten zurückziehen und eine Stadt, wie von Geisterhand aus der Gischt des Meeres erscheint. Schlammtriefend sollen sich die alten Paläste wieder der Sonne zeigen und den Menschen das zurückbringen, was sie auf ewig verloren glaubten. Ein Grund warum immer wieder nach Steinfundamenten, Pyramiden auf dem Meeresgrund und seltsamen Felsformationen Ausschau gehalten wird. Aber ist es so wichtig, dass wir ein Land, eine Stadt oder auch nur eine Pyramide aus dem Wasser treiben sehen, um endlich die Gewissheit zu haben, Atlantis hätte es einst gegeben? Das, was wir von Atlantis lernen können, muss nicht so spektakulär in Szene gesetzt werden. Einige der Menschen auf diesem Planeten wissen längst, dass es Atlantis gab, stellen es nicht wieder und wieder in Frage. Dass Länder versinken können ist eine Tatsache und wurde der Menschheit am 26. Dezember 2004 erneut bewiesen. Das sich die Kontinentalplatten verschieben und über Jahrmillionen sich das Profil der Erde immer wieder gewandelt hat, ist keine Spekulation sondern ein Fakt. Wir wissen von Wüsten, die einst weitläufige Meere waren, wir wissen von Vulkanen, deren Ausbrüche ganze Städte unter sich begruben. Jetzt und hier interessiert nicht die Geologie, sondern das, was das versunkene Reich Atlantis ausgemacht hat.

Das wichtigste, was wir entdecken können, ist das alte geheimnisvolle Wissen, dass unsere Vorfahren im Alltag ganz selbstverständlich anwendeten. Für den heutigen Menschen dagegen ist es wieder neu und unverbraucht. In der Magie gibt es einen Leitsatz, der gerade in Zeiten, wo jeder Zugang zu allem Wissen hat, von Bedeutung ist. »Das wahre Wissen und die geheime Kraft schützen sich selbst«.

Verzeichnis der Autor/inn/en und Quellen

Aelian, eigtl. Claudius Aelianus (um 170 – um 235 n. Chr.) römischer Schriftsteller
Die Kopfband der Widder
aus: ders. Thiergeschichten. übers. von Friedrich Jacobs (1764–1847), Philologe und Schriftsteller. in: Werke, Stuttgart 1839–1842

Aiken, Conrad (Potter) (1889–1973) amerikanischer Schriftsteller
Einst, aus unsterblichem Chaos geboren
aus: ders. Selected Poems 1929. übers. von G. R. Saunter

Arent, Wilhelm (1864 – Todesjahr n. e.) Lyriker und Schauspieler
Atlantis
aus: Moderne Dichter-Charaktere, hg. von Wilhelm Arent, Berlin (Selbstverlag) 1885.
Der lockende Traum
aus: ders. Gralworte. in: Moderne Dichter-Charaktere, hg. von Wilhelm Arent, Berlin (Selbstverlag) 1885.

Ariost(o), Ludovico (1474–1533), italienischer Dichter
Thule
aus: ders. Rasender Roland. übersetzt von Johann Dietrich Gries (1775–1842), Übersetzer und Schriftsteller, Jena 1827

Aristoteles (384–322) griechischer Philosoph
Denn auch diese sind große Inseln
aus: ders. Von der Welt. übers. von C. H. Weise, Leipzig 1829

Arnobius aus Sicca, eigtl. Arnobius Afer (3. Jh. n Chr.) christlich-lateinischer Schriftsteller
Das Atlantis von Neptun
aus: ders. Des Afrikaners Arnobius sieben Bücher wider die Heiden. übers. von Franz Anton von Besnard (1796–1854) Historiker und Philologe. Landshut 1842

Artaud, Antonin (1896–1948) französischer Schriftsteller
Der Ritus der Könige von Atlantis,
aus: ders. Die Tarahurnaras, München 1975, Matthes & Seitz, Berlin

Bacon, Francis (1561–1626) englischer Philosoph und Schriftsteller
Das Haus Salomons in Neu Atlantis
aus: ders. Neu-Atlantis. übers. von R. Walden. Berlin 1890 in: Beiträge zur Vorgeschichte der Freimaurerei Heft 4)
Wie es ja auch keine Sorge machen kann
aus: ders. Große Erneuerung der Wissenschaften, übers. von Julius Hermann von Kirchmann (1802–1884) 1870 in der »Philosophischen Bibliothek«

Bechstein, Ludwig (1801–1860) Bibliothekar und Schriftsteller
Cucagna oder Das Märchen vom Schlaraffenland
aus: ders. Deutsches Märchenbuch, Neudruck der Ausgabe von 1857, Leipzig 1926

Berlitz Charles (1913–1985) amerikanischer Schriftsteller
Wo stand dann aber diese Wiege der menschlichen Kultur?
aus: ders. Das Atlantis-Rätsel. übers. von Karin S. Krauskopf, Zsolnay Verlag Wien/Hamburg 1976

Blavatsky,Helena Petrowna (1831–1891) Okkultistin und Gründerin der Theosophischen Gesellschaft
So geheim war die Kenntnis von der letzten Insel Atlantis
aus: dies. Die Geheimlehre, Den Haag o. J.

Bleibtreu, Carl (1859–1928) dt. Schriftsteller
Fraß an der Atlantis Leiche
aus: ders. Lyrisches Tagebuch. o.O. 1885

Bloch, Ernst (1885–1977) Philosoph
Das »goldene Zeitalter« von einst und morgen,
aus: Ernst Bloch, Gesamtausgabe in 16 Bänden. Band 5: Das Prinzip Hoffnung © Suhrkamp Verlag, Frankfurt am Main, 1985

Bölsche, Wilhelm (1861–1939) Schriftsteller
Haben wir ein altes Sagenwort: Atlantis.
aus: ders.: Festländer und Meere im Wechsel der Zeiten, Stuttgart 1913

Brontë,Charlotte (1816–1855) englische Schriftstellerin
Letztere war eine grauenhafte Öde:
aus: diese. Jane Eyre, die Waise von Lowood. anonym, Stuttgart 1912

Buck, Pearl S(ydenstricker) (1892–1973) amerikanische Schriftstellerin
Der Untergang von Sodom und Gomorrha,
aus: dies. Die schönsten Erzählungen der Bibel, © 1984 by Langen Müller in der F. A. Herbig Verlagsbuchhandlung GmbH, München Übersetzung aus dem Amerikanischen von Ulla Leippe

Campanella, Tommaso (1568–1639) italienischer Dominikaner, Philosoph und Utopist
Bericht eines Seefahrers
aus: ders. Der Sonnenstaat, übers. von I. E. Wessely. München 1900

Cayce, Edgar, gen. »Der schlafende Prophet« (1877–1945) amerikanisches Medium und Schriftsteller
Der Feuerstein von Atlantis
Und jener Teil (Atlantis)
aus: ders. Bericht von Ursprung und Bestimmung des Menschen. Goldmann Verlag München 1979

Chateaubriand, Francois René (Vicomte de) (1768–1848) französischer Schriftsteller
Er gleicht dem Wasserschwall einer Sündflut.
aus: ders: Atala oder Die Liebe zweier Wilder in der Wüste. übers. von K. F. Kramer Leipzig 1805

Dante Alighieri (1265–1321) italienischer Dichter
Odysseus Scheitern in der Brandung von Atlantis
aus: ders. Die Göttliche Komödie. Sechsundzwanzigster Gesang. Entstanden ca. 1307–1321. Erstdruck: Foligno 1472. Hier nach der Übers. v. Karl Witte (1800–1883) Jurist, Danteforscher, Übersetzer, Berlin 1916

Dauthendey, Max (1867–1918) Schriftsteller
Sündflut (Sangdichtung)
aus: ders. Ultra Violett. Einsame Poesien, Berlin 1893

Dingelstedt, Franz Freiherr von (1814–1881) Theaterleiter und Schriftsteller
Durch der Atlantis blaue Wogen
aus: ders: Lieder eines kosmopolitischen Nachtwächters, Hamburg 1841

Diodoros Siculus (1. Jh. v. Chr.) griechischer Geschichtsschreiber
Beschreibung der Insel Atlantis
Der Mythos der Atlantioi
aus: ders. Heyden Weldt und irer Götter anfänglicher Ursprung. übers. von Johannes Herold (1514–1567) Korrektor und Historiker. Basel 1554)

Dominik,Hans (1872–1945) Ingenieur und Schriftsteller
Atlantis, der uralte, war neugeboren
Atlantis, die Siegerin
aus: ders. Atlantis. Weiß Verlag GmbH, Dreieich 1950

Donelly, Eleanor (1911)
Atlantis, die versunkene Insel
nach Miss Eleanor Donnelly's »The sleeper's wall« frei verdeutscht von Wolfgang Schaumburg. in: Ignatius Donnelly, Atlantis, die vorsintflutliche Welt. Deutsch von Wolfgang Schaumburg, Leipzig 1894)

Donelly, Ignatius (1831–1901) amerikanischer Jurist, Abgeordneter und Schriftsteller
Es ist Plato
aus: ders. Atlantis, die vorsintflutliche Welt. Deutsch von Wolfgang Schaumburg, Leipzig 1894)

Doyle, (Sir) Arthur Conan (1859–1930) englischer Romancier
Die Katastrophe von Atlantis
aus: ders. Die Maracot-Tiefe, 4. Kapitel

Dranmor, eigtl. Schmid, Ludwig Ferdinand (1823–1888) schweizer. Schriftsteller
Hineinversetzt sein in der Sündflut Grausen
aus: ders. Gedichte – Wanderbuch Leipzig 1860

Ende, Michael (1929–1995) Schriftsteller
Der Garten Eden
aus: Der Garten Eden in Laurins Blick,
hrsg. von Kalju Kirde, erschienen im Eugen Diederichs Verlag, Düsseldorf 1982

Eulenburg, Karl (Graf) zu (1843–1919) Schriftsteller
Atlantis! Was war Atlantis?

Der heilige Berg von Atlantis.
ders. Die Brunnen der großen Tiefe – Ein Atlantisroman Leipzig 1926

Fischer, Wilhelm auch: Fischer in Graz (1846–1932) österreichischer Schriftsteller und Grazer Stadtpoet
Über meine Atlantis-Dichtung
Überm Atlantisgrab
aus: ders.: Atlantis – Ein Epos. 2. Auflage München 1911

Fröding, Gustav (1860–1911) schwedischer Dichter
Atlantis
übersetzt von Hans von Gumppenberg 1866–1928, aus:
Die schönsten Gedichte der Weltliteratur 1933

Gerok, Karl (Friedrich) (1815–1890) evangelischer Theologe und Dichter
Das tote Meer
aus: ders. Palmblätter. Neue Folge. Stuttgart 1878

Gilgamesch-Epos (ca.1900 v. Chr.) babylonische Literatur
Die Wasser stiegen die Berge hinan
übersetzt von (Johann Friedrich) Hermann Gunkel (1862–1932) evang. Theologe in »Schöpfung und Chaos in der Urzeit und der Endzeit, o. O. 1895)

Gottsched, Johann Christoph (1700–1766)
Literaturtheoretiker und Kritiker
Wo Sodom vormals stund
aus: ders. Gedichte, Leipzig 1751

Frau Th. H. aus Dresden, die sächsische Pythia, eine Seherin
Eine Vision
aus: Magische Blätter 1920, Talis-Verlag Leipzig

Hauptmann, Gerhart (1862–1946) Schriftsteller
Die versunkene Atlantis
aus: ders. Atlantis. Verlag Volk und Welt Berlin 1980

Hebbel, Friedrich (1813–1863)
Und plötzlich bricht das Rasen
aus: Gedichte von Friedrich Hebbel. in: Gesamt-Ausgabe, stark vermehrt und verbessert, Stuttgart 1857

Hebel, Johann Peter (1760–1826) alemannischer Lehrer Theologe und Dichter
Die Sintflut
Sodom und Gomorra.
aus: ders. Biblische Geschichten. Für die Jugend bearbeitet von Dr. J. P. Hebel Stuttgart und Tübingen 1824

Heine, Heinrich (1797–1856) Dichter
Bimini und das Wasser des Lebens
aus: ders. Bimini. Prolog und Vierter Zyklus. in: Sämtliche Werke, Hg. von A. Strodtmann, Hamburg, 1861–1869
Die Eidechsen sind ein ironisches Geschlecht
aus: ders. Reisebilder. Vierter Teil in: Sämtliche Werke, Hg. von A. Strodtmann, Hamburg, 1861–1869

Herwegh, Georg (1817–1875) Lyriker
Mir war's, als ob ich
aus: ders.: Lieder eines Lebendigen. Winterthur (Verlag des literarischen Comptoirs) 1841

Hesiod(os) aus Askra in Böotien (um 700 v. Chr.) griechischer Schriftsteller
Das goldene Zeitalter
aus: ders. Werke und Tage. übers. und komm. von Ulrich von Wilamowitz-Moellendorff (1848–1931) klassischer Philologe. o. O. 1928

Hilton, James (1900–1954) englischer Schriftsteller
Das Geheimnis von Shangri La
aus: Der verlorene Horizont. Roman. © 1951, 2005 by Arche Literatur Verlag AG, Zürich-Hamburg

Hoffmann, Ernst Theodor Amadeus (Wilhelm) (1776–1822) Dichter
Vereint glücklich und selig in Atlantis wohnen!
aus: ders. Der goldene Topf Achte Vigilie. in: Sämtliche Werke in 5 Bänden München 1960–1965.
Es ist nun an der Zeit, dass ich nach Atlantis wandle
aus: ders. Prinzessin Brambilla. in: Sämtliche Werke in 5 Bänden München 1960–1965.

Holz, Arno (1863–1929) Dichter
Und versunkne Städte läuten
aus: ders. Buch der Zeit, Zürich (Verlagsmagazin Schabelitz) o. J.

Homer(os) (8. Jh. v. Chr.) griechischer Dichter
Das waldumschattete Eiland
aus: Homers Werke, Übersetzung von Johann Heinrich Voss (1751–1826) Dichter und Übersetzer; Basel 1953

Hugo, Victor (Marie) (1802–1885) französischer Dichter
Möge eine Sündflut kommen
aus: ders. Notre Dame von Paris. übers. von F. Kottenkamp Halle 1898

Immermann, Karl Leberecht (1796–1840) Schriftsteller
Auch diese Zeit ist längst vorüber
aus: ders. Münchhausen. in: Schriften Düsseldorf 1835–1843

Maria Janitschek, geb. Tölk (1859–1927) Schriftstellerin
Gomorra
aus: Frauenlyrik unserer Zeit. hrsg, von Julia Virginia, Berlin 1907

Jochemsen, Jonas (1817–1874) Bibliothekar und Märchensammler
Der Untergang der Stadt Ys
aus: ders. Meeresagen aus aller Welt, Freiburg 1879

Kant, Immanuel (1724–1804) Philosoph
Platos Atlantika
aus: ders. Werke. Hrsg. von Ernst Cassirer u. a. 1912–1923. Nachdruck Hildesheim 1973

John Keats (1795–1821) englischer Dichter
Erschütterte sein goldnes Reich
aus: ders Hyperion in: Gedichte. übers. von G. Etzel, Leipzig 1910

Keller, Gottfried (1819–1890) schweizerischer Dichter
Zu der Atlantis hin!
aus: ders.: Gedichte in: Sämtliche Werke Bern 1936

Lagerlöf, Selma (Ottiliana Lovisa) (1856–1940) schwedische Erzählerin
Vineta,
aus: dies. Wunderbare Reise des kleinen Nils Holgersson mit den Wildgänsen. Einzige vollständige Ausgabe: © 1948 by nymphenburger in der F. A. Herbig Verlagsbuchhandlung GmbH, München
Übersetzung aus dem Schwedischen von Pauline Klaiber-Gottschau

Las Casas, Bartolomé de (1474–1566) spanischer Missionar, Apostel der Indianer
Jene große Insel (Atlantis!)
aus: ders. Kürzester Bericht über die Verwüstung und Entvölkerung der indischen Länder. übersetzt von F. Gel und G. F. Thomas. Leipzig 1958

Lawrence, David Herbert (1885–1930) englischer Schriftsteller
Es gab eine Zeit
aus: ders. Die gefiederte Schlange. übers. von Georg Goyert, Leipzig 1932

Leitch, Donovan (1946) schottischer Sänger und Komponist
The continent of Atlantis
© Donovan Leitch

Lessing, Gotthold Ephraim (1729–1781) Schriftsteller, Kritiker und Philosoph
Auf das Gedicht »Die Sündflut«
aus: ders. Sinngedichte in: Vermischten Schriften, Berlin (Voss) 1771

Levine, Leah (1961) Schriftstellerin und Magierin
Atlantis steigt auf
aus: dies. Das Licht-Tarot von Atlantis 2006. KulturGut Alte Schmiede GmbH

Lienhard, Friedrich (1865–1929) elsässischer Dichter
Die Sintflut
aus: ders. Helden. Bilder und Gestalten. Stuttgart 1908

Liliencron, Detlev von, eigtl. Friedrich Adolf Axel Freiherr von L. (1844–1909) Dichter
Trutz, Blanke Hans
aus: ders. Gesammelte Werke Bd. 2 Gedichte. Berlin 1914

Mann, Thomas (1875–1955) Schriftsteller
Die ›Lemuria‹ geannte Festlandinsel
aus: Joseph und seine Brüder. © S. Fischer Verlag GmbH, Frankfurt am Main 1960

Martin, Thomas Henry (1813–1844) französischer Gelehrter
Die Insel Atlantis
aus: ders. Studien über den »Timäos« des Plato. Paris 1841. zitiert nach: Friedrich Wencker-Wildberg, Atlantis – Der Roman einer untergegangenen Welt. Leipzig o. J.)

Masefield, John (1878–1967) englischer Schriftsteller
Auf einer grünen Insel
aus: ders. Story of a Roundhouse. in Collected Works London 1935–1937. übers. von G. R. Saunter

Mereschkowski, Dmitri Sergejewitsch (1866–1941) russischer Schriftsteller
Land unter dem Wasser – Atlantis
(aus: ders. Das Geheimnis des Westens – Atlantis – Europa. Leipzig und Zürich 1929)

Mörike, Eduard (1804–1875) evangelischer Theologe und Dichter
Du bist Orplid, mein Land
aus: ders. Maler Nolten. Novelle in zwei Teilen, Stuttgart 1832

Morelly (um 1715 – 2. Hälfte 18. Jh.) französischer Sozialphilosoph
Auszug aus: »Grundgesetz der Natur«
aus. ders. Grundgesetz der Natur von Diderot übersetzt von Ernst Moritz Arndt (1769–1860)Dichter. Leipzig 1846

Morus, Thomas, eigtl. Sir Thomas More (1478–1535) englischer Humanist, Politiker und Schriftsteller
Die Insel der Utopier
aus: ders. Utopia. übers. von G. Ritter, Berlin 1922

Karl Müllenhoff (1818–1884) Germanist
Rungholt
aus: ders. Sage, Märchen und Lieder der Herzogtümer Schleswig, Holstein und Lauenburg. Neue Ausgabe besorgt von Otto Mensing, Schleswig 1921

Müller, Lothar (1954) Literaturwissenschaftler und Journalist und
Reisen nach Atlantis sind Reisen im Kopf.
aus: Ästhetik und Kommunikation Heft 64. 17 Jg.1986

Müller, Wilhelm (1794–1827) klassischer Philologe und Dichter
Vineta
aus: ders. Gedichte. Hrsg. von James Taft Hatfield, Berlin 1906

Müller-Jahnke, Clara (1860–1905) Schriftstellerin
Der Rufer
aus: dies. Gedichte. in: Gesamtausgabe, herausgegeben von Oskar Jahnke: Berlin (Buchhandlung Vorwärts, Hans Weber) 1910

Münchhausen, Börries Freiherr von (1874–1945) Dichter
Avalun
Gomorras Untergang
Sodoms Ruinen
aus: Das Balladenbuch des Freiherrn Börries von Münchhausen, Stuttgart 1924

Novalis, eigtl. Georg Philipp Friedrich Freiherr von Hardenberg (1772–1801) Dichter und Philosoph
Das Atlantismärchen
aus: ders. Heinrich von Ofterdingen, 1802, Drittes Kapitel

Papyrus (2000–1750 v. Chr.)
Die Geschichte vom schiffbrüchigen Reisenden
aus: Golenischeff, Les papyrus hiératiques de l'eremitage impérial de St. Petersburg 1913 und: Le Conte du Naufragé Cairo 1912. Erman-Ranke, Ägypten; zitiert nach: Martin Ebon, Atlantis, The new evidence 1977, übersetzt von Leni Sobez München 1978

Platen, August Graf von, eigtl. Platen-Hallermund (1796–1835) Dichter
Der Atlantis frühverlorne Küste
aus: Gedichte von August von Platen. Zweite, vermehrte Auflage, Stuttgart und Tübingen (Cotta) 1834

Platon, eigtl. Aristokles (427–347 v. Chr.) griechischer Philosoph
Kritias-Dialog
Timaios-Dialog
aus: ders. Timaios. Kritias. Gesetze X. übersetzt von O. Kiefer. Jena 1909

Poe, Edgar Allen (1809–1849) amerikanischer Dichter
Traumland
aus: ders. Gedichte, Essays. übers. von Th. Etzel, München 1909

Popol Vuh – Buch des Rates (aufgezeichnet zwischen 1554 und 1558)
Die Sintflutlegende der Mayas
zitiert nach: Popul Vuh – Das wahre Buch der Quiché Indianer. übers. von L. Schulten Leipzig 1944

Proklos (412–485 n. Chr.) griechischer Philosoph
Über Platos »Atlantis«
(aus: ders. Timaios-Kommentar. hrsg. von R. Diehl o.O. 1903–1906)

Röling, Johann (1634–1679) Dichter
Wie sich die Sündflut weggemacht.
aus: ders. Über den Garten Gethsemane, in: Teutscher Oden sonderbares Buch von Geistlichen Sachen, Königsberg 1772.

Rollett, Hermann (1819–1904) österreichischer Schriftsteller
Wellenzauber
aus: ders. Frühlingsboten aus Österreich. Gedichte. 1846

Rückert, (Johann Michael) Friedrich (1788–1866) Dichter und Orientalist
Atlantis ruht in deinem Schweigen
aus: ders: Wanderung. in Rückert-Werke Berlin 1910

Sarmiento de Gamboa, Pedro (um 1532 – nach 1572)
Die atlantische Insel
aus: ders. Historia general llamada Indica (Allgemeine Geschichte, die indische genannt), entstanden 1572, zitiert nach: Charles Berlitz: Das Atlantis-Rätsel. Wien und Hamburg 1976)

Schack, Adolf Friedrich Graf von (1815–1894) Schriftsteller und Kunstsammler
Von Thule bis nach Taprobane
aus: ders. Gedichte, Berlin (Hertz) 1866

Schätzing, Frank (1957) Schriftsteller
Der Tsunami
aus: »Der Schwarm« von Frank Schätzing © 2004 by Verlag Kiepenheuer & Witsch, Köln.

Schaffner, Jakob (1875–1944) schweizerischer Romancier
Ein letztes großes Erlebnis
(aus: ders. Das große Erlebnis o.O. 1926)

Schiller, (Johann Christoph) Friedrich (1759–1805) Dichter, Historiker und Arzt
Die große Insel Atlantis zu suchen
aus: ders. Philosophische Briefe. in: Sämtliche Werke. Hrsg. von Christian Gottfried Körner (1756–1831) Jurist und Schriftsteller; Stuttgart/Tübingen 1812–1815

Schliemann, (Johann Ludwig) Heinrich (Julius) (1822–1890) Archäologe
How I found the lost Atlantis
aus: American, New York, 20. Oktober 1912 und Atlantis, Bd. 4, Nr. 5, Jan. 1952. zitiert nach: Martin Ebon. Atlantis – Neue Beweise, übers. von Leni Sobez, München 1978

Schwab, Gustav (Benjamin) (1792–1850), Schriftsteller
Deukalion und Pyrrha
Philemon und Baucis
aus: ders. Die schönsten Sagen des klassischen Altertums. o. O. 1838–1840

Scott – Eliott, William (1873–1943), amerikanischer Schriftsteller
Dann brach die fürchterliche Vergeltung
Wissen und Verkehr in Atlantis
aus: ders.: Atlantis nach okkulten Quellen. Leipzig 1903

Seneca, Lucius Annaeus (4 v. Chr.– 65 n. Chr.) römischer Schriftsteller
Es wird Land in seiner ganzen Herrlichkeit auftauchen.
aus ders. Medea. übers. von K. Osswald, Büdingen 1871

Sens, Eberhard (1944) Soziologe und Anthropologe
Reisen nach Atlantis sind Reisen im Kopf.
aus: Ästhetik und Kommunikation Heft 64. 17 Jg.1986

Shelley, Percy Bysshe (1792–1822) englischer Dichter
An der Insel Atlantis
aus: ders. Der entfesselte Prometheus, London (C. and J. Ollier) 1820. Der Text folgt der Übersetzung von Albrecht Graf Wickenburg, Wien 1876

Sonnemann, Ulrich (1912–1993) Philosoph und Sozialwissenschaftler
Atlantis Trauma
aus: Ästhetik und Kommunikation Heft 64. 17 Jg.1986. Ästhetik und Kommunikation Verlags-GmbH, Tempelhofer Ufer 22, 1000 Berlin 61

Spengler, Oswald (Arnold Gottfried) (1880–1936) Philosoph und politischer Publizist
Atlantis; das Wort ist in Verruf gekommen
aus: ders. Unter der Antike liegt Atlantis. in: Frühzeit der Weltgeschichte. Fragmente aus dem Nachlass. München 1966)

Steiner, Rudolf (Joseph Lorenz) (1861–1925) Schriftsteller, Philosoph und Sozialreformer, Begründer der Anthroposophie
Unsere atlantischen Vorfahren
aus: ders. Aus der Akasha-Chronik. in »Lucifer-Gnosis« Nrn. 14–35

Storm,Theodor (1817–1888) Lyriker und Novellist
Rungholt
aus: ders. Eine Halligfahrt und Renate mit Zeichnungen von Adolf Menzel, Göttingen 1983

Tennyson, Alfred Lord (1809–1892) englischer Dichter
Das untergegangene Lyonesse
aus: ders. Ausgewählte Dichtungen. Dt. Nachdichtung von H. A. Feldmann, Hamburg 1870

Thelen, Albert Vigolais (1903–1989) Schriftsteller
Atlantis
aus: ders. Im Gleis der Worte. Claassen-Verlag Düsseldorf 1979

Theopompos von Chios (um 378–320 v. Chr.) griechischer Historiker
Das Gespräch über Atlantis
nacherzählt von Robert Ranke-Graves (1895–1985) englischer Schiftsteller in: Griechische Mythologie Reinbek 1984

Thoreau, Henry David (1817–1862) amerikanischer Schriftsteller
Ein günstiger Wind
aus: ders, Walden. Übers. von E. Emmerich München 1897

Thukydides (460 – um 400 v. Chr.) athenischer Geschichtsschreiber
Was einst Land war, ist jetzt Meer
(aus: ders. Geschichte des Peloponnesischen Krieges. übers. von Adolf Wahrmund (1827–1913) österr. Orientalist und Schriftsteller; Stuttgart 1865–1867

Ludwig Tieck (1753–1815) Dichter
Dergleichen bereichert den Menschen
aus: ders. Der junge Tischlermeister in: Werke in 4 Bdn. Hrsg. M. Thalmann München und Darmstadt 1963–1966

Troano-Codex (etwa 2000 vor Chr.)
Der Untergang von Atlantis?
aus: Weekly Budget 17. 11. 1912. zitiert nach: Martin Ebon. Atlantis – Neue Beweise, übers. von Leni Sobez, München 1978

Verdaguer, Jacinto (i Santaló) (1845–1902) katalanischer Dichter und Priester
Achter Gesang: Der Untergang von Atlantis
aus: ders.: Atlantis. Deutsch von Clara Sommer (1856–1937) Freiburg/ Brsg. 1897

Verne, Jules (1828–1905) französischer Schriftsteller
Und schrieb dieses einzige Wort: ATLANTIS
aus: ders. Zwanzigtausend Meilen unter dem Meer
in: Gesammelte Schriften. Pest/Leipzig 1873–1911

Christoph Martin Wieland (1733–1813) Schriftsteller
Die berühmte Insel Atlantis war ihm so bekannt
(aus: ders. Die Geschichte der Abderiten. in: Sämtliche Werke. Nördlingen 1984

Zedler, Johann Heinrich (1706–1751) Buchhändler und Verleger
Die Insel Bimini
aus. ders in: Großes vollständiges Universal Lexicon Aller Wissenschaften und Künste. Welche bisshero durch menschlichen Verstand und Witz erfunden und verbessert worden. Leipzig 1732–1754

Zimmer Bradley, Marion (1930), amerikanische Fantasy-Autorin
Das Lied auf dem Sternenfeld
aus: dies. Das Licht von Atlantis. übers. von Rosemarie Hundertmarck. Gustav Lübbe Verlag Bergisch Gladbach 1984